’Αποκάλυψις ’Ιησου Χριστοῦ
예수 그리스도의 계시

로고스 성경출판사

왜 계시록을 읽어야 하는 가 ?

계시록은 이 땅에서 육신의 옷을 입고 있는 사람이면 반드시 가야 하는 하늘나라에 관하여 기록하였기 때문에 반드시 읽어야 하는 성경책입니다.

왜냐하면 우리 인간은 하늘나라를 모르면 하늘나라에 들어갈 수가 없습니다. 이 땅에서 살아가는 우리 인간의 지혜와 능력으로는 눈에 보이지 않는 하늘나라를 알 수가 없으며 오직 계시록을 통해야만이 하늘나라를 알 수가 있기 때문입니다.

만약에 인간의 능력으로 하늘나라를 알 수가 있다면 예수님이 이 땅에 오실 필요가 전혀 없습니다

왜냐하면 하늘나라는 계시록21장4절에 그들의 눈에서부터 모든 눈물은 없을 것이며 다시는 죽음이 없을 것이며 또 애통하는 것도 없으며 곡하는 것도 없고 아픈 것이 다시는 없을 것이라고 말씀하신 것은 이 땅에서 육신의 옷을 입고 살아가는 세상이지만 그러나 하늘나라는 육신이 없는 영혼이 사는 나라이기 때문입니다.

요한복음 4장24절에 하나님은 영이라고 예수님이 말씀했기 때문에 우리도 육신을 몸을 벗고 하늘나라에서 하나님처럼 영들이 되기 때문입니다

그러나 요한복음 3장12절에 예수님께서 니고데모라는 바리새인에게 내가 너희에게 눈에 보이는 땅위의 일들을 말해도 너희가 믿지 못하는데 내가 너희에게 눈이 보이지 않는 하늘의 일을 말한다면 어떻게 너희가 믿을 수 있느냐고 말씀했습니다.

그래서 하늘에서 오신 예수님도 땅에 계시기 때문에 3년 반 하나님의 말씀을 전하고 증거 하시는 동안에는 하늘나라에 대해서 말씀하지 않았습니다. 왜냐하면 이 땅에서는 이스라엘 백성들에게 하늘나라를 눈으로 보여줄 수가 없기 때문입니다

그러나 예수님께서 이스라엘 땅에 오셔서 3년 반 동안 모든 하나님의 말씀을 다 전하고 증거 하였기 때문에 더 이상 이 땅에 육신의 옷을 입고 있을 필요가 없으니 십자가를 통하여 육신의 옷을 벗고 하늘나라에 올리어 가신 다음에 그리스도가 되어 요한사도를 하늘나라로 불려 올려 땅에서는 보여줄 수 없는 하늘나라를 다 보여주었습니다.

그리하여 요한사도를 2번이나 하늘나라로 불려 올려 하늘나라의 모든 것을 요한사도의 눈에 보여주시고 우리의 눈에 감추어진 예수 그리스도의 계시를 말씀하였습니다.

그러므로 이 땅에서 육신의 옷을 입고 사는 우리에게 오직 예수 그리스도 계시를 통하여 인간의 지혜와 능력으로는 알 수가 없는 하늘나라를 알 수 있도록 활짝 열어놓았으며 또한 누구나 하늘나라에 들어갈 수 있는 길을 만들어 놓았습니다.

그러나 헬라어로 기록이 된 예수 그리스도의 계시를 번역하면서 기록된 말씀을 이해하지 못하고 잘못 번역을 하여 계시록을 이해하는데 대단히 어렵게 만들어 놓았습니다.

1. 계시록 4장8절 네 생물이 각각 여섯 날개가 있고 그 안과 주위에 눈이 가득 하더라 그들이 쉬지 않고 이르기를 거룩하다 거룩하다 거룩하다 주 하나님 곧 전능하신 이여 전에도 계셨고 이제도 계시고 장차 오실 자라

2. 계시록 8장8절 둘째 천사가 나팔을 부니 불붙은 큰 산과 같은 것이 바다에 던지 우매 바다의 삼분의 일이 피가 되고
3. 계시록 8장10절 셋째 천사가 나팔을 부니 횃불같이 타는 큰 별이 하늘에서 떨어져 강들의 삼분의 일과 물 샘 위에 떨어지니
4. 계시로 8장12절 넷째 천사가 나팔을 부니 해 삼분의 일과 달 삼분의 일과 별들의 삼분의 일이 침을 받아 그 삼분의 일이 어두워지니 낮 삼분의 일은 비췸이 없고 밤도 그러하더라
5. 계시록 9장6절 그날에는 사람들이 죽기를 구하여도 얻지 못하고 죽고 싶으나 죽음이 저희를 피하리로다
6. 계시록 13장1절 내가 보니 바다에서 한 짐승이 나오는데 뿔이 열이요 머리가 일곱이라 그 뿔에는 열 면류관이 있고 그 머리들에는 참람된 이름들이 있더라
7. 계시록 16장20절 각 섬도 없어지고 산악도 간데없더라
8. 계시록 21장1절 또 내가 새 하늘과 새 땅을 보니 처음 땅이 없어졌고 바다도 다시 있지 않더라

위에 번역이 된 말씀은 이해하는 것은 불가능합니다. 왜냐하면 상식에 벗어난 말씀들이기 때문입니다.

계시록 4장8절에 생물이 여섯 날개를 가지고 있고 그 안과 주위에 눈이 가득하게 있다고 합니다. 날개를 가지고 있는 새들이라면 2개의 날개를 가지고 있는 것이 상식인데 여섯 개의 날개들을 가지고 있다하고 거기다 눈들을 가득하게 가지고 있다고 하니 이게 무슨 말씀인지 이해가 안 되는 말입니다. 왜냐하면 여섯 개의 날개와 눈들을 가득하게 가지고 있는 생물은 이 세상에는 없기 때문입니다

그리고 계시록8장8절에도 둘째 천사가 나팔을 부니 불붙는 큰 산과 같은 것이 바다에 던지 우매 바다의 삼분의 일이 피가 되고 라고 번역이 되었는데 이 지구가 만들어진 후 큰 산과 같은 것이 바다에 던져진 일이 없습니다. 그런데 또 이 끝없는 큰 바다의 삼분의 일이 피가 되었다고 하니 이해가 안 되는 말입니다.

계시록 8장10절에 셋째 천사가 나팔을 부니 횃불같이 타는 큰 별이 하늘에서 떨어져 강들의 삼분의 일과 여러 물 샘에 떨어지니
이 말씀도 어려운 말씀입니다 왜냐하면 횃불같이 타는 큰 별이 이 우주에는 없을뿐더러 이 별이 강들과 물 샘 위에 떨어진 적이 없었기 때문입니다.

계시록8장12절 넷째 천사가 나팔을 부니 해 삼분의 일과 달 삼분의 일과 별들의 삼분의 일이 침을 받아 그 삼분의 일이 어두워지니 낮 삼분의 일은 비침이 없고 밤도 그러하더라 하고 번역을 하였지만 그러나 이 말씀도 역시 상식에 맞지 않는 말씀입니다.
왜냐하면 천사가 나팔을 분다고 해와 달과 별들이 침을 받아 어두워 진적이 없었으며 또한 어떻게 하여 해가 어두워졌는지에 대한 이유를 아는 것도 불가능한 말입니다. 왜냐하면 45억 년 전에 해가 만들어지고 난 후에 한 번도 어두워 진적이 없었기 때문입니다

또한 계시록 9장6절에 그날에는 사람들이 죽기를 구하여도 얻지 못하고 죽고 싶으나 죽음이 저희를 피하리로다 하고 번역이 되었지만 그러나 죽음은 사람에게 찾아오는 것이지 죽음이 사람에게 도망을 가지는 않습니다.

그리고 계시록 13장1절에 일곱 머리와 열 뿔을 가지고 있는 짐승이 바다에서 나온다고 하는데 이 지구상에는 일곱 머리와 열 뿔을 가지고 있는 짐승은 없습니다. 만약에 그런 짐승이 있다면 당연히

산에서 나와야 하는데 또 바다에서 나온다고 하니 이 말씀도 역시 말이 안 되는 하나님의 말씀입니다.

계시록 16장20절에도 각 섬도 없어지고 산악도 간데없더라 하고 번역이 되었으나 섬과 산악이 없어지는 일은 이 지구상에서 일어나지 않는 일입니다

또 계시록21장1절에 내가 새 하늘과 새 땅을 보니 처음 하늘과 처음 땅이 없어졌고 바다도 다시 있지 않더라 하고 번역이 되었습니다. 문자적인 의미로만 본다면 절대로 이해가 안 되는 말입니다. 왜냐하면 새 하늘과 새 땅을 본다고 옛 하늘과 땅이 없어지는 일이 일어나지 않으면 또한 바다가 없어지지 않기 때문입니다.

기록된 헬라어 원어를 제대로 이해하지 못하고 잘못 번역하여 우리의 상식에 벗어난 구절들이 많이 있기 때문에 계시록은 어렵고 난해한 말씀이 되었습니다.

이렇게 상식에 벗어난 말씀들은 이해를 할 수가 없는 것이 우리 인간의 한계입니다. 또한 계시록을 통하지 않고는 하늘나라를 알 수가 없는 것이 우리 인간의 한계입니다. 왜냐하면 우리 인간이 하늘나라를 알 수가 있으면 그리스도께서 요한사도에게 계시록을 기록하게 할 필요가 없기 때문입니다.

성경을 잘못 번역하는 이들이 잘못 알고 있는 것은 하나님이 자신의 뜻을 전달하기 위해서는 우리 인간이 쓰는 언어로 전달할 수밖에 없으니 인간의 언어로 기록하였지만 그러나 성경에 기록된 말씀은 하나님의 말씀이기 때문에 그 언어에 어떤 하나님의 뜻이 들어있는지를 알아야 만이 바르게 번역을 할 수 있습니다.

왜냐하면 성경은 우리 인간의 말이 아니고 하나님의 말씀이기 때문입니다.

계시록13장1절에 바다에서부터 일곱 머리와 열 뿔을 가지고 있는 짐승이 나온다는 말씀은 계시록에서 바다는 거짓선지자를 일곱 머리는 이스라엘 서기관들을 열 뿔은 이스라엘 장로들을 짐승은 이스라엘 대제사장들을 말씀합니다.

그러므로 열 명의 장로들과 일곱 명의 서기관들을 가지고 있는 대제사장이 거짓선지자로부터 나오고 있다는 아주 쉽게 이해할 수 있는 쉬운 말씀입니다.

왜냐하면 예수님의 말씀을 빛이기 때문에 예수님의 말씀을 듣거나 읽으면 빛이 비추이는 것처럼 환하게 알게 되는 것이 성경에 기록된 예수님의 말씀입니다.

예수님은 이 땅에 빛을 비추기 위해 빛으로 오신 분이기 때문 요한사도에게 말씀하신 계시록 모든 말씀 중에 어떤 한 마디의 말씀도 우리 인간의 상식에 벗어나 이해를 할 수 없도록 기록이 된 말씀은 없습니다.

왜냐하면 2천 년 전에 밧모섬에 있는 요한사도에게 그리스도께서 말씀하여 기록한 헬라어 원어가 지금도 한자도 틀리지 않고 기록된 그대로 보존이 되어 우리에게 증거하고 있기 때문입니다.

요한복음 8장55절에 내가 아버지를 알기 못하는 것을 말했다면 나도 너희와 같은 거짓말쟁이로 있게 될 것이지만 오히려 나는 아버지를 알았기 때문에 내가 아버지의 그 말씀을 지키고 있다하고 예수님께서 말씀했습니다.

그러므로 성경에 기록된 계시록의 말씀을 알지 못하고 상식에 벗어나게 잘못 번역하는 것은 거짓말을 하는 것이며 그 거짓말을 통해서는 하늘나라를 알 수 없습니다.

그러나 이제 대한민국은 계시록의 말씀을 알지 못하고 번역한 거짓말쟁이들의 거짓말에 넘어갈 염려를 하지 않아도 되었습니다.

왜냐하면 대한민국의 로고스 성경 연구원에서 요한사도가 기록한 예수 그리스도의 계시록 22장404절의 모든 구절의 헬라어 원어를 성령님이 가르쳐주시는 대로 번역을 하였으며 계시록의 모든 말씀을 하나님의 뜻에서 벗어나지 않고 말씀하신 그대로 바르게 번역을 하여 누구나 읽으며 이해할 수 있는 책이기 때문입니다.

2023년 3월15일

번역 로고스 성경 연구원

1:1

602	2424	5547	3739	1325	846	3588	2316
ἀποκάλυψις	'Ιησοῦς	Χριστός	ὅς	δίδωμι	αὐτός	ὁ	θεός
'Αποκάλυψις	'Ιησοῦ	Χριστοῦ	ἣν	ἔδωκεν	αὐτῷ	ὁ	θεὸς
NNFS	NGMS	NGMS	APRAFS	VIAA3S	NPDM3S	DNMS	NNMS
계시는	예수	그리스도의	계시를	주었으며	예수님에게	그	하나님이

1166	3588	1401	846	3739	1163	1096	1722	5034	2532
δείκνυω	ὁ	δοῦλος	αὐτός	ὅς	δεῖ	γίνομαι	ἐν	τάχος	καί
δεῖξαι	τοῖς	δούλοις	αὐτοῦ	ἃ	δεῖ	γενέσθαι	ἐν	τάχει,	καὶ
VNAA	DDMP	NDMP	NPGM3S	APRANP	VIPA3S	VNAD	PD	NDNS	CC
보여주기위하여	그	종들에게	자신의	일들을	있어야할	되어 지고	안에	반드시	그래서

4591	649	1223	3588	32	846	3588	1401
σημαίνω	ἀποστέλλω	διά	ὁ	ἄγγελος	αὐτός	ὁ	δοῦλος
ἐσήμανεν	ἀποστείλας	διὰ	τοῦ	ἀγγέλου	αὐτοῦ	τῷ	δούλῳ
VIAA3S	VPAANMS	PG	DGMS	NGMS	NPGM3S	DDMS	NDMS
말씀 하였습니다	보내어	통하여	그	사자를	자신의	그	종

846	2491
αὐτός	'Ιωάννης
αὐτοῦ	'Ιωάννῃ,
NPGM3S	NDMS
그의	요한에게

예수 그리스도의 계시는 하나님이 자신의 종들에게 보여주기 위하여 예수님에게 계시를 주었으며 반드시 되어 지고 있어야 할 일들을 자신의 사자 그리스도를 통하여 그의 종 요한에게 보내어 말씀하였으며

1:2

3739	3140	3588	3056	3588	2316	3588	3141
ὅς	μαρτυρέω	ὁ	λόγος	ὁ	θεός	ὁ	μαρτυρία
ὃς	ἐμαρτύρησεν	τὸν	λόγον	τοῦ	θεοῦ	τὴν	μαρτυρίαν
APRNMS	VIAA3S	DAMS	NAMS	DGMS	NGMS	DAFS	NAFS
요한은	증거 하였습니다	그	말씀을	그	하나님의	그	증거를

2424	5547	3745	1492
'Ιησοῦς	Χριστός	ὅσος	εἰδῶ
'Ιησοῦ	Χριστοῦ	ὅσα	εἶδεν.
NGMS	NGMS	APRANP	VIAA3S
예수	그리스도의	것들을	그가 알았던

요한은 그가 알았던 것들 하나님의 말씀을 예수 그리스도의 증거를 증거하였습니다

1:3

3107	3588	314	2532	3588	191	3588	3056
μακάριος	ὁ	ἀναγινώσκω	καί	ὁ	ἀκούω	ὁ	λόγος
μακάριος	ὁ	ἀναγινώσκων	καὶ	οἱ	ἀκούοντες	τοὺς	λόγους
ANMS	DNMS	VPPANMS	CC	DNMP	VPPANMP	DAMP	NAMP
말씀을가지고있는자이다	그	깨달아 알고 있는 자와	또	그	듣고 있는 자들과	그	말씀들을

3588	4394	2532	5083	3588	1722	846	1125
ὁ	προφητεία	καί	τηρέω	ὁ	ἐν	αὐτός	γράφω
τῆς	προφητείας	καὶ	τηροῦντες	τὰ	ἐν	αὐτῇ	γεγραμμένα,
DGFS	NGFS	CC	VPPANMP	DANP	PD	NPDF3S	VPRPANP
그	예언의	그리고	지키고 있는 자들은	그	안에	예언에	기록 되어진 말씀들을

3588	1063	2540	1451
ὁ	γάρ	καιρός	ἐγγύς
ὁ	γὰρ	καιρὸς	ἐγγύς.
DNMS	CS	NNMS	AB
그	왜냐하면	때가	가까이있기때문이다

예언의 말씀들을 깨달아 알고 있는 자와 듣고 있는 자들과 예언에 기록되어진 말씀들을 증거 하여 지키고 있는 자들은 하나님의 말씀을 가지고 있는 자이다 왜냐하면 그 때가 가까이 있기 때문이다

1:4

2491	3588	2033	1577	3588	1722	3588	773	5485
Ἰωάννης	ὁ	ἑπτά	ἐκκλησία	ὁ	ἐν	ὁ	Ἀσία	χάρις
Ἰωάννης	ταῖς	ἑπτὰ	ἐκκλησίαις	ταῖς	ἐν	τῇ	Ἀσίᾳ·	χάρις
NNMS	DDFP	ACDFP	NDFP	DDFP	PD	DDFS	NDFS	NNFS
요한은	그	일곱	교회에게	그	있는	그	아시아	은혜와

4771	2532	1515	575	3588	1510	2532	3588	1510	2532	3588
σύ	καί	εἰρήνη	ἀπό	ὁ	εἰμί	καί	ὁ	εἰμί	καί	ὁ
ὑμῖν	καὶ	εἰρήνη	ἀπὸ	ὁ	ὢν	καὶ	ὁ	ἦν	καὶ	ὁ
NPD2P	CC	NNFS	PG	DNMS	VPPANMS	CC	DNMS	VIIA3S	CC	DNMS
너희에게	그리고	평강이 있다	부터	이와	살아계시는	또	이와	영원히 있는	그리고	이로

2064	2532	575	3588	2033	4151	3739	1799	3588
ἔρχομαι	καί	ἀπό	ὁ	ἑπτά	πνεῦμα	ὅς	ἐνώπιον	ὁ
ἐρχόμενος	καὶ	ἀπὸ	τῶν	ἑπτὰ	πνευμάτων	ἃ	ἐνώπιον	τοῦ
VPPNNMS	CC	PG	DGNP	ACGNP	NGNP	APRNNP	PG	DGMS
세상에 오고 계시는	그리고	부터	그	일곱	영들로	그들	앞에 있는	그

2362	846
θρόνος	αὐτός
θρόνου	αὐτοῦ
NGMS	NPGM3S
보좌	그의

요한은 아시아에 있는 일곱 교회에게 살아 있는 이와 영원히 있는 이와 세상에 오고 있는 이로부터 자신의 보좌 앞에 있는 일곱 영들로부터 너희에게 은혜와 평강이 있다

1:5

2532	575	2424	5547	3588	3144	3588	4103	3588
καί	ἀπό	Ἰησοῦς	Χριστός	ὁ	μάρτυς	ὁ	πιστός	ὁ
καὶ	ἀπὸ	Ἰησοῦ	Χριστοῦ,	ὁ	μάρτυς	ὁ	πιστός,	ὁ
CC	PG	NGMS	NGMS	DNMS	NNMS	DNMS	ANMS	DNMS
그리고	부터	예수	그리스도로	그	증인이되는이와	그	믿음의	그

4416	3588	3498	2532	3588	758	3588	935	3588
πρωτότοκος	ὁ	νεκρός	καί	ὁ	ἄρχων	ὁ	βασιλεύς	ὁ
πρωτότοκος	τῶν	νεκρῶν	καὶ	ὁ	ἄρχων	τῶν	βασιλέων	τῆς
APNMS	DGMP	APGMP	CC	DNMS	NNMS	DGMP	NGMP	DGFS
으뜸이 되는 이와	그	죽은 자들의	그리고	이가	머리가되시는	그	왕들의	이

1093	3588	25	1473	2532	3089	1473	1537	3588
γῆ	ὁ	ἀγαπάω	ἐγώ	καί	λύω	ἐγώ	ἐκ	ὁ
γῆς.	Τῷ	ἀγαπῶντι	ἡμᾶς	καὶ	λύσαντι	ἡμᾶς	ἐκ	τῶν
NGFS	DDMS	VPPADMS	NPAXP	CC	VPAADMS	NPAXP	PG	DGFP
땅의	그	사랑하고 있는 이에게	우리를	또	풀어 주신 이에게	우리를	부터	그

266	1473	1722	3588	129	846
ἁμαρτία	ἐγώ	ἐν	ὁ	αἷμα	αὐτός
ἁμαρτιῶν	ἡμῶν	ἐν	τῷ	αἵματι	αὐτοῦ,
NGFP	NPG1P	PD	DDNS	NDNS	NPGM3S
죄들로	우리의	안에	그	피로	그 자신의

믿음의 증인이 되는 이와 죽은 자들의 으뜸이 되는 이와 땅의 왕들의 머리가 되시는 예수 그리스도로부터 자신의 피로 우리의 그 죄들로부터 우리를 풀어주신 이에게 또 우리를 사랑하고 있는 이에게

1:6

2532	4160	1473	932	2409	3588	2316	2532	3962	846
καί	ποιέω	ἐγώ	βασιλεία	ἱερεύς	ὁ	θεός	καί	πατήρ	αὐτός
καὶ	ἐποίησεν	ἡμᾶς	βασιλείαν,	ἱερεῖς	τῷ	θεῷ	καὶ	πατρὶ	αὐτοῦ,
CC	VIAA3S	NPAXP	NAFS	NAMP	DDMS	NDMS	CC	NDMS	NPGM3S
그리고	만들었기 때문에	우리를	나라와	제사장들로	그	하나님과	그리고	아버지에게	자신의

846	3588	1391	2532	3588	2904	1519	3588	165	3588	165
αὐτός	ὁ	δόξα	καί	ὁ	κράτος	εἰς	ὁ	αἰών	ὁ	αἰών
αὐτῷ	ἡ	δόξα	καὶ	τὸ	κράτος	εἰς	τοὺς	αἰῶνας	τῶν	αἰώνων·
NPDM3S	DNFS	NNFS	CC	DNNS	NNNS	PA	DAMP	NAMP	DGMP	NGMP
그분에게	그	영광과	그리고	그	권능이	히	그	영원히	그	세세토록 있다

281
ἀμήν
ἀμήν.
QS
아멘

자신의 하나님과 아버지에게 우리를 나라와 제사장들로 만들었기 때문에 그분에게 영광과 권능이 영원히 세세토록 있다 아멘

1:7

2400	2064	3326	3588	3507	2532	3708	846	3956
ἰδού	ἔρχομαι	μετά	ὁ	νεφέλη	καί	ὁράω	αὐτός	πᾶς
’Ιδοὺ	ἔρχεται	μετὰ	τῶν	νεφελῶν,	καὶ	ὄψεται	αὐτὸν	πᾶς
QS	VIPN3S	PG	DGFP	NGFP	CC	VIFD3S	NPAM3S	ANMS
보라	그가세상에오고있으니	함께	그	구름들과	그리고	보게 될 것이며	예수님을	모든

3788	2532	3748	846	1574	2532	2875	1909
ὀφθαλμός	καί	ὅστις	αὐτός	ἐκκεντέω	καί	κόπτω	ἐπί
ὀφθαλμὸς	καὶ	οἵτινες	αὐτὸν	ἐξεκέντησαν,	καὶ	κόψονται	ἐπ’
NNMS	CC	APRNMP	NPAM3S	VIAA3P	CH	VIFM3P	PA
눈이	그리고	그들이	예수님을	그들이 핍박하여 찔렀지만	그러나	눈물을 흘릴 것이다	위하여

846	3956	3588	5443	3588	1093	3483	281
αὐτός	πᾶς	ὁ	φυλή	ὁ	γῆ	ναί	ἀμήν
αὐτὸν	**πᾶσαι**	**αἱ**	**φυλαὶ**	**τῆς**	**γῆς.**	**ναί,**	**ἀμήν.**
NPAM3S	ANFP	DNFP	NNFP	DGFS	NGFS	QS	QS
그를	모든	그	족속들이	그	땅의	그리하리라	아멘

보라 그리스도의 증인들인 구름들과 함께 그가 세상에 오고 있으니 모든 믿고 있는 자의 눈이 그를 보게 될 것이며 그들이 예수님을 핍박하여 찔렸지만 그러나 땅의 모든 족속들이 그를 위하여 눈물을 흘릴 것이다 그리 하리라 아멘

1:8

1473	1510	3588	1	2532	3588	5598	3004	2962	3588	2316	3588
ἐγώ	εἰμί	ὁ	α	καί	ὁ	ω	λέγω	κύριος	ὁ	θεός	ὁ
Ἐγώ	**εἰμι**	**τὸ**	**Ἄλφα**	**καὶ**	**τὸ**	**Ὦ,**	**λέγει**	**κύριος**	**ὁ**	**θεός,**	**ὁ**
NPN1S	VIPAXS	DNNS	NNNS	CC	DNNS	NNNS	VIPA3S	NNMS	DNMS	NNMS	DNMS
나는	이다	그	알파와	그리고	그	오메가	말씀 하신다	주	그	하나님께서	이며

1510	2532	3588	1510	2532	3588	2064	3588	3841
εἰμί	καί	ὁ	εἰμί	καί	ὁ	ἔρχομαι	ὁ	παντοκράτωρ
ὢν	**καὶ**	**ὁ**	**ἦν**	**καὶ**	**ὁ**	**ἐρχόμενος,**	**ὁ**	**παντοκράτωρ.**
VPPANMXS	CC	DNMS	VIIAXS	CC	DNMS	VPPNNMXS	DNMS	NNMS
나는살아있는	또	이고	나는영원히있는	또	이며	나는 세상에 오고 있는	그	전능 하신 분이다 하고

나는 알파와 오메가이며 나는 살아있는 이며 또 나는 영원히 있는 이고 또 나는 세상에 오고 있는 전능하신 분이다 하고 주 하나님께서 말씀하신다.

1:9

1473	2491	3588	80	4771	2532	4791	1722	3588
ἐγώ	Ἰωάννης	ὁ	ἀδελφός	σύ	καί	συγκοινωνός	ἐν	ὁ
Ἐγὼ	**Ἰωάννης,**	**ὁ**	**ἀδελφὸς**	**ὑμῶν**	**καὶ**	**συγκοινωνὸς**	**ἐν**	**τῇ**
NPNXS	NNMS	DNMS	NNMS	NPG2P	CC	NNMS	PD	DDFS
나	요한은	그	형제인	너희들의	그리고	함께 동참하는 자로	안에	그

2347	2532	932	2532	5281	1722	2424	1096	1722	3588
θλῖψις	καί	βασιλεία	καί	ὑπομονή	ἐν	Ἰησοῦς	γίνομαι	ἐν	ὁ
θλίψει	**καὶ**	**βασιλείᾳ**	**καὶ**	**ὑπομονῇ**	**ἐν**	**Ἰησοῦ,**	**ἐγενόμην**	**ἐν**	**τῇ**
NDFS	CC	NDFS	CC	NDFS	PD	NDMS	VIADXS	PD	DDFS
고난에	그리고	하나님 나라의	그리고	있는 자로	안에	예수님	내가 있게 되었으며	에	그

3520	3588	2564	3963	1223	3588	3056	3588	2316	2532	3588
νῆσος	ὁ	καλέω	Πάτμος	διά	ὁ	λόγος	ὁ	θεός	καί	ὁ
νήσῳ	**τῇ**	**καλουμένῃ**	**Πάτμῳ**	**διὰ**	**τὸν**	**λόγον**	**τοῦ**	**θεοῦ**	**καὶ**	**τὴν**
NDFS	DDFS	VPPPDFS	NDFS	PA	DAMS	NAMS	DGMS	NGMS	CC	DAFS
섬	그	하는	밧모라고	때문에	그	말씀과	그	하나님의	그리고	그

3141	2424
μαρτυρία	Ἰησοῦς
μαρτυρίαν	**Ἰησοῦ.**
NAFS	NGMS
증거	예수님의

너희들의 형제인 나 요한은 예수님 안에 있는 자로 또 하나님 나라의 고난에 함께 동참하는 자로 하나님의 말씀과 예수님의 증거 때문에 밧모라고 하는 섬에 내가 있게 되었으며

	1096	1722	4151	1722	3588	2960	2250	2532	191
	γίνομαι	ἐν	πνεῦμα	ἐν	ὁ	κυριακός	ἡμέρα	καί	ἀκούω
1:10	**ἐγενόμην**	**ἐν**	**πνεύματι**	**ἐν**	**τῇ**	**κυριακῇ**	**ἡμέρᾳ**	**καὶ**	**ἤκουσα**
	VIADXS	PD	NDNS	PD	DDFS	ADFS	NDFS	CC	VIAAXS
	내가 되었고	안에	성령	안에	그	주의	날에	그리고	내가 들으니

	3694	1473	5456	3173	5613	4536
	ὀπίσω	ἐγώ	φωνή	μέγας	ὡς	σάλπιγξ
	ὀπίσω	**μου**	**φωνὴν**	**μεγάλην**	**ὡς**	**σάλπιγγος**
	PG	NPGXS	NAFS	AAFS	CS	NGFS
	뒤에서	나의	음성을	큰	같은	나팔소리

내가 주의 그날에 성령 안에 있게 되었고 나의 뒤에서 나팔소리 같은 큰 음성을 내가 들으니

	3004	3739	991	1125	1519	975	2532	3992
	λέγω	ὅς	βλέπω	γράφω	εἰς	βιβλίον	καί	πέμπω
1:11	**λεγούσης,**	**Ὃ**	**βλέπεις**	**γράψον**	**εἰς**	**βιβλίον**	**καὶ**	**πέμψον**
	VPPAGFS	APRANS	VIPA2S	VMAA2S	PA	NANS	CC	VMAA2S
	말씀하고 있습니다	것을	네가지금보고있는	너는 기록하여	에	책을	그리고	너는보내라하고

	3588	2033	1577	1519	2181	2532	1519	4667	2532	1519
	ὁ	ἑπτά	ἐκκλησία	εἰς	Ἔφεσος	καί	εἰς	Σμύρνα	καί	εἰς
	ταῖς	**ἑπτὰ**	**ἐκκλησίαις,**	**εἰς**	**Ἔφεσον**	**καὶ**	**εἰς**	**Σμύρναν**	**καὶ**	**εἰς**
	DDFP	ACDFP	NDFP	PA	NAFS	CC	PA	NAFS	CC	PA
	그	일곱	교회에게로	에	에베소	그리고	에	서머나	그리고	에

	4010	2532	1519	2363	2532	1519	4554	2532	1519
	Πέργαμος	καί	εἰς	Θυάτειρα	καί	εἰς	Σάρδεις	καί	εἰς
	Πέργαμον	**καὶ**	**εἰς**	**Θυάτειρα**	**καὶ**	**εἰς**	**Σάρδεις**	**καὶ**	**εἰς**
	NAFS	CC	PA	NANP	CC	PA	NAFP	CC	PA
	버가모	그리고	에	두아디라	그리고	에	사데	그리고	에

	5359	2532	1519	2993
	Φιλαδέλφεια	καί	εἰς	Λαοδίκεια
	Φιλαδέλφειαν	**καὶ**	**εἰς**	**Λαοδίκειαν.**
	NAFS	CC	PA	NAFS
	빌라델비아	그리고	의	라오디게아

네가 지금 보고 있는 것을 너는 책을 기록하여 너는 에베소에 서머나에 버가모에 두아디라에 사데에 빌라델비아에 라오디게아의 일곱 교회로 보내라 하고 말씀하고 있습니다

	2532	1994	991	3588	5456	3748	2980	3326	1473	2532
	καί	ἐπιστρέφω	βλέπω	ὁ	φωνή	ὅστις	λαλέω	μετά	ἐγώ	καί
1:12	**Καὶ**	**ἐπέστρεψα**	**βλέπειν**	**τὴν**	**φωνὴν**	**ἥτις**	**ἐλάλει**	**μετ'**	**ἐμοῦ,**	**καὶ**
	CH	VIAAXS	VNPA	DAFS	NAFS	APRNFS	VIIA3S	PG	NPGXS	CH
	그리고	내가 돌이켰으며	보려고	그	음성을	그것이	말씀하고 있는	에게	나	그리고

	1994	1492	2033	3087	5552
	ἐπιστρέφω	εἰδῶ	ἑπτά	λυχνία	χρύσεος
	ἐπιστρέψας	**εἶδον**	**ἑπτὰ**	**λυχνίας**	**χρυσᾶς**
	VPAANMXS	VIAAXS	ACAFP	NAFP	AAFP
	내가 돌이킨 후	내가보았습니다	일곱	등경들을	금

나에게 말씀하고 있는 그 음성을 보려고 내가 돌이켰으며 내가 돌이킨 후 일곱 금 등경을 보았습니다

1:13

2532	1722	3319	3588	3087	3664	5207	444	1746
καί	ἐν	μέσος	ὁ	λυχνία	ὅμοιος	υἱός	ἄνθρωπος	ἐνδύω
καὶ	ἐν	μέσῳ	τῶν	λυχνιῶν	ὅμοιον	υἱὸν	ἀνθρώπου	ἐνδεδυμένον
CC	PD	APDNS	DGFP	NGFP	AAMS	NAMS	NGMS	VPRMAMS
그리고	에	가운데	그	등경들의	같은 이가	자	인	긴 옷을 입고

4158	2532	4024	4314	3588	3149	2223	5552
ποδήρης	καί	περιζώννυμι	πρός	ὁ	μαστός	ζώνη	χρύσεος
ποδήρη	καὶ	περιεζωσμένον	πρὸς	τοῖς	μαστοῖς	ζώνην	χρυσᾶν.
APAMS	CC	VPRMAMS	PD	DDMP	NDMP	NAFS	AAFS
발에 끌리는	그리고	띠었으며	에는	그	가슴	띠를	금

등경들의 가운데에 인자 같은 이가 발에 끌리는 긴 옷을 입고 가슴에는 금띠를 띠었으며

1:14

3588	1161	2776	846	2532	3588	2359	3022	5613	2053	3022
ὁ	δέ	κεφαλή	αὐτός	καί	ὁ	θρίξ	λευκός	ὡς	ἔριον	λευκός
ἡ	δὲ	κεφαλὴ	αὐτοῦ	καὶ	αἱ	τρίχες	λευκαὶ	ὡς	ἔριον	λευκόν
DNFS	CC	NNFS	NPGM3S	CC	DNFP	NNFP	ANFP	CS	NNNS	ANNS
그	또한	머리에	그의	또	그	머리털이며	흰	같이	양털	흰

5613	5510	2532	3588	3788	846	5613	5395	4442
ὡς	χιών	καί	ὁ	ὀφθαλμός	αὐτός	ὡς	φλόξ	πῦρ
ὡς	χιὼν	καὶ	οἱ	ὀφθαλμοὶ	αὐτοῦ	ὡς	φλὸξ	πυρὸς
CS	NNFS	CC	DNMP	NNMP	NPGM3S	CS	NNFS	NGNS
같은	눈과	그리고	그	눈은	그의	같으며	꽃과	불

그의 머리는 눈과 같은 흰 양털 같이 흰 머리털이며 그의 눈은 불꽃과 같으며

1:15

2532	3588	4228	846	3664	5474	5613	1722	2575
καί	ὁ	πούς	αὐτός	ὅμοιος	χαλκολίβανον	ὡς	ἐν	κάμινος
καὶ	οἱ	πόδες	αὐτοῦ	ὅμοιοι	χαλκολιβάνῳ	ὡς	ἐν	καμίνῳ
CC	DNMP	NNMP	NPGM3S	ANMP	NDMS	CS	PD	NDFS
그리고	그	발은	그의	같으며	붉은 주석과	같고	안에	용광로

4448	2532	3588	5456	846	5613	5456	5204	4183
πυρόω	καί	ὁ	φωνή	αὐτός	ὡς	φωνή	ὕδωρ	πολύς
πεπυρωμένης	καὶ	ἡ	φωνὴ	αὐτοῦ	ὡς	φωνὴ	ὑδάτων	πολλῶν,
VPRPGFS	CC	DNFS	NNFS	NPGM3S	CS	NNFS	NGNP	AGNP
타오르는	그리고	그	음성은	그의	같습니다	음성과	물들의	많은

그의 발은 용광로에서 불타오르는 붉은 주석과 같고 그의 음성은 많은 물들의 음성과 같습니다

1:16

2532	2192	1722	3588	1188	5495	846	792	2033	2532	1537	3588
καί	ἔχω	ἐν	ὁ	δεξιός	χείρ	αὐτός	ἀστήρ	ἑπτά	καί	ἐκ	ὁ
καὶ	ἔχων	ἐν	τῇ	δεξιᾷ	χειρὶ	αὐτοῦ	ἀστέρας	ἑπτὰ	καὶ	ἐκ	τοῦ
CC	VPPANMS	PD	DDFS	ADFS	NDFS	NPGM3S	NAMP	ACAMP	CC	PG	DGNS
그리고	가지고 있고	안에는	그	오른	손	자신의	별들을	일곱	그리고	에서	그

4750	846	4501	1366	3691	1607	2532
στόμα	αὐτός	ῥομφαία	δίστομος	ὀξύς	ἐκπορεύομαι	καί
στόματος	αὐτοῦ	ῥομφαία	δίστομος	ὀξεῖα	ἐκπορευομένη	καὶ
NGNS	NPGM3S	NNFS	ANFS	ANFS	VPPNNFS	CC
입	그의	검이	좌우에	날이선예리한	나오고 있으며	그리고

	3588	3799	846	5613	3588	2246	5316	1722	3588	1411	846
	ὁ	ὄψις	αὐτός	ὡς	ὁ	ἥλιος	φαίνω	ἐν	ὁ	δύναμις	αὐτός
	ἡ	ὄψις	αὐτοῦ	ὡς	ὁ	ἥλιος	φαίνει	ἐν	τῇ	δυνάμει	αὐτοῦ.
	DNFS	NNFS	NPGM3S	CS	DNMS	NNMS	VIPA3S	PD	DDFS	NDFS	NPGM3S
	그	얼굴은	그의	같이	그	해와	비치고있습니다	안에서	그	능력	자신의

자신의 오른 손에는 일곱별을 가지고 있고 그의 입에서 좌우에 날이 선 예리한 검이 나오고 있으며 그의 얼굴은 자신의 능력 안에서 해와 같이 빛을 비치고 있습니다.

	2532	3753	1492	846	4098	4314	3588	4228	846	5613	3498
	καί	ὅτε	εἰδῶ	αὐτός	πίπτω	πρός	ὁ	πούς	αὐτός	ὡς	νεκρός
1:17	Καὶ	ὅτε	εἶδον	αὐτόν,	ἔπεσα	πρὸς	τοὺς	πόδας	αὐτοῦ	ὡς	νεκρός,
	CH	CS	VIAAXS	NPAM3S	VIAAXS	PA	DAMP	NAMP	NPGM3S	CS	ANMS
	그리고	때에	내가 봤을	그분을	엎드려졌습니다	향해	그	발	그의	되어	죽은 자 같이

2532	5087	3588	1188	846	1909	1473	3004	3361	5399	1473
καί	τίθημι	ὁ	δεξιός	αὐτός	ἐπί	ἐγώ	λέγω	μή	φοβέω	ἐγώ
καὶ	ἔθηκεν	τὴν	δεξιὰν	αὐτοῦ	ἐπ’	ἐμὲ	λέγων,	Μὴ	φοβοῦ·	ἐγώ
CH	VIAA3S	DAFS	APAFS	NPGM3S	PA	NPAXS	VPPANMS	QN	VMPP2S	NPNXS
그러나	그가 얹고	그	오른 손을	자신의	위에	내	말씀하고있습니다	말라	너는 두려워	나는

1510	3588	4413	2532	3588	2078
εἰμί	ὁ	πρῶτος	καί	ὁ	ἔσχατος
εἰμι	ὁ	πρῶτος	καὶ	ὁ	ἔσχατος
VIPAXS	DNMS	APONMS	CC	DNMS	APNMS
이다	그	처음이 되는 이며	또	그	마지막이 되는 이다

내가 그분을 봤을 때 내가 죽은 자 같이 되어 그의 발을 향하여 엎드러졌습니다 그러자 그가 내 위에 자신의 오른 손을 얹고 너는 두려워 말라 내가 처음이 되는 이며 또 마지막이 되는 이다 하고 말씀하고 있습니다

	2532	3588	2198	2532	1096	3498	2532	2400	2198	1510	1519	3588
	καί	ὁ	ζάω	καί	γίνομαι	νεκρός	καί	ἰδού	ζάω	εἰμί	εἰς	ὁ
1:18	καὶ	ὁ	ζῶν,	καὶ	ἐγενόμην	νεκρὸς	καὶ	ἰδοὺ	ζῶν	εἰμι	εἰς	τοὺς
	CC	DNMS	VPPANMS	CC	VIADXS	ANMS	CC	QS	VPPANMXS	VIPAXS	PA	DAMP
	그리고	자이나	살아있는	그러나	내가 되었지만	죽은 자가	그러나	보라	살아있는이로	내가 있다	향하여	그

165	3588	165	2532	2192	3588	2807	3588	2288	2532
αἰών	ὁ	αἰών	καί	ἔχω	ὁ	κλείς	ὁ	θάνατος	καί
αἰῶνας	τῶν	αἰώνων	καὶ	ἔχω	τὰς	κλεῖς	τοῦ	θανάτου	καὶ
NAMP	DGMP	NGMP	CC	VIPAXS	DAFP	NAFP	DGMS	NGMS	CC
영원히	그	세세토록	그래서	가지고 있다	그	자물쇠를	그	내가 사망과	그리고

3588	86
ὁ	ᾅδης
τοῦ	ᾅδου.
DGMS	NGMS
그	음부의

내가 생명을 가지고 살아있는 자이나 그러나 죽은 자가 되었지만 보라 지금은 내가 영원히 세세토록 죽은 자를 살리는 살아있는 이로 있다 그래서 내가 사망과 음부의 자물쇠를 가지고 있다

1125 3767 3739 1492 2532 3739 1510 2532 3739 3195
γράφω οὖν ὅς εἰδῶ καί ὅς εἰμί καί ὅς μέλλω
1:19 γράψον οὖν ἃ εἶδες καὶ ἅ εἰσὶν καὶ ἃ μέλλει
VMAA2S CC APRANP VIAA2S CC APRNNP VIPA3P CC APRNNP VIPA3S
너는 기록하라 그러므로 일들을 네가 보았던 그리고 일들을 지금 있는 또 일들을 반드시

1096 3326 3778
γίνομαι μετά οὗτος
γενέσθαι μετὰ ταῦτα.
VNAD PA APDANP
되어져야 할 후에 이일들

그러므로 너는 네가 보았던 일들을 그리고 지금 있는 일들을 또 이일들 후에 반드시 되어져야 할 일들을 너는 기록하라

3588 3466 3588 2033 792 3739 1492 1909 3588 1188
ὁ μυστήριον ὁ ἑπτά ἀστήρ ὅς εἰδῶ ἐπί ὁ δεξιός
1:20 τὸ μυστήριον τῶν ἑπτὰ ἀστέρων οὓς εἶδες ἐπὶ τῆς δεξιᾶς
DNNS NNNS DGMP ACGMP NGMP APRAMP VIAA2S PG DGFS APGFS
그 비밀은 그 일곱 별과 그별을 네가 보았던 있는 그 오른 손에

1473 2532 3588 2033 3087 3588 5552 3588 2033 792
ἐγώ καί ὁ ἑπτά λυχνία ὁ χρύσεος ὁ ἑπτά ἀστήρ
μου καὶ τὰς ἑπτὰ λυχνίας τὰς χρυσᾶς· οἱ ἑπτὰ ἀστέρες
NPG1S CC DAFP ACAFP NAFP DAFP AAFP DNMP ACNMP NNMP
나의 역시 그 일곱 등경의 그 금 그 일곱 별은

32 3588 2033 1577 1510 2532 3588 3087 3588 2033
ἄγγελος ὁ ἑπτά ἐκκλησία εἰμί καί ὁ λυχνία ὁ ἑπτά
ἄγγελοι τῶν ἑπτὰ ἐκκλησιῶν εἰσιν καὶ αἱ λυχνίαι αἱ ἑπτὰ
NNMP DGFP ACGFP NGFP VIPA3P CC DNFP NNFP DNFP ACNFP
사자들이며 그 일곱 교회의 이며 그리고 그 등경들은 그 일곱

2033 1577 1510
ἑπτά ἐκκλησία εἰμί
ἑπτὰ ἐκκλησίαι εἰσίν.
ACNFP NNFP VIPA3P
일곱 교회들 이다

네가 보았던 나의 오른 손에 있는 일곱별과 일곱 금 등경의 비밀은 일곱별은 일곱 교회의 사자들이며 일곱 등경은 일곱 교회다

3588 32 3588 1722 2181 1577 1125 3592 3004
ὁ ἄγγελος ὁ ἐν Ἔφεσος ἐκκλησία γράφω ὅδε λέγω
2:1 Τῷ ἀγγέλῳ τῆς ἐν Ἐφέσῳ ἐκκλησίας γράψον· Τάδε λέγει
DDMS NDMS DGFS PD NDFS NGFS VMAA2S APDANP VIPA3S
그 사자에게 그 있는 에베소에 교회 너는 기록하라 이것들을 말씀하고있다

3588	2902	3588	2033	792	1722	3588	1188	846	3588
ὁ	κρατέω	ὁ	ἑπτά	ἀστήρ	ἐν	ὁ	δεξιός	αὐτός	ὁ
ὁ	κρατῶν	τοὺς	ἑπτὰ	ἀστέρας	ἐν	τῇ	δεξιᾷ	αὐτοῦ,	ὁ
DNMS	VPPANMS	DAMP	ACAMP	NAMP	PD	DDFS	APDFS	NPGM3S	DNMS
그	잡고 있는	그	일곱	별들을	안에	그	오른손에	자신의	그

4043	1722	3319	3588	2033	3087	3588	5552
περιπατέω	ἐν	μέσος	ὁ	ἑπτά	λυχνία	ὁ	χρύσεος
περιπατῶν	ἐν	μέσῳ	τῶν	ἑπτὰ	λυχνιῶν	τῶν	χρυσῶν·
VPPANMS	PD	APDNS	DGFP	ACGFP	NGFP	DGFP	AAFP
걸어 다니고 있는 이가	에서	가운데	그	일곱	등경들의	그	금

너는 에베소에 있는 교회의 사자에게 기록하라 자신의 오른손에 일곱 별들을 잡고 있는 일곱 금 등경들의 가운데에서 걸어 다니고 있는 이가 이것들을 말씀하고 있다

2:2

1492	3588	2041	4771	2532	3588	2873	2532	3588	5281	4771	2532
εἰδῶ	ὁ	ἔργον	σύ	καί	ὁ	κόπος	καί	ὁ	ὑπομονή	σύ	καί
Οἶδα	τὰ	ἔργα	σου	καὶ	τὸν	κόπον	καὶ	τὴν	ὑπομονήν	σου	καὶ
VIRA1S	DANP	NANP	NPG2S	CC	DAMS	NAMS	CC	DAFS	NAFS	NPG2S	CC
내가 알았다	그	일들을	너의	또한	그	수고와	그리고	그	인내를	너의	그리고

3754	3756	1410	941	2556	2532	3985	3588	3004
ὅτι	οὐ	δύναμαι	βαστάζω	κακός	καί	πειράζω	ὁ	λέγω
ὅτι	οὐ	δύνῃ	βαστάσαι	κακούς,	καὶ	ἐπείρασας	τοὺς	λέγοντας
CH	QN	VIPN2S	VNAA	APAMP	CC	VIAA2S	DAMP	VPPAAMP
때문에	않고	네가 있으며	받아들이지	악한 자들을	그리고	네가 시험하여	그	말하고 있는 자들을

1438	652	2532	3756	1510	2532	2147	846	5571
ἑαυτοῦ	ἀπόστολος	καί	οὐ	εἰμί	καί	εὑρίσκω	αὐτός	ψευδής
ἑαυτοὺς	ἀποστόλους	καὶ	οὐκ	εἰσὶν	καὶ	εὗρες	αὐτοὺς	ψευδεῖς,
NPAM3P	NAMP	CC	QN	VIPA3P	CH	VIAA2S	NPAM3P	APAMP
자신들을	사도들이라고	그리고	않고	그들이 있지	그리고	네가 찾아냈기	그들을	거짓말 하는 자들인

네가 악한 자들을 받아들이지 않고 있으며 자신들을 사도들이라고 말하고 있는 자들을 네가 시험하여 그들이 사도로 있지 않고 거짓말하는 자들인 그들을 네가 찾아냈기 때문에 너의 일들과 너의 수고와 인내를 내가 알았다

2:3

2532	5281	2192	2532	941	1223	3588	3686	1473	2532	3756
καί	ὑπομονή	ἔχω	καί	βαστάζω	διά	ὁ	ὄνομα	ἐγώ	καί	οὐ
καὶ	ὑπομονὴν	ἔχεις	καὶ	ἐβάστασας	διὰ	τὸ	ὄνομά	μου	καὶ	οὐ
CC	NAFS	VIPAYS	CC	VIAAYS	PA	DANS	NANS	NPG1S	CC	QN
그러나	그리스도 안에	너는 있으면서	그리고	네가 가지고 있었지만	함께	그	이름을	나의	그러나	않았다

2872
κοπιάω
κεκοπίακες.
VIRAYS
너는 수고를 하지

그러나 너는 그리스도 안에 있으면서 나의 이름을 함께 가지고 있었지만 그러나 너는 죽은 자를 살리는 수고를 하지 않았다

	235	2192	2596	4771	3754	3588	26	4771	3588	4413
	ἀλλά	ἔχω	κατά	σύ	ὅτι	ὁ	ἀγάπη	σύ	ὁ	πρῶτος
2:4	ἀλλὰ	ἔχω	κατὰ	σοῦ	ὅτι	τὴν	ἀγάπην	σου	τὴν	πρώτην
	CH	VIPA1S	PG	NPGYS	CC	DAFS	NAFS	NPG2S	DAFS	AOAFS
	오히려	내가가지고있다	책망할것을	너에게	때문에	그	사랑을	너의	그	으뜸의

863
ἀφίημι
ἀφῆκες.
VIAA2S
네가 저버렸기

오히려 죽은 자를 살리는 너의 으뜸의 사랑을 네가 저버렸기 때문에 내가 너에게 책망할 것을 가지고 있다

	3421	3767	4159	4098	2532	3340	2532	3588
	μνημονεύω	οὖν	πόθεν	πίπτω	καί	μετανοέω	καί	ὁ
2:5	μνημόνευε	οὖν	πόθεν	πέπτωκας	καὶ	μετανόησον	καὶ	τὰ
	VMPAYS	CH	ABT	VIRAYS	CC	VMAAYS	CC	DANP
	너는 기억하라	그러므로	무엇 때문에	네가 넘어졌던 것을	그래서	너는 회개를 가져라	그리고	그

4413	2041	4160	1488	1161	3361	2064	4771	2532	2795
πρῶτος	ἔργον	ποιέω	εἶ	δέ	μή	ἔρχομαι	σύ	καί	κινέω
πρῶτα	ἔργα	ποίησον·	εἰ	δὲ	μή,	ἔρχομαί	σοι	καὶ	κινήσω
AOANP	NANP	VMAAYS	CS	CS	QN	VIPN1S	NPD2S	CC	VIFA1S
으뜸의	일들을	너는 행하라	만약	그렇지	않으며	내가 가서	너에게	이다	내가옮겨버릴것

3588	3087	4771	1537	3588	5117	846	1437	3361	3340
ὁ	λυχνία	σύ	ἐκ	ὁ	τόπος	αὐτός	ἐάν	μή	μετανοέω
τὴν	λυχνίαν	σου	ἐκ	τοῦ	τόπου	αὐτῆς,	ἐὰν	μὴ	μετανοήσῃς.
DAFS	NAFS	NPG2S	PG	DGMS	NGMS	NPGF3S	CS	QN	VSAAYS
그	등경을	너의	부터	그	직분에서	교회의	만일	않으며	네가 회개를 가지고 있지

너는 무엇 때문에 네가 넘어졌던 것을 너는 기억하라 너는 회개를 가져라 너는 죽은 자를 살리는 으뜸의 일들을 행하라 그렇지 않으면 내가 너에게 가서 네가 회개를 가지고 있지 않으면 교회의 직분에서부터 내가 너의 등경을 옮겨 버릴 것이다

	235	3778	2192	3754	3404	3588	2041	3588	3531
	ἀλλά	οὗτος	ἔχω	ὅτι	μισέω	ὁ	ἔργον	ὁ	Νικολαΐτης
2:6	ἀλλὰ	τοῦτο	ἔχεις,	ὅτι	μισεῖς	τὰ	ἔργα	τῶν	Νικολαϊτῶν
	CC	APDANS	VIPA2S	ABR	VIPA2S	DANP	NANP	DGMP	NGMP
	그러나	것을	너는가지고있다	것을	네가미워하고있는	그	일들을	그	니골라파의 사람들의

3739	2504	3404
ὅς	κἀγώ	μισέω
ἃ	κἀγὼ	μισῶ.
APRANP	AB	VIPA1S
그 일들을	나도 또한	미워하고 있다

그러나 네가 니골라파 사람들의 일들을 미워하고 있는 것을 너는 가지고 있다 나도 또한 그 일들을 미워하고 있다

	3588	2192	3775	191	5101	3588	4151	3004	3588
	ὁ	ἔχω	οὖς	ἀκούω	τίς	ὁ	πνεῦμα	λέγω	ὁ
2:7	ὁ	ἔχων	οὖς	ἀκουσάτω	τί	τὸ	πνεῦμα	λέγει	ταῖς
	DNMS	VPPANMS	NANS	VMAA3S	APTANS	DNNS	NNNS	VIPA3S	DDFP
	자는	가지고 있는	귀를	들을 수 있도록 하라	것을	그	성령이	말씀하고 있는	그

1577	3588	3528	1325	846	5315	1537	3588	3586
ἐκκλησία	ὁ	νικάω	δίδωμι	αὐτός	ἐσθίω	ἐκ	ὁ	ξύλον
ἐκκλησίαις.	τῷ	νικῶντι	δώσω	αὐτῷ	φαγεῖν	ἐκ	τοῦ	ξύλου
NDFP	DDMS	VPPADMS	VIFA1S	NPDM3S	VNAA	PG	DGNS	NGNS
교회들에게	그	이기고있는자에게	내가줄것이다	그 사람에게	먹을수있는양식	부터	그	나무로

3588	2222	3739	1510	1722	3588	3857	3588	2316
ὁ	ζωή	ὅς	εἰμί	ἐν	ὁ	παράδεισος	ὁ	θεός
τῆς	ζωῆς,	ὅ	ἐστιν	ἐν	τῷ	παραδείσῳ	τοῦ	θεοῦ.
DGFS	NGFS	APRNNS	VIPA3S	PD	DDMS	NDMS	DGMS	NGMS
그	생명의	그	있는	안에	그	낙원에	그	하나님의

하나님의 말씀을 들을 귀를 가지고 있는 자는 성령이 교회들에게 말씀하고 있는 것을 들을 수 있도록 하라 이기고 있는 자에게 하나님의 낙원 안에 있는 생명나무로부터 먹을 수 있는 양식을 내가 그 사람에게 줄 것이다

	2532	3588	32	3588	1722	4667	1577	1125	3592
	καί	ὁ	ἄγγελος	ὁ	ἐν	Σμύρνα	ἐκκλησία	γράφω	ὅδε
2:8	Καὶ	τῷ	ἀγγέλῳ	τῆς	ἐν	Σμύρνῃ	ἐκκλησίας	γράψον·	Τάδε
	CC	DDMS	NDMS	DGFS	PD	NDFS	NGFS	VMAA2S	APDANP
	그리고	그	사자에게	그	에	서머나	교회의	너는 기록하라	이것들을

3004	3588	4413	2532	3588	2078	3739	1096	3498
λέγω	ὁ	πρῶτος	καί	ὁ	ἔσχατος	ὅς	γίνομαι	νεκρός
λέγει	ὁ	πρῶτος	καὶ	ὁ	ἔσχατος,	ὅς	ἐγένετο	νεκρὸς
VIPA3S	DNMS	APONMS	CC	DNMS	APNMS	APRNMS	VIAD3S	ANMS
말씀하고있다	그	처음이되는이와	그리고	그	마지막이 되는 이가	이가	되었다가	죽은 자가

2532	2198
καί	ζάω
καὶ	ἔζησεν·
CC	VIAA3S
그러나	살아나게되었던이가

너는 서머나에 있는 교회의 사자에게 기록하라 처음이 되는 이와 마지막이 되는 이가 십자가에서 죽은 자가 되었다가 그러나 죽은 자들부터 살아나게 되었던 이가 이것들을 말씀하고 있다

	1492	4771	3588	2347	2532	3588	4432	235	4145	1510
	εἴδω	σύ	ὁ	θλῖψις	καί	ὁ	πτωχεία	ἀλλά	πλούσιος	εἰμί
2:9	Οἶδά	σου	τὴν	θλῖψιν	καὶ	τὴν	πτωχείαν,	ἀλλὰ	πλούσιος	εἶ,
	VIRA1S	NPG2S	DAFS	NAFS	CC	DAFS	NAFS	CS	ANMS	VIPA2S
	나는 알았다	너희	그	고난과	그리고	그	가난함을	오히려	부자로	너는 있다

2532	3588	988	1537	3588	3004	2453	1510
καί	ὁ	βλασφημία	ἐκ	ὁ	λέγω	'Ιουδαῖος	εἰμί
καὶ	**τὴν**	**βλασφημίαν**	**ἐκ**	**τῶν**	**λεγόντων**	**'Ιουδαίους**	**εἶναι**
CC	DAFS	NAFS	PG	DGMP	VPPAGMP	APAMP	VNPA
그리고	그	훼방을 받으나	부터	그	말하고 있는 자들로	유대인들	이라고

1438	2532	3756	1510	235	4864	3588	4567
ἑαυτοῦ	καί	οὐ	εἰμί	ἀλλά	συναγωγή	ὁ	Σατανᾶς
ἑαυτοὺς	**καὶ**	**οὐκ**	**εἰσὶν**	**ἀλλὰ**	**συναγωγὴ**	**τοῦ**	**Σατανᾶ.**
NPAM3P	CC	QN	VIPA3P	CH	NNFS	DGMS	NGMS
자기 자신들을	그러나	아니고	그들은	오히려	집단이다	그	사단의

나는 너의 고난과 가난함을 알았다 오히려 너는 부자로 있다 자기 자신들을 유대인들이라고 말하고 있는 자들로부터 훼방을 받으나 그들은 유대인들이 아니고 오히려 그들은 사탄의 집단이다.

2:10

3367	5399	3739	3195	3958	2400	3195	906	3588
μηδείς	φοβέω	ὅς	μέλλω	πάσχω	ἰδού	μέλλω	βάλλω	ὁ
μηδὲν	**φοβοῦ**	**ἃ**	**μέλλεις**	**πάσχειν.**	**ἰδοὺ**	**μέλλει**	**βάλλειν**	**ὁ**
APCANS	VMPP2S	APRANP	VIPA2S	VNPA	QS	VIPA3S	VNPA	DNMS
어떤 말라	너는두려워하지	것들을	네가 하는	고난 받아야	보라	하고 있으나	들어가도록	그

1228	1537	4771	1519	5438	2443	3985	2532	2192
διάβολος	ἐκ	σύ	εἰς	φυλακή	ἵνα	πειράζω	καί	ἔχω
διάβολος	**ἐξ**	**ὑμῶν**	**εἰς**	**φυλακὴν**	**ἵνα**	**πειρασθῆτε**	**καὶ**	**ἕξετε**
APNMS	PG	NPG2P	PA	NAFS	CS	VSAP2P	CC	VIFA2P
마귀가	중에	너희들 몇을	으로	옥안	위하여	너희가 시험을 받기	그래서	너희가받을것이다

2347	2250	1176	1096	4103	891	2288	2532	1325
θλῖψις	ἡμέρα	δέκα	γίνομαι	πιστός	ἄχρι	θάνατος	καί	δίδωμι
θλῖψιν	**ἡμερῶν**	**δέκα.**	**γίνου**	**πιστὸς**	**ἄχρι**	**θανάτου,**	**καὶ**	**δώσω**
NAFS	NGFP	ACGFP	VMPN2S	ANMS	PG	NGMS	CC	VIFA1S
고난을	일	십	너는 되어라	믿음을가지고있는자가	까지	사망 안에서	그러면	내가줄것이다

4771	3588	4735	3588	2222
σύ	ὁ	Στέφανος	ὁ	ζωή
σοι	**τὸν**	**στέφανον**	**τῆς**	**ζωῆς.**
NPD2S	DAMS	NAMS	DGFS	NGFS
너에게	그	면류관을	그	생명의

너는 네가 어떤 고난 받아야 하는 것들을 두려워하지 말라 보라 너희를 십일의 고난을 받도록 할 것이며 너희가 시험을 받기 위하여 마귀가 너희들 중에 몇을 반드시 옥 안에 들어가도록 하고 있으나 너는 사망 안에서까지 믿음을 가지고 있는 자가 되어라 그러면 내가 생명의 면류관을 너에게 줄 것이다

2:11

3588	2192	3775	191	5101	3588	4151	3004	3588
ὁ	ἔχω	οὖς	ἀκούω	τίς	ὁ	πνεῦμα	λέγω	ὁ
ὁ	**ἔχων**	**οὖς**	**ἀκουσάτω**	**τί**	**τὸ**	**πνεῦμα**	**λέγει**	**ταῖς**
DNMS	VPPANMS	NANS	VMAA3S	APTANS	DNNS	NNNS	VIPA3S	DDFP
자는	가지고 있는	귀를	들을 수 있도록 하라	것을	그	성령이	말씀하고있는	그

1577	3588	3528	3756	3361	91	1537	3588	2288	3588
ἐκκλησία	ὁ	νικάω	οὐ	μή	ἀδικέω	ἐκ	ὁ	θάνατος	ὁ
ἐκκλησίαις.	ὁ	νικῶν	οὐ	μὴ	ἀδικηθῇ	ἐκ	τοῦ	θανάτου	τοῦ
NDFP	DNMS	VPPANMS	QN	QN	VSAP3S	PG	DGMS	NGMS	DGMS
교회들에게	자는	이기고 있는	절대로	않는다	불의한 일을 받지	부터	그	사망으로	그

1208
δεύτερος
δευτέρου.
AOGMS
둘째

하나님의 말씀을 들을 수 있는 귀를 가지고 있는 자는 성령이 교회들에게 말씀하고 있는 것을 들을 수 있도록 하라 이기고 있는 자는 둘째사망으로부터 불의한 일을 절대로 받지 않는다

2:12

2532	3588	32	3588	1722	4010	1577	1125	3592
καί	ὁ	ἄγγελος	ὁ	ἐν	Πέργαμος	ἐκκλησία	γράφω	ὅδε
Καὶ	τῷ	ἀγγέλῳ	τῆς	ἐν	Περγάμῳ	ἐκκλησίας	γράψον·	Τάδε
CC	DDMS	NDMS	DGFS	PD	NDFS	NGFS	VMAA2S	APDANP
그리고	그	사자에게	그	있는	버가모에	교회의	너는 기록하라	이것들을

3004	3588	2192	3588	4501	3588	1366	3588	3691
λέγω	ὁ	ἔχω	ὁ	ῥομφαία	ὁ	δίστομος	ὁ	ὀξύς
λέγει	ὁ	ἔχων	τὴν	ῥομφαίαν	τὴν	δίστομον	τὴν	ὀξεῖαν·
VIPA3S	DNMS	VPPANMS	DAFS	NAFS	DAFS	AAFS	DAFS	AAFS
말씀하고있다	이가	가지고 있는	그	검을	그	좌우에	그	날이 선 예리한

너는 버가모에 있는 교회의 사자에게 기록하라 좌우에 날이 선 예리한 검을 가지고 있는 이가 이것들을 말씀하고 있다

2:13

1492	4226	2730	3699	3588	2362	3588	4567	2532	2902
εἰδῶ	ποῦ	κατοικέω	ὅπου	ὁ	θρόνος	ὁ	Σατανᾶς	καί	κρατέω
Οἶδα	ποῦ	κατοικεῖς,	ὅπου	ὁ	θρόνος	τοῦ	Σατανᾶ,	καὶ	κρατεῖς
VIRA1S	ABT	VIPA2S	ABR	DNMS	NNMS	DGMS	NGMS	CC	VIPA2S
나는 알았다	어디에	네가거하고있는것을	그곳은	그	보좌이다	그	사단의	그리고	네가붙잡고있으며

3588	3686	1473	2532	3756	720	3588	4102	1473	2532	1722	3588
ὁ	ὄνομα	ἐγώ	καί	οὐ	ἀρνέομαι	ὁ	πίστις	ἐγώ	καί	ἐν	ὁ
τὸ	ὄνομά	μου	καὶ	οὐκ	ἠρνήσω	τὴν	πίστιν	μου	καὶ	ἐν	ταῖς
DANS	NANS	NPG1S	CC	QN	VIAD2S	DAFS	NAFS	NPG1S	AB	PD	DDFP
그	이름을	나의	그리고	않았다	네가 부인하지는	그	믿음을	나의	또한	안에	그

2250	493	3588	3144	1473	3588	4103	1473	3739
ἡμέρα	’Αντιπᾶς	ὁ	μάρτυς	ἐγώ	ὁ	πιστός	ἐγώ	ὅς
ἡμέραις	’Αντιπᾶς	ὁ	μάρτυς	μου	ὁ	πιστός	μου,	ὅς
NDFP	NNMS	DNMS	NNMS	NPG1S	DNMS	ANMS	NPG1S	APRNMS
때에도	안디바가	그	증인인	나의	그	믿음의	나의	그가

615	3844	4771	3699	3588	4567	2730
ἀποκτείνω	παρά	σύ	ὅπου	ὁ	Σατανᾶς	κατοικέω
ἀπεκτάνθη	παρ'	ὑμῖν,	ὅπου	ὁ	Σατανᾶς	κατοικεῖ.
VIAP3S	PD	NPD2P	ABR	DNMS	NNMS	VIPA3S
그가 죽임을 당할	가운데서	너희	그곳에서	그	사단이	거하는

나는 네가 어디에 거하고 있는 것을 알았다 그곳은 사단의 보좌이다 너는 나의 이름을 붙잡고 있으며 나의 믿음의 나의 증인인 안디바가 사단이 거하고 있는 그곳에서 너희 가운데서 그가 죽임을 당할 때에도 너는 나의 믿음을 부인하지는 않았다.

2:14

235	2192	2596	4771	3641	3754	2192	1563	2902	3588
ἀλλά	ἔχω	κατά	σύ	ὀλίγος	ὅτι	ἔχω	ἐκεῖ	κρατέω	ὁ
ἀλλ'	ἔχω	κατὰ	σοῦ	ὀλίγα	ὅτι	ἔχεις	ἐκεῖ	κρατοῦντας	τῶν
CH	VIPA1S	PG	NPG2S	APANP	ABR	VIPA2S	AB	VPPAAMP	DAFS
그러나	내가가지고있다	책망할 것을	너에게	몇 가지	때문에	네가가지고있기	거기에	지키고 있는 자들을	그

1322	903	3739	1321	3588	904	906	4625
διδαχή	Βαλαάμ	ὅς	διδάσκω	ὁ	Βαλάκ	βάλλω	σκάνδαλον
διδαχὴν	Βαλαάμ,	ὃς	ἐδίδασκεν	τῷ	Βαλὰκ	βαλεῖν	σκάνδαλον
NAFS	NGMS	APRNMS	VIIA3S	DDMS	NDMS	VNAA	NANS
가르침을	발람의	발람이	가르치고 있는	그	발락에게	두어서	실족케 하는 것을

1799	3588	5207	2474	5315	1494	2532	4203
ἐνώπιον	ὁ	υἱός	'Ισραήλ	ἐσθίω	εἰδωλόθυτον	καί	πορνεύω
ἐνώπιον	τῶν	υἱῶν	'Ισραὴλ	φαγεῖν	εἰδωλόθυτα	καὶ	πορνεῦσαι.
PG	DGMP	NGMP	NGMS	VNAA	APANP	CC	VNAA
앞에	그	자손들	이스라엘	먹게 하고	우상의 제물을	또한	마귀와 간음하도록

그러나 네가 거기에 발람이 발락에게 이스라엘 자손들 앞에 실족케 하는 것을 두어 우상의 제물을 먹게 하고 또한 마귀와 간음하도록 가르치고 있는 발람의 가르침을 지키고 있는 자들을 가지고 있기 때문에 내가 너에게 몇 가지 책망할 것을 가지고 있다

2:15

3779	2192	2532	4771	2902	3588	1322	3588	3531
οὕτω	ἔχω	καί	σύ	κρατέω	ὁ	διδαχή	ὁ	Νικολαΐτης
οὕτως	ἔχεις	καὶ	σὺ	κρατοῦντας	τὴν	διδαχὴν	τῶν	Νικολαϊτῶν
AB	VIPA2S	AB	NPN2S	VPPAAMP	DAFS	NAFS	DGMP	NGMP
이와 같이	네가가지고있다	역시	너도	지키고 있는 자들을	그	가르침을	그	니골라파 사람들의

3668
ὁμοίως
ὁμοίως.
AB
같이

이와 같이 너도 니골라파 사람들의 가르침을 같이 지키고 있는 자들을 네가 가지고 있다.

2:16

3340	3767	148	1161	3361	2064	4771	5036	2532	4170
μετανοέω	οὖν	εἶ	δέ	μή	ἔρχομαι	σύ	ταχύς	καί	πολεμέω
μετανόησον	οὖν·	εἰ	δὲ	μή,	ἔρχομαί	σοι	ταχὺ	καὶ	πολεμήσω
VMAA2S	CH	CS	CS	QN	VIPN1S	NPD2S	AB	CC	VIFA1S
너는 회개를 가지고 있어라	그러므로	만일	그렇지	않으면	내가 가서	너에게	반드시	그리고	내가 싸울 것이다

3326	846	1722	3588	4501	3588	4750	1473
μετά	αὐτός	ἐν	ὁ	ῥομφαία	ὁ	στόμα	ἐγώ
μετ’	αὐτῶν	ἐν	τῇ	ῥομφαίᾳ	τοῦ	στόματός	μου.
PG	NPGM3P	PD	DDFS	NDFS	DGNS	NGNS	NPG1S
함께	그들과	으로	그	검으로	그	입에서 나오는	나의

너는 회개를 가지고 있어라 만일 그렇지 않으면 내가 너에게 가서 나의 입에서 나오는 검으로 내가 그들과 함께 싸울 것이다

	3588	2192	3775	191	5101	3588	4151	3004	3588	1577
	ὁ	ἔχω	οὖς	ἀκούω	τίς	ὁ	πνεῦμα	λέγω	ὁ	ἐκκλησία
2:17	ὁ	ἔχων	οὖς	ἀκουσάτω	τί	τὸ	πνεῦμα	λέγει	ταῖς	ἐκκλησίαις.
	DNMS	VPPANMS	NANS	VMAA3S	APTANS	DNNS	NNNS	VIPA3S	DDFP	NDFP
	자는	가지고 있는	귀를	들을 수 있도록 하라	것을	그	성령이	말씀하시는	그	교회들에게

1577	3588	3528	1325	846	3588	3131	3588
ἐκκλησία	ὁ	νικάω	δίδωμι	αὐτός	ὁ	μάννα	ὁ
ἐκκλησίαις.	τῷ	νικῶντι	δώσω	αὐτῷ	τοῦ	μάννα	τοῦ
NDFP	DDMS	VPPADMS	VIFA1S	NPDM3S	DGNS	NGNS	DGNS
교회들에게	그	이기고 있는	내가줄것이다	그 사람에게	그	만나와	그

2928	2532	1325	846	5586	3022	2532	1909	3588
κρύπτω	καί	δίδωμι	αὐτός	ψῆφος	λευκός	καί	ἐπί	ὁ
κεκρυμμένου	καὶ	δώσω	αὐτῷ	ψῆφον	λευκήν,	καὶ	ἐπὶ	τὴν
VPRPGNS	CC	VIFA1S	NPDM3S	NAFS	AAFS	CC	PA	DAFS
감추어진	그리고	내가줄것이며	그에게	반석을	흰	그리고	위에	그

5586	3686	2537	1125	3739	3762	1492	1488	3361
ψῆφος	ὄνομα	καινός	γράφω	ὅς	οὐδείς	εἰδῶ	εἶ	μή
ψῆφον	ὄνομα	καινὸν	γεγραμμένον	ὃ	οὐδεὶς	οἶδεν	εἰ	μὴ
NAFS	NANS	AANS	VPRPANS	APRANS	APCNMS	VIRA3S	CS	QN
반석	이름을	새	기록된	것을	아무도 없다	알수있는자가	면	아니

3588	2983
ὁ	λαμβάνω
ὁ	λαμβάνων.
DNMS	VPPANMS
자가	영접하고 있는

하나님의 말씀을 들을 수 있는 귀를 가지고 있는 자는 성령이 교회들에게 말씀하시는 것을 들을 수 있도록 하라 이기고 있는 사람에게 내가 감추어진 만나와 흰 반석을 그에게 줄 것이다 반석위에 기록된 새 이름을 영접하고 있는 자가 아니면 아무도 그 이름을 알 수 있는 자가 없다

	2532	3588	32	3588	1722	2363	1577	1125	3592
	καί	ὁ	ἄγγελος	ὁ	ἐν	Θυάτειρα	ἐκκλησία	γράφω	ὅδε
2:18	Καὶ	τῷ	ἀγγέλῳ	τῆς	ἐν	Θυατείροις	ἐκκλησίας	γράψον·	Τάδε
	CC	DDMS	NDMS	DGFS	PD	NDNP	NGFS	VMAA2S	APDANP
	그리고	그	사자에게	그	있는	두아디라에	교회의	너는 기록하라	이것들을

3004	3588	5207	3588	2316	3588	2192	3588	3788	846
λέγω	ὁ	υἱός	ὁ	θεός	ὁ	ἔχω	ὁ	ὀφθαλμός	αὐτός
λέγει	ὁ	υἱὸς	τοῦ	θεοῦ,	ὁ	ἔχων	τοὺς	ὀφθαλμοὺς	αὐτοῦ
VIPA3S	DNMS	NNMS	DGMS	NGMS	DNMS	VPPANMS	DAMP	NAMP	NPGM3S
말씀하고있는	그	아들	그	하나님의	그	가지고 있는	그	눈을	자신의

5613	5395	4442	2532	3588	4228	846	3664	5474
ὡς	φλόξ	πῦρ	καί	ὁ	πούς	αὐτός	ὅμοιος	χαλκολίβανον
ὡς	φλόγα	πυρὸς	καὶ	οἱ	πόδες	αὐτοῦ	ὅμοιοι	χαλκολιβάνῳ·
CS	NAFS	NGNS	CC	DNMP	NNMP	NPGM3S	ANMP	NDMS
같은	꽃	불	또	그	발은	그의	같은 것을	불이 타오는 붉은 주석

너는 두아디라에 있는 교회의 사자에게 그의 눈은 불꽃같고 자신의 발은 불이 타오르는 주석 같은 것을 가지고 있는 하나님의 아들이 말씀하고 있는 이것들을 너는 기록하라

2:19

1492	4771	3588	2041	2532	3588	26	2532	3588	4102	2532	3588
εἰδῶ	σύ	ὁ	ἔργον	καί	ὁ	ἀγάπη	καί	ὁ	πίστις	καί	ὁ
Οἶδά	σου	τὰ	ἔργα	καὶ	τὴν	ἀγάπην	καὶ	τὴν	πίστιν	καὶ	τὴν
VIRA1S	NPG2S	DANP	NANP	CC	DAFS	NAFS	CC	DAFS	NAFS	CC	DAFS
나는알았다	너의	그	일들과	그리고	그	사랑과	그리고	그	믿음을	그리고	그

1248	2532	3588	5281	4771	2532	3588	2041	4771	3588	2078
διακονία	καί	ὁ	ὑπομονή	σύ	καί	ὁ	ἔργον	σύ	ὁ	ἔσχατος
διακονίαν	καὶ	τὴν	ὑπομονήν	σου,	καὶ	τὰ	ἔργα	σου	τὰ	ἔσχατα
NAFS	CC	DAFS	NAFS	NPG2S	CC	DANP	NANP	NPG2S	DANP	AANP
직분을	그리고	그	인내를	너의	그러나	그	일들을	너의	그	나중에

4183	3588	4413
πολύς	ὁ	πρῶτος
πλείονα	τῶν	πρώτων.
AMANP	DGNP	APOGNP
더 많은	그	처음보다

나는 너의 일들을 그리고 사랑을 또 믿음을 그리고 직분을 그리고 너의 인내를 그러나 처음보다 나중에 더 많은 너의 그 일들을 내가 알았다.

2:20

235	2192	2596	4771	3754	863	3588	1135	2403	3588
ἀλλά	ἔχω	κατά	σύ	ὅτι	ἀφίημι	ὁ	γυνή	Ἰεζάβελ	ὁ
ἀλλὰ	ἔχω	κατὰ	σοῦ	ὅτι	ἀφεῖς	τὴν	γυναῖκα	Ἰεζάβελ,	ἡ
CH	VIPA1S	PG	NPG2S	CC	VIPA2S	DAFS	NAFS	NAFS	DNFS
그러나	내가가지고있다	책망할것을	너에게	때문에	네가용납하고있기	그	여자	이세벨에게	그

3004	1438	4398	2532	1321	2532	4105	3588	1699
λέγω	ἑαυτοῦ	προφῆτις	καί	διδάσκω	καί	πλανάω	ὁ	ἐμός
λέγουσα	ἑαυτὴν	προφῆτιν	καὶ	διδάσκει	καὶ	πλανᾷ	τοὺς	ἐμοὺς
VPPANFS	NPAF3S	NAFS	CC	VIPA3S	CC	VIPA3S	DAMP	AAM1P
말하고 있는	자기 자신을	선지자라고	그리고	그가가르치는것을	그리고	미혹하여	그	나의

	1401	4203	2532	5315	1494
	δοῦλος	πορνεύω	καί	ἐσθίω	εἰδωλόθυτον
	δούλους	πορνεῦσαι	καὶ	φαγεῖν	εἰδωλόθυτα.
	NAMP	VNAA	CC	VNAA	APANP
	종들을	간음 하도록	또한	먹을 수 있도록	우상의 제물을

그러나 자기 자신을 선지자라고 말하고 있는 여자 이세벨에게 그가 나의 종들을 미혹하여 마귀의 말에 빠져 간음하도록 또한 우상의 제물을 먹을 수 있도록 가르치는 것을 네가 용납하고 있기 때문에 내가 너에게 책망할 것을 가지고 있다

	2532	1325	846	5550	2443	3340	2532	3756	2309
	καί	δίδωμι	αὐτός	χρόνος	ἵνα	μετανοέω	καί	οὐ	θέλω
2:21	καὶ	ἔδωκα	αὐτῇ	χρόνον	ἵνα	μετανοήσῃ,	καὶ	οὐ	θέλει
	CC	VIAA1S	NPDF3S	NAMS	CS	VSAA3S	CH	QN	VIPA3S
	그리고	내가 주었으나	그여자에게	기회를	위한	회개를 하기	그러나	않는다	원하지

	3340	1537	3588	4202	846
	μετανοέω	ἐκ	ὁ	πορνεία	αὐτός
	μετανοῆσαι	ἐκ	τῆς	πορνείας	αὐτῆς.
	VNAA	PG	DGFS	NGFS	NPGF3S
	회개하는 것을	부터	그	간음하는 것에서	그 여자의

내가 그 여자에게 회개를 하기 위한 기회를 주었으나 그러나 그 여자의 마귀와 간음하는 것에서부터 회개하는 것을 원하지 않는다

	2400	906	846	1519	2825	2532	3588	3431	3326
	ἰδού	βάλλω	αὐτός	εἰς	κλίνη	καί	ὁ	μοιχεύω	μετά
2:22	ἰδοὺ	βάλλω	αὐτὴν	εἰς	κλίνην	καὶ	τοὺς	μοιχεύοντας	μετ'
	QS	VIPA1S	NPAF3S	PA	NAFS	CC	DAMP	VPPAAMP	PG
	보라	내가던져버린다	그 여자를	안으로	침상으로	그리고	그	간음하고 있는 자들을	함께

	846	1519	2347	3173	1437	3361	3340	1537	3588
	αὐτός	εἰς	θλῖψις	μέγας	ἐάν	μή	μετανοέω	ἐκ	ὁ
	αὐτῆς	εἰς	θλῖψιν	μεγάλην,	ἐὰν	μὴ	μετανοήσωσιν	ἐκ	τῶν
	NPGF3S	PA	NAFS	AAFS	CS	QN	VSAA3P	PG	DGNP
	그 여자와	안으로	고통	큰	만일	않는	회개를 하지 다면	부터	그

	2041	846
	ἔργον	αὐτός
	ἔργων	αὐτῆς,
	NGNP	NPGF3S
	일들에서	그 여자의

보라 그 여자의 간음하는 일들에서부터 회개를 하지 않는다면 내가 그 여자를 침상으로 또 그 여자와 함께 간음하고 있는 자들을 큰 고통 안으로 내가 던져버린다

	2532	3588	5043	846	615	1722	2288	2532	1097
	καί	ὁ	τέκνον	αὐτός	ἀποκτείνω	ἐν	θάνατος	καί	γινώσκω
2:23	καὶ	τὰ	τέκνα	αὐτῆς	ἀποκτενῶ	ἐν	θανάτῳ.	καὶ	γνώσονται
	CC	DANP	NANP	NPGF3S	VIFA1S	PD	NDMS	CH	VIFD3P
	그리고	그	자녀들을	그여자의	죽은자가되게할것이다	안에서	사망	그래서	알게 될 것이다

3956	3588	1577	3754	1473	1510	3588	2045	3510	2532
πᾶς	ὁ	ἐκκλησία	ὅτι	ἐγώ	εἰμί	ὁ	ἐρευνάω	νεφρός	καί
πᾶσαι	αἱ	ἐκκλησίαι	ὅτι	ἐγώ	εἰμι	ὁ	ἐραυνῶν	νεφροὺς	καὶ
ANFP	DNFP	NNFP	CC	NPN1S	VIPA1S	DNMS	VPPANMS	NAMP	CC
모든	그	교회들이	것을	내가	분인	그	알고 있는	사람의 깊은 뜻과	그리고

2588	2532	1325	4771	1538	2596	3588	2041	4771
καρδία	καί	δίδωμι	σύ	ἕκαστος	κατά	ὁ	ἔργον	σύ
καρδίας,	καὶ	δώσω	ὑμῖν	ἑκάστῳ	κατὰ	τὰ	ἔργα	ὑμῶν.
NAFP	CC	VIFA1S	NPD2P	APDMS	PA	DANP	NANP	NPG2P
마음을	그리고	내가갚아줄것이다	너희	각자에게	따라서	그	일들을	너희의

내가 그 여자의 자녀들을 사망 안에서 생명이 없는 죽은 자가 되게 할 것이며 내가 사람의 깊은 뜻과 마음들을 알고 있는 분으로 있는 것을 모든 교회들이 알게 될 것이며 너희가 하나님의 말씀을 증거 한 일들을 따라서 너희 각자에게 내가 갚아 줄 것이다

2:24

4771	1161	3004	3588	3062	3588	1722	2363	3745	3756
σύ	δέ	λέγω	ὁ	λοιποί	ὁ	ἐν	Θυάτειρα	ὅσος	οὐ
ὑμῖν	δὲ	λέγω	τοῖς	λοιποῖς	τοῖς	ἐν	Θυατείροις,	ὅσοι	οὐκ
NPD2P	CH	VIPA1S	DDMP	APDMP	DDMP	PD	NDNP	APRNMP	QN
너희에게	그러나	내가 말한다	그	남아있는 자들	그	있는	두아디라에	자들	않은

2192	3588	1322	3778	3748	3756	1097	3588
ἔχω	ὁ	διδαχή	οὗτος	ὅστις	οὐ	γινώσκω	ὁ
ἔχουσιν	τὴν	διδαχὴν	ταύτην,	οἵτινες	οὐκ	ἔγνωσαν	τὰ
VIPA3P	DAFS	NAFS	ADAFS	APRNMP	QN	VIAA3P	DANP
가지고 있지	그	가르침을	이러한	그들이	못했던	알지 자들이	그

901	3588	4567	5613	3004	3756	906	1909	4771	243
βαθύς	ὁ	Σατανᾶς	ὡς	λέγω	οὐ	βάλλω	ἐπί	σύ	ἄλλος
βαθέα	τοῦ	Σατανᾶ	ὡς	λέγουσιν·	οὐ	βάλλω	ἐφ’	ὑμᾶς	ἄλλο
APANP	DGMS	NGMS	ABR	VIPA3P	QN	VIPA1S	PA	NPA2P	AANS
깊은 것들을	그	사단의	같이	말하는 것과	없다	내가지울수가	에게	너희	다른

922
βάρος
βάρος,
NANS
짐을

내가 두아디라에 남아 있는 자들 너희에게 말한다 사단의 깊은 것들을 알지 못했던 자들이 말하는 것과 같이 이러한 가르침을 가지고 있지 않는 자들 너희에게 내가 다른 짐을 지울 수가 없다

2:25

4133	3739	2192	2902	891	3739	302	2240
πλήν	ὅς	ἔχω	κρατέω	ἄχρι	ὅς	ἄν	ἥκω
πλὴν	ὃ	ἔχετε	κρατήσατε	ἄχρι	οὗ	ἂν	ἥξω.
CC	APRANS	VIPA2P	VMAA2P	PG	APRGMS	QV	VSAA1S
그러므로	말씀을	너희가가지고있는	너희는 굳게 잡고 있어라	때까지	그의	그	내가도착할

그러므로 내가 도착 할 때까지 너희가 가지고 있는 말씀을 너희는 굳게 잡고 있어라

	2532	3588	3528	2532	3588	5083	891	5056	3588	2041	1473	1325
	καί	ὁ	νικάω	καί	ὁ	τηρέω	ἄχρι	τέλος	ὁ	ἔργον	ἐγώ	δίδωμι
2:26	καὶ	ὁ	νικῶν	καὶ	ὁ	τηρῶν	ἄχρι	τέλους	τὰ	ἔργα	μου,	δώσω
	CC	DNMS	VPPANMS	CC	DNMS	VPPANMS	PG	NGNS	DANP	NANP	NPG1S	VIFA1S
	그리고	자와	이기고 있는	또	자는	지키고 있는	까지	끝	그	일들을	나의	내가줄것이며

846	1849	1909	.3588	1484
αὐτός	ἐξουσία	ἐπί	ὁ	ἔθνος
αὐτῷ	ἐξουσίαν	ἐπὶ	τῶν	ἐθνῶν
NPDM3S	NAFS	PG	DGNP	NGNP
그에게	권세를	있는	그	백성들 위에

이기고 있는 자와 또 나의 일들을 끝까지 증거 하여 지키고 있는 자는 백성들 위에 있는 권세를 내가 그에게 줄 것이며

	2532	4165	846	1722	4464	4603	5613	3588	4632	3588
	καί	ποιμαίνω	αὐτός	ἐν	ῥάβδος	σιδήρεος	ὡς	ὁ	σκεῦος	ὁ
2:27	καὶ	ποιμανεῖ	αὐτοὺς	ἐν	ῥάβδῳ	σιδηρᾷ	ὡς	τὰ	σκεύη	τὰ
	CH	VIFA3S	NPAM3P	PD	NDFS	ADFS	CS	DNNP	NNNP	DNNP
	그리고	그가 다스릴 것이다	그들을	으로	지팡이	쇠	같은	그	그릇들이	그

2764	4937
κεραμικός	συντρίβω
κεραμικὰ	συντρίβεται,
ANNP	VIPP3S
질	깨어지게 하는 것과

그가 질그릇들이 깨어지게 하는 것과 같은 쇠 지팡이로 그들을 다스릴 것이다

	5613	2504	2983	3844	3588	3962	1473	2532	1325	846	3588
	ὡς	κἀγώ	λαμβάνω	παρά	ὁ	πατήρ	ἐγώ	καί	δίδωμι	αὐτός	ὁ
2:28	ὡς	κἀγὼ	εἴληφα	παρὰ	τοῦ	πατρός	μου,	καὶ	δώσω	αὐτῷ	τὸν
	ABR	AB	VIRA1S	PG	DGMS	NGMS	NPG1S	CC	VIFA1S	NPDM3S	DAMS
	같이	또한 내가	받았던 것과	에게	그	아버지	나의	그리고	내가줄것이다	그에게	그

792	3588	4407
ἀστήρ	ὁ	πρωϊνός
ἀστέρα	τὸν	πρωϊνόν.
NAMS	DAMS	AAMS
별을	그	새벽

내가 또한 나의 아버지에게 받았던 것과 같이 내가 그에게 새벽별을 줄 것이다

	3588	2192	3775	191	5101	3588	4151	3004	3588	1577
	ὁ	ἔχω	οὖς	ἀκούω	τίς	ὁ	πνεῦμα	λέγω	ὁ	ἐκκλησία
2:29	ὁ	ἔχων	οὖς	ἀκουσάτω	τί	τὸ	πνεῦμα	λέγει	ταῖς	ἐκκλησίαις.
	DNMS	VPPANMS	NANS	VMAA3S	APTANS	DNNS	NNNS	VIPA3S	DDFP	NDFP
	자는	가지고 있는	귀를	들을수 있도록 하라	것을	그	성령이	말씀하시는	그	교회들에게

하나님의 말씀을 들을 수 있는 귀를 가지고 있는 자는 성령이 교회들에게 말씀하시는 것을 들을 수 있도록 하라

	2532	3588	32	3588	1722	4554	1577	1125	3592
	καί	ὁ	ἄγγελος	ὁ	ἐν	Σάρδεις	ἐκκλησία	γράφω	ὅδε
3:1	Καὶ	τῷ	ἀγγέλῳ	τῆς	ἐν	Σάρδεσιν	ἐκκλησίας	γράψον·	Τάδε
	CC	DDMS	NDMS	DGFS	PD	NDFP	NGFS	VMAA2S	APDANP
	그리고	그	사자에게	그	있는	사데에	교회의	너는 기록하라	이것들을

3004	3588	2192	3588	2033	4151	3588	2316	2532	3588	2033
λέγω	ὁ	ἔχω	ὁ	ἑπτά	πνεῦμα	ὁ	θεός	καί	ὁ	ἑπτά
λέγει	ὁ	ἔχων	τὰ	ἑπτὰ	πνεύματα	τοῦ	θεοῦ	καὶ	τοὺς	ἑπτὰ
VIPA3S	DNMS	VPPANMS	DANP	ACANP	NANP	DGMS	NGMS	CC	DAMP	ACAMP
말씀하고있는	이가	가지고 있는	그	일곱	영들과	그	하나님의	그리고	그	일곱

792	1492	4771	3588	2041	3754	3686	2192	3754	2198	2532
ἀστήρ	εἰδῶ	σύ	ὁ	ἔργον	ὅτι	ὄνομα	ἔχω	ὅτι	ζάω	καί
ἀστέρας·	Οἶδά	σου	τὰ	ἔργα	ὅτι	ὄνομα	ἔχεις	ὅτι	ζῇς,	καὶ
NAMP	VIRA1S	NPG2S	DANP	NANP	ABR	NANS	VIPA2S	ABR	VIPA2S	CH
별을	내가 알았다	너의	그	일들을	때문에	이름을	네가가지고있기	것을	너는살아있지만	그러나

3498	1510
νεκρός	εἰμί
νεκρὸς	εἶ.
ANMS	VIPA2S
죽은 자로	너는 있는

너는 하나님의 일곱 영들과 일곱별을 가지고 있는 이가 사데에 있는 교회의 사자에게 말씀하고 있는 이것들을 기록하라 네가 이름을 가지고 있기 때문에 너는 살아 있지만 그러나 너는 죽은 자를 살리지 못하는 죽은 자로 있는 너의 그 일들을 내가 알았다

	1096	1127	2532	4741	3588	3062	3739	3195
	γίνομαι	γρηγορεύω	καί	στηρίζω	ὁ	λοιποί	ὅς	μέλλω
3:2	γίνου	γρηγορῶν	καὶ	στήρισον	τὰ	λοιπὰ	ἃ	ἔμελλον
	VMPN2S	VPPANM2S	CC	VMAA2S	DANP	APANP	APRNNP	VIIA3P
	너는 되어라	너는 깨어있는 자가	그리고	너는 굳게 세워라	그	남아있는자들을	것들이	있는

599	3756	1063	2147	4771	3588	2041	4137
ἀποθνῄσκω	οὐ	γάρ	εὑρίσκω	σύ	ὁ	ἔργον	πληρόω
ἀποθανεῖν,	οὐ	γὰρ	εὕρηκά	σου	τὰ	ἔργα	πεπληρωμένα
VNAA	QN	CS	VIRA1S	NPG2S	DANP	NANP	VPRPANP
생명이 없어 죽어가고	못했기	왜냐하면	내가찾지때문이다	너의	그	일들을	온전하게 된

1799	3588	2316	1473
ἐνώπιον	ὁ	θεός	ἐγώ
ἐνώπιον	τοῦ	θεοῦ	μου.
PG	DGMS	NGMS	NPG1S
앞에서	그	하나님	나의

너는 항상 깨어있는 자가 되어라 그리고 너는 생명이 없어 죽어가고 있는 그 남아 있는 자들을 말씀으로 굳게 세워라 왜냐하면 나의 하나님 앞에서 너의 온전하게 된 일들을 내가 찾지 못했기 때문이다

3:3

3421	3767	4459	2983	2532	191	2532	5083	2532
μνημονεύω	οὖν	πῶς	λαμβάνω	καί	ἀκούω	καί	τηρέω	καί
μνημόνευε	οὖν	πῶς	εἴληφας	καὶ	ἤκουσας	καὶ	τήρει	καὶ
VMPA2S	CH	ABT	VIRA2S	CC	VIAA2S	CC	VMPA2S	CC
너는 기억하라	그러므로	무엇때문에	네가 받았는지	또	네가 들었던 말씀을	그리고	너는 지켜라	또한

3340	1437	3767	3361	1127	2240	5613	2812
μετανοέω	ἐάν	οὖν	μή	γρηγορεύω	ἥκω	ὡς	κλέπτης
μετανόησον.	ἐὰν	οὖν	μὴ	γρηγορήσῃς,	ἥξω	ὡς	κλέπτης,
VMAA2S	CS	CH	QN	VSAA2S	VIFA1S	CS	NNMS
너는 회개를 가지고 있어라	만일	그러나	않으며	네가 깨어있지	내가도착할것이며	같이	도적

2532	3756	3361	1097	4169	5610	2240	1909	4771
καί	οὐ	μή	γινώσκω	ποῖος	ὥρα	ἥκω	ἐπί	σύ
καὶ	οὐ	μὴ	γνῷς	ποίαν	ὥραν	ἥξω	ἐπὶ	σέ.
CH	QN	QN	VSAA2S	ATAFS	NAFS	VIFA1S	PA	NPA2S
또	결코	못할	너는알지것이다	어느	시에	내가임하게될지	에게	너

그러므로 네가 무엇 때문에 말씀을 받았는지 너는 기억하라 네가 들었던 말씀을 너는 증거하여 지켜라 또한 너는 회개를 가지고 있어라 네가 만일 깨어있지 않으면 내가 도적같이 도착 할 것이며 내가 어느 시에 너에게 임하게 될지 너는 결코 알지 못할 것이다

3:4

235	2192	3641	3686	1722	4554	3739	3756	3435
ἀλλά	ἔχω	ὀλίγος	ὄνομα	ἐν	Σάρδεις	ὅς	οὐ	μολύνω
ἀλλὰ	ἔχεις	ὀλίγα	ὀνόματα	ἐν	Σάρδεσιν	ἃ	οὐκ	ἐμόλυναν
CH	VIPA2S	AANP	NANP	PD	NDFP	APRNNP	QN	VIAA3P
그러나	네가가지고있다	몇	명을	에	사데	자들	않은	더럽히지

3588	2440	846	2532	4043	3326	1473	1722	3022
ὁ	ἱμάτιον	αὐτός	καί	περιπατέω	μετά	ἐγώ	ἐν	λευκός
τὰ	ἱμάτια	αὐτῶν,	καὶ	περιπατήσουσιν	μετ’	ἐμοῦ	ἐν	λευκοῖς,
DANP	NANP	NPGM3P	CH	VIFA3P	PG	NPG1S	PD	APDNP
그	옷을	자신들의	그래서	그들이 증거하려 다니게 될 것이다	함께	나와	입고	흰옷을

3754	514	1510
ὅτι	ἄξιος	εἰμί
ὅτι	ἄξιοί	εἰσιν.
CS	ANMP	VIPA3P
때문에	합당한자들로	그들이 있기

그러나 네가 사데에 자신들의 옷을 더럽히지 않은 자들 몇 명을 네가 가지고 있다 그들이 나에게 합당한 자들로 있기 때문에 나와 함께 흰옷을 입고 말씀을 증거 하려 다니게 될 것이다

3:5

3588	3528	3779	4016	1722	2440	3022	2532	3756	3361
ὁ	νικάω	οὕτω	περιβάλλω	ἐν	ἱμάτιον	λευκός	καί	οὐ	μή
ὁ	νικῶν	οὕτως	περιβαλεῖται	ἐν	ἱματίοις	λευκοῖς	καὶ	οὐ	μὴ
DNMS	VPPANMS	AB	VIFM3S	PD	NDNP	ADNP	CC	QN	QN
자는	이기고 있는	이와 같이	입게 될 것이며	을	옷	흰	그리고	절대로	않을

1813	3588	3686	846	1537	3588	976	3588	2222	2532
ἐξαλείφω	ὁ	ὄνομα	αὐτός	ἐκ	ὁ	βίβλος	ὁ	ζωή	καί
ἐξαλείψω	τὸ	ὄνομα	αὐτοῦ	ἐκ	τῆς	βίβλου	τῆς	ζωῆς	καὶ
VIFA1S	DANS	NANS	NPGM3S	PG	DGFS	NGFS	DGFS	NGFS	CC
내가지워버리지것이며	그	이름을	그 자신의	에서	그	책	그	생명의	그리고

3670	3588	3686	846	1799	3588	3962	1473	2532
ὁμολογέω	ὁ	ὄνομα	αὐτός	ἐνώπιον	ὁ	πατήρ	ἐγώ	καί
ὁμολογήσω	τὸ	ὄνομα	αὐτοῦ	ἐνώπιον	τοῦ	πατρός	μου	καὶ
VIFA1S	DANS	NANS	NPGM3S	PG	DGMS	NGMS	NPG1S	CC
내가 증거 할 것이다	그	이름을	그 자신의	앞에서	그	아버지	나의	그리고

1799	3588	32	846
ἐνώπιον	ὁ	ἄγγελος	αὐτός
ἐνώπιον	τῶν	ἀγγέλων	αὐτοῦ.
PG	DGMP	NGMP	NPGM3S
앞에서	그	사자들	하나님의

이기고 있는 자는 이와 같이 흰옷들을 입게 될 것이며 내가 생명책에서 자신의 이름을 절대로 지워버리지 않을 것이며 나의 아버지 앞에서 또 하나님의 사자들 앞에서 그자신의 이름을 내가 증거 할 것이다

3:6

3588	2192	3775	191	5101	3588	4151	3004	3588
ὁ	ἔχω	οὖς	ἀκούω	τίς	ὁ	πνεῦμα	λέγω	ὁ
ὁ	ἔχων	οὖς	ἀκουσάτω	τί	τὸ	πνεῦμα	λέγει	ταῖς
DNMS	VPPANMS	NANS	VMAA3S	APTANS	DNNS	NNNS	VIPA3S	DDFP
자는	가지고 있는	귀를	들을 수 있도록 하라	것을	그	성령이	말씀하시는	그

1577
ἐκκλησία
ἐκκλησίαις.
NDFP
교회들에게

하나님의 말씀을 들을 수 있는 귀를 가지고 있는 자는 성령이 교회들에게 말씀하시는 것을 들을 수 있도록 하라

3:7

2532	3588	32	3588	1722	5359	1577	1125	3592
καί	ὁ	ἄγγελος	ὁ	ἐν	Φιλαδέλφεια	ἐκκλησία	γράφω	ὅδε
Καὶ	τῷ	ἀγγέλῳ	τῆς	ἐν	Φιλαδελφείᾳ	ἐκκλησίας	γράψον·	Τάδε
CC	DDMS	NDMS	DGFS	PD	NDFS	NGFS	VMAA2S	APDANP
그리고	그	사자에게	그	있는	빌라델비아에	교회의	너는 기록하라	이것들을

3004	3588	40	3588	228	3588	2192	3588	2807	1138	3588
λέγω	ὁ	ἅγιος	ὁ	ἀληθινός	ὁ	ἔχω	ὁ	κλείς	Δαβίδ	ὁ
λέγει	ὁ	ἅγιος,	ὁ	ἀληθινός,	ὁ	ἔχων	τὴν	κλεῖν	Δαυίδ,	ὁ
VIPA3S	DNMS	APNMS	DNMS	APNMS	DNMS	VPPANMS	DAFS	NAFS	NGMS	DNMS
말씀하시는	분인	거룩하신	이가	하나님을 알고 계신	이가	가지고 있는	그	자물쇠를	다윗의	그가

455	2532	3762	2808	2532	2808	2532	3762	455
ἀνοίγω	καί	οὐδείς	κλείω	καί	κλείω	καί	οὐδείς	ἀνοίγω
ἀνοίγων	καὶ	οὐδεὶς	κλείσει	καὶ	κλείων	καὶ	οὐδεὶς	ἀνοίγει·
VPPANMS	CH	APCNMS	VIFA3S	CC	VPPANMS	CH	APCNMS	VIPA3S
문을 열고 있으면	그러나	한사람도 없고	닫을수있는자가	또	문을닫고있으며	또	한 사람도 없다	문을열수있는자가

너는 빌라델비아에 있는 교회의 사자에게 다윗의 자물쇠를 가지고 있는 이가 문을 열고 있으면 닫을 수 있는 자가 한사람도 없고 또 문을 닫고 있으면 문을 열수 있는 자가 한 사람도 없다 하고 거룩하신 하나님을 알고 계신이가 말씀하시는 이것들을 너는 기록하라

3:8

1492	4771	3588	2041	2400	1325	1799	4771	2374
εἰδῶ	σύ	ὁ	ἔργον	ἰδού	δίδωμι	ἐνώπιον	σύ	θύρα
Οἶδά	σου	τὰ	ἔργα,	ἰδοὺ	δέδωκα	ἐνώπιόν	σου	θύραν
VIRA1S	NPG2S	DANP	NANP	QS	VIRA1S	PG	NPG2S	NAFS
내가 알았다	너의	그	일들을	보라	내가 주었는데	앞에	너	문을

455	3739	3762	1410	2808	846	3754	3398
ἀνοίγω	ὅς	οὐδείς	δύναμαι	κλείω	αὐτός	ὅτι	μικρός
ἠνεῳγμένην,	ἥν	οὐδεὶς	δύναται	κλεῖσαι	αὐτήν,	ὅτι	μικρὰν
VPRPAFS	APRAFS	APCNMS	VIPN3S	VNAA	NPAF3S	CS	AAFS
열려진	그 문을	한사람도 없다	능력이 있는 자가	닫을 수 있는	그 문을	때문에	적은

2192	1411	2532	5083	1473	3588	3056	2532	3756	720
ἔχω	δύναμις	καί	τηρέω	ἐγώ	ὁ	λόγος	καί	οὐ	ἀρνέομαι
ἔχεις	δύναμιν	καὶ	ἐτήρησάς	μου	τὸν	λόγον	καὶ	οὐκ	ἠρνήσω
VIPA2S	NAFS	CC	VIAA2S	NPG1S	DAMS	NAMS	CC	QN	VIAD2S
네가 가지고	능력을	그리고	네가 지켰으며	나의	그	말씀을	그리고	않았기	너가 부인하지는

3588	3686	1473
ὁ	ὄνομα	ἐγώ
τὸ	ὄνομά	μου.
DANS	NANS	NPG1S
그	이름을	나의

내가 너의 일들을 알았다 보라 네가 적은 능력을 가지고 나의 말씀을 네가 증거 하여 지켰으며 나의 이름을 부인하지는 않았기 때문에 내가 너 앞에 열려진 문을 주었는데 그 문을 닫을 수 있는 능력이 있는 자가 한사람도 없다

3:9

2400	1325	1537	3588	4864	3588	4567	3588	3004
ἰδού	δίδωμι	ἐκ	ὁ	συναγωγή	ὁ	Σατανᾶς	ὁ	λέγω
ἰδοὺ	διδῶ	ἐκ	τῆς	συναγωγῆς	τοῦ	Σατανᾶ	τῶν	λεγόντων
QS	VSPA1S	PG	DGFS	NGFS	DGMS	NGMS	DGMP	VPPAGMP
보라	내가내어준다	에게	그	집단	그	그들을 사단의	그	말하고 있는 자들이

1438	2453	1510	2532	3756	1510	235	5574
ἑαυτοῦ	Ἰουδαῖος	εἰμί	καί	οὐ	εἰμί	ἀλλά	ψεύδομαι
ἑαυτοὺς	Ἰουδαίους	εἶναι,	καὶ	οὐκ	εἰσὶν	ἀλλὰ	ψεύδονται.
NPAM3P	APAMP	VNPA	CC	QN	VIPA3P	CH	VIPN3P
자신들을	유대인들	이라고	그러나	않고	그들이 있지	오히려	거짓말을 하기 때문에

2400	4160	846	2443	2240	2532	4352
ἰδού	ποιέω	αὐτός	ἵνα	ἥκω	καί	προσκυνέω
ἰδοὺ	ποιήσω	αὐτοὺς	ἵνα	ἥξουσιν	καὶ	προσκυνήσουσιν
QS	VIFA1S	NPAM3P	CC	VIFA3P	CC	VIFA3P
보라	내가 만들 것이며	그들을	하여	그들이 와서	또	그들이 예배를 드리도록

1799	3588	4228	4771	2532	1097	3754	1473	25	4771
ἐνώπιον	ὁ	πούς	σύ	καί	γινώσκω	ὅτι	ἐγώ	ἀγαπάω	σύ
ἐνώπιον	τῶν	ποδῶν	σου	καὶ	γνῶσιν	ὅτι	ἐγὼ	ἠγάπησά	σε.
PG	DGMP	NGMP	NPG2S	CC	VSAA3P	CC	NPN1S	VIAA1S	NPA2S
앞에서	그	발	너의	그리고	그들이알게될것이다	것을	내가	사랑하는	너에게

보라 자신들을 유대인들이라고 말하고 있는 자들이 그러나 그들은 유대인들로 있지 않고 오히려 거짓말을 하고 있기 때문에 내가 그들을 사단의 집단에게 내어준다 보라 거짓말을 하고 있는 그들을 너의 발 앞에 와서 그들이 예배를 드리도록 내가 만들 것이며 내가 너에게 사랑을 주는 것을 그들이 알게 될 것이다

3:10

3754	5083	3588	3056	3588	5281	1473	2504	4771
ὅτι	τηρέω	ὁ	λόγος	ὁ	ὑπομονή	ἐγώ	κἀγώ	σύ
ὅτι	ἐτήρησας	τὸν	λόγον	τῆς	ὑπομονῆς	μου,	κἀγώ	σε
CS	VIAA2S	DAMS	NAMS	DGFS	NGFS	NPG1S	AB	NPA2S
때문에	네가 지켰기	그	말씀을	그	그리스도 안에서	나의	나도 또한	너를

5083	1537	3588	5610	3588	3986	3588	3195
τηρέω	ἐκ	ὁ	ὥρα	ὁ	πειρασμός	ὁ	μέλλω
τηρήσω	ἐκ	τῆς	ὥρας	τοῦ	πειρασμοῦ	τῆς	μελλούσης
VIFA1S	PG	DGFS	NGFS	DGMS	NGMS	DGFS	VPPAGFS
내가지켜줄것이다	에	그	때에	그	시험하는 자의	그	반드시 임하게 되는

2064	1909	3588	3625	3650	3985	3588
ἔρχομαι	ἐπί	ὁ	οἰκουμένη	ὅλος	πειράζω	ὁ
ἔρχεσθαι	ἐπὶ	τῆς	οἰκουμένης	ὅλης	πειράσαι	τοὺς
VNPN	PG	DGFS	NGFS	AGFS	VNAA	DAMP
가서	에게	그	세상 사람들	온	시험하기 위하여	그

2730	1909	3588	1093
κατοικέω	ἐπί	ὁ	γῆ
κατοικοῦντας	ἐπὶ	τῆς	γῆς.
VPPAAMP	PG	DGFS	NGFS
거하고 있는 자들을	위에	그	땅

네가 그리스도 안에서 나의 말씀을 증거 하여 지켰기 때문에 땅위에 거하고 있는 자들을 시험하기 위하여 온 세상 사람들에게 가서 반드시 임하게 되는 시험하는 자의 그때에 나도 또한 너를 내가 지켜 줄 것이다

3:11

2064	5036	2902	3739	2192	2443	3367	2983	3588
ἔρχομαι	ταχύς	κρατέω	ὅς	ἔχω	ἵνα	μηδείς	λαμβάνω	ὁ
ἔρχομαι	ταχύ·	κράτει	ὅ	ἔχεις,	ἵνα	μηδεὶς	λάβῃ	τὸν
VIPN1S	AB	VMPA2S	APRANS	VIPA2S	CS	APCNMS	VSAA3S	DAMS
나는 가고 있다	반드시	너는굳게잡고있어라	면류관을	네가가지고있는	위하여	아무에게도 않기	빼앗기지	그

4735 4771
Στέφανος σύ
στέφανόν σου.
NAMS NPG2S
면류관을 너의

나는 반드시 가고 있다 너의 면류관을 아무에게도 빼앗기지 않기 위하여 네가 가지고 있는 면류관을 너는 굳게 잡고 있어라

3588 3528 4160 846 4769 1722 3588 3485 3588 2316 1473 2532
ὁ νικάω ποιέω αὐτός στῦλος ἐν ὁ ναός ὁ θεός ἐγώ καί
3:12 ὁ νικῶν ποιήσω αὐτὸν στῦλον ἐν τῷ ναῷ τοῦ θεοῦ μου καὶ
DNMS VPPANMS VIFA1S NPAM3S NAMS PD DDMS NDMS DGMS NGMS NPG1S CC
자는 이기고 있는 내가만들것이며 그를 기둥으로 안에 그 성전 그 하나님의 나의 그리고

1854 3756 3361 1831 2089 2532 1125 1909 846 3588 3686 3588
ἔξω οὐ μή ἐξέρχομαι ἔτι καί γράφω ἐπί αὐτός ὁ ὄνομα ὁ
ἔξω οὐ μὴ ἐξέλθῃ ἔτι καὶ γράψω ἐπ' αὐτὸν τὸ ὄνομα τοῦ
AB QN QN VSAA3S AB CC VIFA1S PA NPAM3S DANS NANS DGMS
밖으로 결코 않을 나가게하지것이며 다시는 그리고 내가기록할것이다 위에 그 사람 그 이름을 그

2316 1473 2532 3588 3686 3588 4172 3588 2316 1473 3588 2537
θεός ἐγώ καί ὁ ὄνομα ὁ πόλις ὁ θεός ἐγώ ὁ καινός
θεοῦ μου καὶ τὸ ὄνομα τῆς πόλεως τοῦ θεοῦ μου, τῆς καινῆς
NGMS NPG1S CC DANS NANS DGFS NGFS DGMS NGMS NPG1S DGFS AGFS
하나님의 나의 그리고 그 이름을 그 성의 그 하나님의 나의 그 새로운

2414 3588 2597 1537 3588 3772 575 3588 2316
Ἱεροσόλυμα ὁ καταβαίνω ἐκ ὁ οὐρανός ἀπό ὁ θεός
'Ιερουσαλὴμ ἡ καταβαίνουσα ἐκ τοῦ οὐρανοῦ ἀπὸ τοῦ θεοῦ
NGFS DNFS VPPANFS PG DGMS NGMS PG DGMS NGMS
예루살렘 그 내려오고 있는 에서 그 하늘 부터 그 하나님으로

1473 2532 3588 3686 1473 3588 2537
ἐγώ καί ὁ ὄνομα ἐγώ ὁ καινός
μου, καὶ τὸ ὄνομά μου τὸ καινόν.
NPG1S CC DANS NANS NPG1S DANS AANS
나의 그리고 그 이름을 나의 그 새로운

이기고 있는 자는 나의 하나님의 성전 안에 그를 기둥으로 만들 것이며 다시는 결코 성전 밖으로 나가게 하지 않을 것이며 나의 하나님의 이름을 그리고 나의 하나님으로부터 하늘에서 내려오고 있는 새로운 예루살렘 나의 하나님의 성의 이름을 그리고 나의 새로운 이름을 내가 그 사람 위에 기록할 것이다

3588 2192 3775 191 5101 3588 4151 3004 3588
ὁ ἔχω οὖς ἀκούω τίς ὁ πνεῦμα λέγω ὁ
3:13 ὁ ἔχων οὖς ἀκουσάτω τί τὸ πνεῦμα λέγει ταῖς
DNMS VPPANMS NANS VMAA3S APTANS DNNS NNNS VIPA3S DDFP
자는 가지고 있는 귀를 들을 수 있도록 하라 것을 그 성령이 말씀하고 있는 그

1577
ἐκκλησία
ἐκκλησίαις.
NDFP
교회들에게

하나님의 말씀을 들을 수 있는 귀를 가지고 있는 자는 성령이 교회들에게 말씀하고 있는 것을 들을 수 있도록 하라

	2532	3588	32	3588	1722	2993	1577	1125	3592
	καί	ὁ	ἄγγελος	ὁ	ἐν	Λαοδίκεια	ἐκκλησία	γράφω	ὅδε
3:14	**Καὶ**	**τῷ**	**ἀγγέλῳ**	**τῆς**	**ἐν**	**Λαοδικείᾳ**	**ἐκκλησίας**	**γράψον·**	**Τάδε**
	CC	DDMS	NDMS	DGFS	PD	NDFS	NGFS	VMAA2S	APDANP
	그리고	그	사자에게	그	있는	라오디게아에	교회의	너는 기록하라	이것들을

3004	3588	281	3588	3144	3588	4103	2532	228	3588
λέγω	ὁ	ἀμήν	ὁ	μάρτυς	ὁ	πιστός	καί	ἀληθινός	ὁ
λέγει	**ὁ**	**’Αμήν,**	**ὁ**	**μάρτυς**	**ὁ**	**πιστὸς**	**καὶ**	**ἀληθινός,**	**ἡ**
VIPA3S	DNMS	QS	DNMS	NNMS	DNMS	ANMS	CC	ANMS	DNFS
말씀하고 있는	그	아멘하고	그	증인이신 분	그	믿음의	또	하나님을 알고 계시는	그

746	3588	2937	3588	2316
ἀρχή	ὁ	κτίσις	ὁ	θεός
ἀρχὴ	**τῆς**	**κτίσεως**	**τοῦ**	**θεοῦ·**
NNFS	DGFS	NGFS	DGMS	NGMS
근본이신이가	그	창조의	그	하나님의

라오디아게에 있는 교회의 사자에게 너는 하나님을 알고 있는 믿음의 증인이신 분과 하나님의 창조의 근본이신 이가 아멘하고 말씀하고 있는 이것들을 기록하라

	1492	4771	3588	2041	3754	3777	5593	1510	3777	2200	3785
	εἰδῶ	σύ	ὁ	ἔργον	ὅτι	οὔτε	ψυχρός	εἰμί	οὔτε	ζεστός	ὄφελον
3:15	**Οἶδά**	**σου**	**τὰ**	**ἔργα**	**ὅτι**	**οὔτε**	**ψυχρὸς**	**εἶ**	**οὔτε**	**ζεστός.**	**ὄφελον**
	VIRA1S	NPG2S	DANP	NANP	ABR	CC	ANMS	VIPA2S	CC	ANMS	QV
	나는 알았다	너희	그	일을	것의	않고	차지도	너는 있는	않게	뜨겁지도	내가 원한다

5593	1510	2228	2200
ψυχρός	εἰμί	ἤ	ζεστός
ψυχρὸς	**ἦς**	**ἢ**	**ζεστός.**
ANMS	VIIA2S	CC	ANMS
차게	너는있든지	아니면	뜨겁게 있기를

너는 차지도 않고 뜨겁지도 않게 있는 너의 일들을 내가 알았다 너는 차게 있든지 아니면 뜨겁게 있기를 내가 원한다

	3779	3754	5513	1510	2532	3777	2200	3777	5593
	οὕτω	ὅτι	χλιαρός	εἰμί	καί	οὔτε	ζεστός	οὔτε	ψυχρός
3:16	**οὕτως**	**ὅτι**	**χλιαρὸς**	**εἶ**	**καὶ**	**οὔτε**	**ζεστὸς**	**οὔτε**	**ψυχρός,**
	AB	CS	ANMS	VIPA2S	CC	CC	ANMS	CC	ANMS
	이와 같이	때문에	미지근하게	네가 있기	또	않고	뜨겁지도	않은	차지도

3195 4771 1692 1537 3588 4750 1473
μέλλω σύ ἐμέω ἐκ ὁ στόμα ἐγώ
μέλλω σε ἐμέσαι ἐκ τοῦ στόματός μου.
VIPA1S NPA2S VNAA PG DGNS NGNS NPG1S
내가 반드시 한다 너를 토하여지게 부터 그 입에서 나의

이와 같이 네가 뜨겁지도 않고 차지도 않은 미지근하게 있기 때문에 나의 입에서부터 내가 너를 반드시 토하여지게 한다

3754 3004 3754 4145 1510 2532 4147 2532 3762
ὅτι λέγω ὅτι πλούσιος εἰμί καί πλουτέω καί οὐδείς
3:17 **ὅτι λέγεις ὅτι Πλούσιός εἰμι καὶ πεπλούτηκα καὶ οὐδὲν**
CS VIPA2S CH ANMS VIPA1S CC VIRA1S CC ACANS
있지만 네가 말을 하고 하고 부자로 내가 있고 그리고 나는 부요하여서 그래서 어떤것도없다

5532 2192 2532 3756 1492 3754 4771 1510 3588 5005
χρεία ἔχω καί οὐ εἰδῶ ὅτι σύ εἰμί ὁ ταλαίπωρος
χρείαν ἔχω, καὶ οὐκ οἶδας ὅτι σὺ εἶ ὁ ταλαίπωρος
NAFS VIPA1S CH QN VIRA2S CC NPN2S VIPA2S DNMS APNMS
필요가 나는가지고있을 그러나 못했기 네가알지때문에 것을 너는 네가 있는 그 시험당하는 자이고

2532 1652 2532 4434 2532 5185 2532 1131
καί ἐλεεινός καί πτωχός καί τυφλός καί γυμνός
καὶ ἐλεεινὸς καὶ πτωχὸς καὶ τυφλὸς καὶ γυμνός,
CC APNMS CC APNMS CC APNMS CC APNMS
또 불쌍한 자이고 또 가난한 자이며 또 소경이고 또 벌거벗은 자로

너는 내가 부자로 있고 또 나는 부요하여서 어떤 것도 내가 가지고 있을 필요가 없다하고 네가 말을 하고 있지만 그러나 너는 시험당하는 자이고 또 불쌍한 자이고 하나님의 말씀이 없는 가난한 자이며 소경이고 옷을 벗은 벌거벗은 자로 있는 것을 네가 알지 못했기 때문에

4823 4771 59 3844 1473 5553 4448
συμβουλεύω σύ ἀγοράζω παρά ἐγώ χρυσίον πυρόω
3:18 **συμβουλεύω σοι ἀγοράσαι παρ’ ἐμοῦ χρυσίον πεπυρωμένον**
VIPA1S NPD2S VNAA PG NPG1S NANS VPRPANS
내가 원하고 있다 너에게 사기는 것을 부터 나로 금을 연단되어진

1537 4442 2443 4147 2532 2440 3022 2443 4016
ἐκ πῦρ ἵνα πλουτέω καί ἱμάτιον λευκός ἵνα περιβάλλω
ἐκ πυρὸς ἵνα πλουτήσῃς, καὶ ἱμάτια λευκὰ ἵνα περιβάλῃ
PG NGNS CS VSAA2S CC NANP AANP CS VSAM2S
부터 불에서 위하여 말씀으로 부요하기 또 옷을 흰 위하여 네가 옷을 입기

2532 3361 5319 3588 152 3588 1132 4771 2532
καί μή φανερόω ὁ αἰσχύνη ὁ γυμνότης σύ καί
καὶ μὴ φανερωθῇ ἡ αἰσχύνη τῆς γυμνότητός σου, καὶ
CC QN VSAP3S DNFS NNFS DGFS NGFS NPG2S CC
그리고 않고 보이지 그 부끄러움을 그 벌거벗은 너의 그리고

2854 1472 3588 3788 4771 2443 991
κολλούριον ἐγχρίω ὁ ὀφθαλμός σύ ἵνα βλέπω
κολλούριον ἐγχρῖσαι τοὺς ὀφθαλμούς σου ἵνα βλέπῃς.
NANS VNAA DAMP NAMP NPG2S CS VSPA2S
기름을 부어야 하는 그 눈에 너의 위하여 네가 나를 보기

나는 네가 말씀으로 부요하기 위하여 불에서부터 연단되어진 금을 나로부터 사는 것을 또한 너의 벌거벗은 부끄러움을 보이지 않고 네가 옷을 입기 위하여 흰옷을 나로부터 사는 것을 그리고 네가 나를 보기 위하여 너의 눈에 부어야 하는 기름을 나로부터 사는 것을 원하고 있다

1473 3745 1437 5368 1651 2532 3811 2206 3767 2532
ἐγώ ὅσος ἐάν φιλέω ἐλέγχω καί παιδεύω ζηλόω οὖν καί
3:19 **ἐγὼ ὅσους ἐὰν φιλῶ ἐλέγχω καὶ παιδεύω· ζήλευε οὖν καὶ**
NPN1S APRAMP QV VSPA1S VIPA1S CC VIPA1S VMPA2S CH CC
내가 그들에게 만일 사랑을주고있다면 사랑을 알게하고 또 내가사랑을가르친다 너는열심을내라 그러므로 또한

3340
μετανοέω
μετανόησον.
VMAA2S
너는 회개를 가지고 있어라

내가 그들에게 사랑을 주고 있다면 사랑을 알게 하고 또 내가 사랑을 가르친다 그러므로 너는 열심을 내라 또한 너는 회개를 가지고 있어라

2400 2476 1909 3588 2374 2532 2925 1437 5100 191 3588
ἰδού ἵστημι ἐπί ὁ θύρα καί κρούω ἐάν τὶς ἀκούω ὁ
3:20 **ἰδοὺ ἕστηκα ἐπὶ τὴν θύραν καὶ κρούω· ἐάν τις ἀκούσῃ τῆς**
QS VIRA1S PA DAFS NAFS CC VIPA1S CS APINMS VSAA3S DGFS
보라 내가 서서 앞에 그 문 그리고 내가 두드리면 만일 자가 들었던 그

5456 1473 2532 455 3588 2374 2532 1525 4314
φωνή ἐγώ καί ἀνοίγω ὁ θύρα καί εἰσέρχομαι πρός
φωνῆς μου καὶ ἀνοίξῃ τὴν θύραν, καὶ εἰσελεύσομαι πρὸς
NGFS NPG1S CC VSAA3S DAFS NAFS AB VIFD1S PA
음성을 나의 그리고 그가 열어주면 그 문을 그러면 내가 들어갈 것이다 에게

846 2532 1172 3326 846 2532 846 3326 1473
αὐτός καί δειπνέω μετά αὐτός καί αὐτός μετά ἐγώ
αὐτὸν καὶ δειπνήσω μετ' αὐτοῦ καὶ αὐτὸς μετ' ἐμοῦ.
NPAM3S CC VIFA1S PG NPGM3S CC NPNM3S PG NPG1S
그 사람 그리고 내가 먹을 것이며 함께 그자신과 그리고 그자신은 함께 나와먹을것이다

보라 내가 문 앞에 서서 내가 문을 두드리면 나의 음성을 들었던 자가 문을 열어주면 그러면 내가 그 사람에게 들어갈 것이다 그리고 내가 그자신과 함께 먹을 것이며 그자신은 나와 함께 먹을 것이다

3588 3528 1325 846 2523 3326 1473 1722 3588 2362 1473
ὁ νικάω δίδωμι αὐτός καθίζω μετά ἐγώ ἐν ὁ θρόνος ἐγώ
3:21 **ὁ νικῶν δώσω αὐτῷ καθίσαι μετ' ἐμοῦ ἐν τῷ θρόνῳ μου,**
DNMS VPPANMS VIFA1S NPDM3S VNAA PG NPG1S PD DDMS NDMS NPG1S
자는 이기고 있는 내가해줄것이다 그사람도 앉을 수 있도록 함께 나와 안에 그 보좌에 나의

5613	2504	3528	2532	2523	3326	3588	3962	1473	1722	3588
ὡς	κἀγώ	νικάω	καί	καθίζω	μετά	ὁ	πατήρ	ἐγώ	ἐν	ὁ
ὡς	κἀγὼ	ἐνίκησα	καὶ	ἐκάθισα	μετὰ	τοῦ	πατρός	μου	ἐν	τῷ
CS	AB	VIAA1S	CH	VIAA1S	PG	DGMS	NGMS	NPG1S	PD	DDMS
같이	또한 내가	세상을이겼기때문에	또한	내가 앉은 것	함께	그	아버지와	나의	안에	그

2362	846
θρόνος	αὐτός
θρόνῳ	αὐτοῦ.
NDMS	NPGM3S
보좌에	아버지의

내가 세상을 이겼기 때문에 아버지의 보좌에 나의 아버지와 함께 앉은 것같이 이기고 있는 자는 내가 나의 보좌에 그 사람도 나와 함께 앉을 수 있도록 해줄 것이다

3:22

3588	2192	3775	191	5101	3588	4151	3004	3588
ὁ	ἔχω	οὖς	ἀκούω	τίς	ὁ	πνεῦμα	λέγω	ὁ
ὁ	ἔχων	οὖς	ἀκουσάτω	τί	τὸ	πνεῦμα	λέγει	ταῖς
DNMS	VPPANMS	NANS	VMAA3S	APTANS	DNNS	NNNS	VIPA3S	DDFP
자는	가지고 있는	귀를	들을 수 있도록 하라	것을	그	성령이	말씀하고있는	그

1577
ἐκκλησία
ἐκκλησίαις.
NDFP
교회들에게

하나님의 말씀을 들을 수 있는 귀를 가지고 있는 자는 성령이 교회들에게 말씀하고 있는 것을 들을 수 있도록 하라

4:1

3326	3778	1492	2532	2400	2374	455	1722	3588	3772
μετά	οὗτος	εἰδῶ	καί	ἰδού	θύρα	ἀνοίγω	ἐν	ὁ	οὐρανός
Μετὰ	ταῦτα	εἶδον,	καὶ	ἰδοὺ	θύρα	ἠνεῳγμένη	ἐν	τῷ	οὐρανῷ,
PA	APDANP	VIAA1S	CC	QS	NNFS	VPRPNFS	PD	DDMS	NDMS
후에	이일들	내가보니	또	보라	문이 있고	열려진	안에	그	하늘

2532	3588	5456	3588	4413	3739	191	5613	4536	2980
καί	ὁ	φωνή	ὁ	πρῶτος	ὅς	ἀκούω	ὡς	σάλπιγξ	λαλέω
καὶ	ἡ	φωνὴ	ἡ	πρώτη	ἣν	ἤκουσα	ὡς	σάλπιγγος	λαλούσης
CC	DNFS	NNFS	DNFS	AONFS	APRAFS	VIAA1S	CS	NGFS	VPPAGFS
그리고	그	음성이 있어	그	으뜸의	그 음성을	내가 들으니	같은	나팔소리	말씀하고 있는

3326	1473	3004	305	5602	2532	1166	4771	3739	1163
μετά	ἐγώ	λέγω	ἀναβαίνω	ὧδε	καί	δείκνυω	σύ	ὅς	δεῖ
μετ’	ἐμοῦ	λέγων,	’Ανάβα	ὧδε,	καὶ	δείξω	σοι	ἃ	δεῖ
PG	NPG1S	VPPANMS	VMAA2S	AB	CS	VIFA1S	NPD2S	APRANP	VIPA3S
에게	나	말씀하고있습니다	너는 올라오라	여기에	것이다	내가보여 줄	너에게	일들을	하는

1096	3326	3778
γίνομαι	μετά	οὗτος
γενέσθαι	μετὰ	ταῦτα.
VNAD	PA	APDANP
되어 지고 있어야	후에	이일들

이일들 후에 내가 보니 보라 하늘 안에 열려진 문이 있고 나에게 말씀하고 있는 나팔소리 같은 으뜸의 음성이 있어 내가 그 음성을 들으니 너는 여기로 올라오라 이 일들 후에 반드시 되어 지고 있어야 하는 일들을 내가 너에게 보여 줄 것이다 하고 말씀하고 있습니다

4:2

2112	1096	1722	4151	2532	2400	2362	2749	1722
εὐθέως	γίνομαι	ἐν	πνεῦμα	καί	ἰδού	θρόνος	κεῖμαι	ἐν
εὐθέως	ἐγενόμην	ἐν	πνεύματι,	καὶ	ἰδοὺ	θρόνος	ἔκειτο	ἐν
AB	VIAD1S	PD	NDNS	CC	QS	NNMS	VIIN3S	PD
곧	내가 있게 되었는데	안에	성령	그리고	보라	보좌가	있고	안에

3588	3772	2532	1909	3588	2362	2521
ὁ	οὐρανός	καί	ἐπί	ὁ	θρόνος	κάθημαι
τῷ	οὐρανῷ,	καὶ	ἐπὶ	τὸν	θρόνον	καθήμενος,
DDMS	NDMS	CC	PA	DAMS	NAMS	VPPNNMS
그	하늘	그리고	위에	그	보좌	앉아 계시는 이가 있으며

내가 곧 성령 안에 있게 되었는데 보라 하늘 안에 보좌가 있고 그 보좌 위에 앉아 계시는 이가 있으며

4:3

2532	3588	2521	3664	3706	3037	2393	2532	4555
καί	ὁ	κάθημαι	ὅμοιος	ὅρασις	λίθος	ἴασπις	καί	σάρδινος
καὶ	ὁ	καθήμενος	ὅμοιος	ὁράσει	λίθῳ	ἰάσπιδι	καὶ	σαρδίῳ,
CC	DNMS	VPPNNMS	ANMS	NDFS	NDMS	NDFS	CC	NDNS
그리고	그	그보좌에앉아계시는이가	같고	보이는 것이	보석과	벽옥	그리고	홍보석

2532	2463	2943	3588	2362	3664	3706	4664
καί	ἶρις	κυκλόθεν	ὁ	θρόνος	ὅμοιος	ὅρασις	σμαράγδινος
καὶ	ἶρις	κυκλόθεν	τοῦ	θρόνου	ὅμοιος	ὁράσει	σμαραγδίνῳ.
CC	NNFS	PG	DGMS	NGMS	ANMS	NDFS	APDMS
또한	무지개	주위에 있고	그	보좌	같은	모양이	녹 보석과

그 보좌에 앉아 계시는 이가 보이는 것이 벽옥 보석과 홍보석 같고 또한 모양이 녹 보석과 같은 무지개가 보좌의 주위에 있고

4:4

2532	2943	3588	2362	2362	1501	5064	2532	1909
καί	κυκλόθεν	ὁ	θρόνος	θρόνος	εἴκοσι	τέσσαρες	καί	ἐπί
καὶ	κυκλόθεν	τοῦ	θρόνου	θρόνους	εἴκοσι	τέσσαρες,	καὶ	ἐπὶ
CC	PG	DGMS	NGMS	NAMP	ACAMP	ACNMP	CC	PA
그리고	주위에	그	보좌의	보좌들이 있고	이십	사	그리고	위에

3588	2362	1501	5064	4245	2521
ὁ	θρόνος	εἴκοσι	τέσσαρες	πρεσβύτερος	κάθημαι
τοὺς	θρόνους	εἴκοσι	τέσσαρας	πρεσβυτέρους	καθημένους
DAMP	NAMP	ACAMP	ACAMP	APAMP	VPPNAMP
그	보좌들	이십	사	장로들이	앉아 있고

4016	1722	2440	3022	2532	1909	3588	2776
περιβάλλω	ἐν	ἱμάτιον	λευκός	καί	ἐπί	ὁ	κεφαλή
περιβεβλημένους	**ἐν**	**ἱματίοις**	**λευκοῖς**	**καὶ**	**ἐπὶ**	**τὰς**	**κεφαλὰς**
VPRMAMP	PD	NDNP	ADNP	CC	PA	DAFP	NAFP
입은	을	옷을	흰	그리고	에는	그	머리

846	4735	5552
αὐτός	Στέφανος	χρύσεος
αὐτῶν	**στεφάνους**	**χρυσοῦς.**
NPGM3P	NAMP	AAMP
그들의	면류관들을가지고있고	금

보좌의 주위에 이십 사 보좌들이 있고 흰옷을 입은 이십사 장로들이 보좌 위에 앉아 있으며 그들의 머리에는 금 면류관이 있고

4:5

2532	1537	3588	2362	1607	796	2532	5456	2532
καί	ἐκ	ὁ	θρόνος	ἐκπορεύομαι	ἀστραπή	καί	φωνή	καί
καὶ	**ἐκ**	**τοῦ**	**θρόνου**	**ἐκπορεύονται**	**ἀστραπαὶ**	**καὶ**	**φωναὶ**	**καὶ**
CC	PG	DGMS	NGMS	VIPN3P	NNFP	CC	NNFP	CC
그리고	부터	그	보좌에서	그들이 나오고 있으며	번개들이	그리고	음성들이	그리고

1027	2532	2033	2985	4442	2545	1799	3588
βροντή	καί	ἑπτά	λαμπάς	πῦρ	καίω	ἐνώπιον	ὁ
βρονταί,	**καὶ**	**ἑπτὰ**	**λαμπάδες**	**πυρὸς**	**καιόμεναι**	**ἐνώπιον**	**τοῦ**
NNFP	CC	ACNFP	NNFP	NGNS	VPPPNFP	PG	DGMS
우뢰들이	그리고	일곱	등불이 있고	불이	켜져 있는	앞에는	그

2362	3739	1510	3588	2033	4151	3588	2316
θρόνος	ὅς	εἰμί	ὁ	ἑπτά	πνεῦμα	ὁ	θεός
θρόνου,	**ἅ**	**εἰσιν**	**τὰ**	**ἑπτὰ**	**πνεύματα**	**τοῦ**	**θεοῦ,**
NGMS	APRNNP	VIPA3P	DNNP	ACNNP	NNNP	DGMS	NGMS
보좌	이들은	입니다	그	일곱	영들	그	하나님의

그 보좌에서부터 번개들과 음성들과 우뢰들이 나오고 있으며 보좌 앞에는 불이 켜져 있는 일곱 등불이 있고 이들은 하나님의 일곱 영들입니다

4:6

2532	1799	3588	2362	5613	2281	5193	3664	2930
καί	ἐνώπιον	ὁ	θρόνος	ὡς	θάλασσα	ὑάλινος	ὅμοιος	κρύσταλλος
καὶ	**ἐνώπιον**	**τοῦ**	**θρόνου**	**ὡς**	**θάλασσα**	**ὑαλίνη**	**ὁμοία**	**κρυστάλλῳ.**
CC	PG	DGMS	NGMS	CS	NNFS	ANFS	ANFS	NDMS
그리고	앞에	그	보좌	같은	바다와 것이 있고	유리	같은	수정과

2532	1722	3319	3588	2362	2532	2945	3588	2362	5064	2226
καί	ἐν	μέσος	ὁ	θρόνος	καί	κύκλῳ	ὁ	θρόνος	τέσσαρες	ζῷον
Καὶ	**ἐν**	**μέσῳ**	**τοῦ**	**θρόνου**	**καὶ**	**κύκλῳ**	**τοῦ**	**θρόνου**	**τέσσαρα**	**ζῷα**
CC	PD	APDNS	DGMS	NGMS	CC	PG	DGMS	NGMS	ACNNP	NNNP
그리고	에	가운데와	그	보좌의	그리고	주위에	그	보좌의	네 있고	선지자들이

1073	3788	1715	2532	3693
γέμω	ὀφθαλμός	ἔμπροσθεν	καί	ὄπισθεν
γέμοντα	ὀφθαλμῶν	ἔμπροσθεν	καὶ	ὄπισθεν.
VPPANNP	NGMP	AB	CC	AB
가득하게가지고있는	눈이 된 자들을	앞에도	그리고	뒤에도

보좌 앞에 수정 같은 유리 바다와 같은 것이 있고 보좌 가운데와 보좌의 주위에는 앞에도 뒤에도 눈이 된 자들을 가득하게 가지고 있는 네 선지자들이 있으며

4:7

2532	3588	2226	3588	4413	3664	3023	2532	3588	\1208
καί	ὁ	ζῷον	ὁ	πρῶτος	ὅμοιος	λέων	καί	ὁ	δεύτερος
καὶ	τὸ	ζῷον	τὸ	πρῶτον	ὅμοιον	λέοντι	καὶ	τὸ	δεύτερον
CC	DNNS	NNNS	DNNS	AONNS	ANNS	NDMS	CC	DNNS	AONNS
그런데	그	선지자는	그	첫째	같고	사자와	그리고	그	둘째

2226	3664	3448	2532	3588	5154	2226	2192	3588	4383
ζῷον	ὅμοιος	μόσχος	καί	ὁ	τρίτος	ζῷον	ἔχω	ὁ	πρόσωπον
ζῷον	ὅμοιον	μόσχῳ	καὶ	τὸ	τρίτον	ζῷον	ἔχων	τὸ	πρόσωπον
NNNS	ANNS	NDMS	CC	DNNS	AONNS	NNNS	VPPANMS	DANS	NANS
선지자는	같으며	송아지	그리고	그	셋째	선지자는	가지고 있고	그	얼굴을

5613	444	2532	3588	5067	2226	3664	105	4072
ὡς	ἄνθρωπος	καί	ὁ	τέταρτος	ζῷον	ὅμοιος	ἀετός	πέτομαι
ὡς	ἀνθρώπου	καὶ	τὸ	τέταρτον	ζῷον	ὅμοιον	ἀετῷ	πετομένῳ.
CS	NGMS	CC	DNNS	AONNS	NNNS	ANNS	NDMS	VPPNDMS
같은	사람과	그리고	그	넷째	선지자는	같으며	독수리	날아가고 있는

첫째 선지자는 사자와 같고 둘째 선지자는 송아지와 같으며 셋째 선지자는 사람과 같은 얼굴을 가지고 있고 넷째 선지자는 날아가고 있는 독수리와 같으며

4:8

2532	3588	5064	2226	1520	2596	1520	846	2192	303	4420
καί	ὁ	τέσσαρες	ζῷον	εἷς	κατά	εἷς	αὐτός	ἔχω	ἀνά	πτέρυξ
καὶ	τὰ	τέσσαρα	ζῷα,	ἓν	καθ'	ἓν	αὐτῶν	ἔχων	ἀνὰ	πτέρυγας
CC	DNNP	ACNNP	NNNP	APCNNS	PA	APCANS	NPGN3P	VPPANMS	AB	NAFP
그리고	그	네	선지자들이	한사람	씩	한사람	자신들의	가지고 있고	각자의	날개들이 된 자들을

1803	2943	2532	2081	1073	3788	2532	372
ἕξ	κυκλόθεν	καί	ἔσωθεν	γέμω	ὀφθαλμός	καί	ἀνάπαυσις
ἕξ,	κυκλόθεν	καὶ	ἔσωθεν	γέμουσιν	ὀφθαλμῶν,	καὶ	ἀνάπαυσιν
ACAFP	AB	CC	AB	VIPA3P	NGMP	CC	NAFS
여섯명의	주위에	그리고	그들 안에는	가득하게 있으며	눈이 된 자들이	그리고	쉬지

3756	2192	2250	2532	3571	3004	40	40
οὐ	ἔχω	ἡμέρα	καί	νύξ	λέγω	ἅγιος	ἅγιος
οὐκ	ἔχουσιν	ἡμέρας	καὶ	νυκτὸς	λέγοντες,	Ἅγιος	ἅγιος
QN	VIPA3P	NGFS	CC	NGFS	VPPANMP	ANMS	ANMS
않고	그들이하고있습니다	낮과	그리고	밤으로	말하고 있는 것을	거룩하신 분	거룩하신 분

40	2962	3588	2316	3588	3841	3588	1510	2532	3588
ἅγιος	κύριος	ὁ	θεός	ὁ	παντοκράτωρ	ὁ	εἰμί	καί	ὁ
ἅγιος	κύριος	ὁ	θεὸς	ὁ	παντοκράτωρ,	ὁ	ἦν	καὶ	ὁ
ANMS	NNMS	DNMS	NNMS	DNMS	NNMS	DNMS	VIIA3S	CC	DNMS
거룩하신분은	주	그	하나님은	그	전능하신 분	분이며	영원히	계시는	분이며

1510	2532	3588	2064
εἰμί	καί	ὁ	ἔρχομαι
ὢν	καὶ	ὁ	ἐρχόμενος.
VPPANMS	CC	DNMS	VPPNNMS
살아 계시는	그리고	입니다	세상에 오고 계시는 분

네 선지자들이 자신들의 한 사람 한사람씩 각자가 여섯 명의 날개들이 된 자들을 가지고 있고 그들 주위와 안에는 눈이 된 자들이 가득하게 있으며 그들이 낮과 밤으로 전능하신 주 하나님은 거룩하신 분 거룩하신 분 거룩하신 분이며 영원히 계시는 분이며 또 살아 계시는 분이며 그리고 세상에 오고 계시는 분입니다 하고 말하는 것을 쉬지 않고 하고 있습니다

4:9

2532	3752	1325	3588	2226	1391	2532	5092	2532	2169
καί	ὅταν	δίδωμι	ὁ	ζῷον	δόξα	καί	τιμή	καί	εὐχαριστία
καὶ	ὅταν	δώσουσιν	τὰ	ζῷα	δόξαν	καὶ	τιμὴν	καὶ	εὐχαριστίαν
CC	CS	VIFA3P	DNNP	NNNP	NAFS	CC	NAFS	CC	NAFS
그리고	때에	드리게 되었을	그	선지자들이	영광과	그리고	존귀와	그리고	감사를

3588	2521	1909	3588	2362	3588	2198	1519	3588	165	3588
ὁ	κάθημαι	ἐπί	ὁ	θρόνος	ὁ	ζάω	εἰς	ὁ	αἰών	ὁ
τῷ	καθημένῳ	ἐπὶ	τῷ	θρόνῳ	τῷ	ζῶντι	εἰς	τοὺς	αἰῶνας	τῶν
DDMS	VPPNDMS	PD	DDMS	NDMS	DDMS	VPPADMS	PA	DAMP	NAMP	DGMP
그	앉아계시는 이에게	위에	그	보좌	그	살아계시는	히	그	영원히	히

165
αἰών
αἰώνων,
NGMP
세세토록

선지자들이 영원히 세세토록 살아계시는 보좌 위에 앉아 계시는 이에게 영광과 존귀와 그리고 감사를 드리게 되었을 때

4:10

4098	3588	1501	5064	4245	1799	3588
πίπτω	ὁ	εἴκοσι	τέσσαρες	πρεσβύτερος	ἐνώπιον	ὁ
πεσοῦνται	οἱ	εἴκοσι	τέσσαρες	πρεσβύτεροι	ἐνώπιον	τοῦ
VIFD3P	DNMP	ACNMP	ACNMP	APNMP	PG	DGMS
엎드릴 것이며	그	이십	사	장로들이	앞에	그

2521	1909	3588	2362	2532	4352	3588	2198
κάθημαι	ἐπί	ὁ	θρόνος	καί	προσκυνέω	ὁ	ζάω
καθημένου	ἐπὶ	τοῦ	θρόνου	καὶ	προσκυνήσουσιν	τῷ	ζῶντι
VPPNGMS	PG	DGMS	NGMS	CC	VIFA3P	DDMS	VPPADMS
앉아 계시는 이	위에	그	보좌	그리고	그들이 예배를 드릴 것이며	그	살아계시는이에게

1519	3588	165	3588	165	2532	906	3588	4735
εἰς	ὁ	αἰών	ὁ	αἰών	καί	βάλλω	ὁ	Στέφανος
εἰς	τοὺς	αἰῶνας	τῶν	αἰώνων	καὶ	βαλοῦσιν	τοὺς	στεφάνους
PA	DAMP	NAMP	DGMP	NGMP	CC	VIFA3P	DAMP	NAMP
히	그	영원	히	영원	그리고	드릴 것입니다	그	면류관들을

846	1799	3588	2362	3004
αὐτός	ἐνώπιον	ὁ	θρόνος	λέγω
αὐτῶν	ἐνώπιον	τοῦ	θρόνου	λέγοντες,
NPGM3P	PG	DGMS	NGMS	VPPANMP
자신들의	앞에서	그	보좌	말하고 있습니다

이십 사 장로들이 보좌 위에 앉아 계시는 이 앞에 엎드릴 것이며 영원히 세세토록 살아 계시는 이에게 그들이 예배를 드릴 것이며 보좌 앞에 자신들의 면류관을 드릴 것입니다

4:11

514	1510	3588	2962	2532	3588	2316	1473	2983	3588	1391
ἄξιος	εἰμί	ὁ	κύριος	καί	ὁ	θεός	ἐγώ	λαμβάνω	ὁ	δόξα
Ἄξιος	εἶ,	ὁ	κύριος	καὶ	ὁ	θεὸς	ἡμῶν,	λαβεῖν	τὴν	δόξαν
ANMS	VIPA2S	DVMS	NVMS	CC	DVMS	NVMS	NPG1P	VNAA	DAFS	NAFS
합당한 분	주님이입니다	그	주	그리고	그	하나님이여	우리의	받으시는 것이	그	영광과

2532	3588	5092	2532	3588	1411	3754	4771	2936	3588	3956
καί	ὁ	τιμή	καί	ὁ	δύναμις	ὅτι	σύ	κτίζω	ὁ	πᾶς
καὶ	τὴν	τιμὴν	καὶ	τὴν	δύναμιν,	ὅτι	σὺ	ἔκτισας	τὰ	πάντα
CC	DAFS	NAFS	CC	DAFS	NAFS	CS	NPN2S	VIAA2S	DANP	APANP
그리고	그	존귀와	그리고	그	능력을	때문에	주께서	주께서창조하였으며	그	말씀이된자들을

2532	1223	3588	2307	4771	1510	2532	2936
καί	διά	ὁ	θέλημα	σύ	εἰμί	καί	κτίζω
καὶ	διὰ	τὸ	θέλημά	σου	ἦσαν	καὶ	ἐκτίσθησαν.
CC	PA	DANS	NANS	NPG2S	VIIA3P	CC	VIAP3P
그래서	통하여	그	뜻을	주의	그들이 있고	또한	그들이 창조되었기

우리 주 하나님이여 주께서 말씀이 된 자들을 창조하였으며 주의 뜻을 통하여 그들이 있고 또한 그들이 창조되었기 때문에 주님이 영광과 존귀와 능력을 받으시는 것이 합당한 분입니다 하고 말하고 있습니다

5:1

2532	1492	1909	3588	1188	3588	2521	1909	3588	2362
καί	εἶδῶ	ἐπί	ὁ	δεξιός	ὁ	κάθημαι	ἐπί	ὁ	θρόνος
Καὶ	εἶδον	ἐπὶ	τὴν	δεξιὰν	τοῦ	καθημένου	ἐπὶ	τοῦ	θρόνου
CC	VIAA1S	PA	DAFS	APAFS	DGMS	VPPNGMS	PG	DGMS	NGMS
그리고	내가 보니	에	그	오른 손	그	앉아 계시는 이의	에	그	보좌

975	1125	2081	2532	3693
βιβλίον	γράφω	ἔσωθεν	καί	ὄπισθεν
βιβλίον	γεγραμμένον	ἔσωθεν	καὶ	ὄπισθεν
NANS	VPRPANS	AB	CC	AB
성경책을	기록이 된	안과	그리고	밖으로

2696	4973	2033
κατασφραγίζω	σφραγίς	ἑπτά
κατεσφραγισμένον	σφραγῖσιν	ἑπτά.
VPRPANS	NDFP	ACDFP
봉하여져	인으로	일곱

내가 보좌에 앉아 계시는 이의 오른 손에 안과 밖으로 일곱 인으로 봉하여져 기록이 된 성경책을 보니

5:2

2532	1492	32	2478	2784	1722	5456	3173	5101
καί	εἶδω	ἄγγελος	ἰσχυρός	κηρύσσω	ἐν	φωνή	μέγας	τίς
καὶ	εἶδον	ἄγγελον	ἰσχυρὸν	κηρύσσοντα	ἐν	φωνῇ	μεγάλῃ,	Τίς
CC	VIAA1S	NAMS	AAMS	VPPAAMS	PD	NDFS	ADFS	APTNMS
그리고	내가 봤습니다	사자를	힘 있는	외치고 있는	으로	음성	큰	누가

514	455	3588	975	2532	3089	3588	4973	846
ἄξιος	ἀνοίγω	ὁ	βιβλίον	καί	λύω	ὁ	σφραγίς	αὐτός
ἄξιος	ἀνοῖξαι	τὸ	βιβλίον	καὶ	λῦσαι	τὰς	σφραγῖδας	αὐτοῦ
ANMS	VNAA	DANS	NANS	CC	VNAA	DAFP	NAFP	NPGN3S
합당한분이냐	열고	이	성경책을	또한	떼기에	그	봉하여진 인들을	그 책의

누가 이 성경책을 열고 또한 그 책의 봉하여진 인을 떼기에 합당한 분이냐 하고 큰 음성으로 외치고 있는 힘 있는 사자를 내가 봤습니다

5:3

2532	3762	1410	1722	3588	3772	3761	1909	3588	1093	3761
καί	οὐδείς	δύναμαι	ἐν	ὁ	οὐρανός	οὐδέ	ἐπί	ὁ	γῆ	οὐδέ
καὶ	οὐδεὶς	ἐδύνατο	ἐν	τῷ	οὐρανῷ	οὐδὲ	ἐπὶ	τῆς	γῆς	οὐδὲ
CC	APCNMS	VIIN3S	PD	DDMS	NDMS	CC	PG	DGFS	NGFS	CC
그러나	한사람도 없고	능력이 있는 자가	에서도	그	하늘	없고	위에서도	그	땅	없어서

5270	3588	1093	455	3588	975	3777	991	846
ὑποκάτω	ὁ	γῆ	ἀνοίγω	ὁ	βιβλίον	οὔτε	βλέπω	αὐτός
ὑποκάτω	τῆς	γῆς	ἀνοῖξαι	τὸ	βιβλίον	οὔτε	βλέπειν	αὐτό.
PG	DGFS	NGFS	VNAA	DANS	NANS	CC	VNPA	NPAN3S
아래서도	그	땅	열거나	그	성경책을	아니면	볼 수 있는	그 책을

그러나 성경책을 열거나 아니면 그 책을 볼 수 있는 능력이 있는 자가 하늘 안에서도 한 사람도 없고 땅위에서 없고 땅 아래서도 없어서

5:4

2532	2799	4183	3754	3762	514	2147	455	3588
καί	κλαίω	πολύς	ὅτι	οὐδείς	ἄξιος	εὑρίσκω	ἀνοίγω	ὁ
καὶ	ἔκλαιον	πολύ,	ὅτι	οὐδεὶς	ἄξιος	εὑρέθη	ἀνοῖξαι	τὸ
CH	VIIA1S	AB	CS	APCNMS	ANMS	VIAP3S	VNAA	DANS
그래서	내가울고있는데	큰소리로	때문에	한사람도않기	합당한 자가	보이지	열거나	그

975	3777	991	846
βιβλίον	οὔτε	βλέπω	αὐτός
βιβλίον	οὔτε	βλέπειν	αὐτό.
NANS	CC	VNPA	NPAN3S
성경책을	아니면	볼 수 있는	그 책을

성경책을 열거나 아니면 그 책을 볼 수 있는 합당한 자가 한 사람도 보이지 않기 때문에 내가 크게 울고 있는데

2532	1520	1537	3588	4245	3004	1473	3361	2799	2400
καί	εἷς	ἐκ	ὁ	πρεσβύτερος	λέγω	ἐγώ	μή	κλαίω	ἰδού
5:5 καὶ	εἷς	ἐκ	τῶν	πρεσβυτέρων	λέγει	μοι,	Μὴ	κλαῖε,	ἰδοὺ
CH	APCNMS	PG	DGMP	APGMP	VIPA3S	NPD1S	QN	VMPA2S	QS
그런데	한사람이	중에	그	장로들	말하고있습니다	나에게	말라	너는 울지	보라

3528	3588	3023	3588	1537	3588	5443	2455	3588	4491	1138
νικάω	ὁ	λέων	ὁ	ἐκ	ὁ	φυλή	’Ιούδας	ὁ	ῥίζα	Δαβίδ
ἐνίκησεν	ὁ	λέων	ὁ	ἐκ	τῆς	φυλῆς	’Ιούδα,	ἡ	ῥίζα	Δαυίδ,
VIAA3S	DNMS	NNMS	DNMS	PG	DGFS	NGFS	NGMS	DNFS	NNFS	NGMS
이겼다 하고	그	사자가	그	속한	그	지파의	유대	그	뿌리인	다윗의

455	3588	975	2532	3588	2033	4973	846
ἀνοίγω	ὁ	βιβλίον	καί	ὁ	ἑπτά	σφραγίς	αὐτός
ἀνοῖξαι	τὸ	βιβλίον	καὶ	τὰς	ἑπτὰ	σφραγῖδας	αὐτοῦ.
VNAA	DANS	NANS	CC	DAFP	ACAFP	NAFP	NPGN3S
열 수 있도록	이	성경책과	그리고	그	일곱	인을	그 책의

장로들 중에 한사람이 나에게 너는 울지 말라 보라 이 성경책과 그 책의 일곱 인을 열수 있도록 유대 지파에 속한 다윗의 뿌리인 사자가 이겼다 하고 말하고 있습니다

2532	1492	1722	3319	3588	2362	2532	3588	5064	2226	2532	1722
καί	εἰδῶ	ἐν	μέσος	ὁ	θρόνος	καί	ὁ	τέσσαρες	ζῷον	καί	ἐν
5:6 Καὶ	εἶδον	ἐν	μέσῳ	τοῦ	θρόνου	καὶ	τῶν	τεσσάρων	ζῴων	καὶ	ἐν
CC	VIAA1S	PD	APDNS	DGMS	NGMS	CC	DGNP	ACGNP	NGNP	CC	PD
그래서	내가 보니	안에	가운데를	그	보좌의	역시	그	네	선지자들과	또	에

3319	3588	4245	721	2476	5613	4969
μέσος	ὁ	πρεσβύτερος	ἀρνίον	ἵστημι	ὡς	σφάζω
μέσῳ	τῶν	πρεσβυτέρων	ἀρνίον	ἑστηκὸς	ὡς	ἐσφαγμένον
APDNS	DGMP	APGMP	NNNS	VPRANNS	CS	VPRPNNS
가운데	그	장로들의	어린양이	서있고	같은	죽임을 당하게 된 것

2192	2768	2033	2532	3788	2033	3739	1510	3588	2033
ἔχω	κέρας	ἑπτά	καί	ὀφθαλμός	ἑπτά	ὅς	εἰμί	ὁ	ἑπτά
ἔχων	κέρατα	ἑπτὰ	καὶ	ὀφθαλμοὺς	ἑπτὰ	οἵ	εἰσιν	τὰ	ἑπτὰ
VPPANMS	NANP	ACANP	CC	NAMP	ACAMP	APRNMP	VIPA3P	DNNP	ACNNP
가지고있으며	뿔이 된 자들과	일곱	또	눈들이 된 자들을	일곱	그 눈들은	입니다	그	일곱

4151	3588	2316	649	1519	3956	3588	1093
πνεῦμα	ὁ	θεός	ἀποστέλλω	εἰς	πᾶς	ὁ	γῆ
πνεύματα	τοῦ	θεοῦ	ἀπεσταλμένοι	εἰς	πᾶσαν	τὴν	γῆν.
NNNP	DGMS	NGMS	VPRPNMP	PA	AAFS	DAFS	NAFS
영들이 된 자들	그	하나님의	보내지게 되는	에게	모든 세상	그	사람들

내가 보좌의 가운데를 보니 네 선지자들과 장로들의 가운데에 십자가에서 죽임을 당하게 된 것 같은 어린 양이 서 있고 일곱 뿔이 된 자들과 일곱 눈이 된 자들을 가지고 있으며 그 눈이 된 자들은 모든 세상 사람들에게 보내지게 되는 하나님의 일곱 영들이 된 자들입니다

5:7

2532	2064	2532	2983	1537	3588	1188	3588	2521	1909
καί	ἔρχομαι	καί	λαμβάνω	ἐκ	ὁ	δεξιός	ὁ	κάθημαι	ἐπί
καὶ	ἦλθεν	καὶ	εἴληφεν	ἐκ	τῆς	δεξιᾶς	τοῦ	καθημένου	ἐπὶ
CC	VIAA3S	CC	VIRA3S	PG	DGFS	APGFS	DGMS	VPPNGMS	PG
그래서	그가나아가서	그리고	성경책을 받아	에서	그	오른손	이의	앉아계시는	위에

3588	2362
ὁ	θρόνος
τοῦ	θρόνου.
DGMS	NGMS
그	보좌

어린 양이 나아가 보좌위에 앉아 계시는 이의 오른손에서 성경책을 받아

5:8

2532	3753	2983	3588	975	3588	5064	2226	2532	3588	1501
καί	ὅτε	λαμβάνω	ὁ	βιβλίον	ὁ	τέσσαρες	ζῷον	καί	ὁ	εἴκοσι
καὶ	ὅτε	ἔλαβεν	τὸ	βιβλίον,	τὰ	τέσσαρα	ζῷα	καὶ	οἱ	εἴκοσι
CH	CS	VIAA3S	DANS	NANS	DNNP	ACNNP	NNNP	CC	DNMP	ACNMP
그리고	때	그가 취했을	그	성경책을	그	네	선지자들과	그리고	그	이십

5064	4245	4098	1799	3588	721	2192
τέσσαρες	πρεσβύτερος	πίπτω	ἐνώπιον	ὁ	ἀρνίον	ἔχω
τέσσαρες	πρεσβύτεροι	ἔπεσαν	ἐνώπιον	τοῦ	ἀρνίου	ἔχοντες
ACNMP	APNMP	VIAA3P	PG	DGNS	NGNS	VPPANMP
사	장로들이	엎드렸으며	앞에	그	어린양	가지고 있는데

1538	2788	2532	5357	5552	1073	2368
ἕκαστος	κιθάρα	καί	φιάλη	χρύσεος	γέμω	θυμίαμα
ἕκαστος	κιθάραν	καὶ	φιάλας	χρυσᾶς	γεμούσας	θυμιαμάτων,
APNMS	NAFS	CC	NAFP	AAFP	VPPAAFP	NGNP
각자가	악기와	그리고	대접들을	금	가득하게 있는	향들이

3739	1510	3588	4335	3588	40
ὅς	εἰμί	ὁ	προσευχή	ὁ	ἅγιος
αἵ	εἰσιν	αἱ	προσευχαὶ	τῶν	ἁγίων,
APRNFP	VIPA3P	DNFP	NNFP	DGMP	APGMP
이향들은	입니다	그	기도한 것들	그	성도들의

그가 성경책을 취했을 때 네 선지자와 이십 사 장로들이 어린양 앞에 엎드렸으며 각자가 악기와 향들이 가득하게 있는 금 대접들을 가지고 있고 이 향들은 성도들의 기도한 것들입니다

5:9

2532	103	5603	2537	3004	514	1510	2983	3588
καί	ᾄδω	ᾠδή	καινός	λέγω	ἄξιος	εἰμί	λαμβάνω	ὁ
καὶ	ᾄδουσιν	ᾠδὴν	καινὴν	λέγοντες,	"Ἄξιος	εἶ	λαβεῖν	τὸ
CC	VIPA3P	NAFS	AAFS	VPPANMP	ANMS	VIPA2S	VNAA	DANS
그리고	그들이노래하고있으며	노래를	새	말하고 있습니다	합당한 분	당신입니다	가지고	이

975	2532	455	3588	4973	846	3754	4969	2532
βιβλίον	καί	ἀνοίγω	ὁ	σφραγίς	αὐτός	ὅτι	σφάζω	καί
βιβλίον	καὶ	ἀνοῖξαι	τὰς	σφραγῖδας	αὐτοῦ,	ὅτι	ἐσφάγης	καὶ
NANS	CC	VNAA	DAFP	NAFP	NPGN3S	CS	VIAP2S	CC
성경책을	그리고	열어주는 것은	그	인봉 된 것들을	자신에관하여	때문에	당신이죽임을당하여	또

59	3588	2316	1722	3588	129	4771	1537	3956	5443	2532
ἀγοράζω	ὁ	θεός	ἐν	ὁ	αἷμα	σύ	ἐκ	πᾶς	φυλή	καί
ἠγόρασας	τῷ	θεῷ	ἐν	τῷ	αἵματί	σου	ἐκ	πάσης	φυλῆς	καὶ
VIAA2S	DDMS	NDMS	PD	DDNS	NDNS	NPG2S	PG	AGFS	NGFS	CC
당신이 값 주고 샀기	그	하나님에게	안에서	그	피	당신의	에서	모든	족속의	그리고

1100	2532	2992	2532	1484
γλῶσσα	καί	λαός	καί	ἔθνος
γλώσσης	καὶ	λαοῦ	καὶ	ἔθνους
NGFS	CC	NGMS	CC	NGNS
방언과	그리고	백성과	그리고	나라를

그들이 새 노래를 노래하고 있으며 당신이 십자가에서 죽임을 당하여 모든 족속의 방언과 백성과 나라를 당신의 피안에서 당신이 하나님에게 값 주고 샀기 때문에 당신이 이 성경책을 가지고 자신에 관하여 인봉된 것들을 열어주는 것은 당신이 합당한 분입니다 하고 말하고 있습니다

5:10

2532	4160	846	3588	2316	1473	932	2532	2409
καί	ποιέω	αὐτός	ὁ	θεός	ἐγώ	βασιλεία	καί	ἱερεύς
καὶ	ἐποίησας	αὐτοὺς	τῷ	θεῷ	ἡμῶν	βασιλείαν	καὶ	ἱερεῖς,
CC	VIAA2S	NPAM3P	DDMS	NDMS	NPG1P	NAFS	CC	NAMP
그리고	당신이 만들었으니	그들을	그	하나님에게	우리	나라와	그리고	제사장으로

2532	936	1909	3588	1093
καί	βασιλεύω	ἐπί	ὁ	γῆ
καὶ	βασιλεύσουσιν	ἐπὶ	τῆς	γῆς.
CC	VIFA3P	PG	DGFS	NGFS
그리고	그들이백성들을다스릴것입니다	위에서	그	땅

당신이 그들을 우리 하나님에게 나라와 제사장들로 만들었으니 그들이 땅위에서 백성들을 다스릴 것입니다

5:11

2532	1492	2532	191	5456	32	4183	2945	3588
καί	εἴδω	καί	ἀκούω	φωνή	ἄγγελος	πολύς	κύκλῳ	ὁ
Καὶ	εἶδον,	καὶ	ἤκουσα	φωνὴν	ἀγγέλων	πολλῶν	κύκλῳ	τοῦ
CC	VIAA1S	CC	VIAA1S	NAFS	NGMP	AGMP	PG	DGMS
그리고	내가 보니	또	내가 들었으며	음성을	사자들과	많은	주위를둘러싼	그

2362	2532	3588	2226	2532	3588	4245	2532	1510	3588
θρόνος	καί	ὁ	ζῷον	καί	ὁ	πρεσβύτερος	καί	εἰμί	ὁ
θρόνου	καὶ	τῶν	ζῴων	καὶ	τῶν	πρεσβυτέρων,	καὶ	ἦν	ὁ
NGMS	CC	DGNP	NGNP	CC	DGMP	APGMP	CS	VIIA3S	DNMS
보좌의	그리고	그	선지자들과	그리고	그	장로들의	그리고	있고	그

706	846	3461	3461	2532	5505	5505
ἀριθμός	αὐτός	μυριάς	μυριάς	καί	χιλιάς	χιλιάς
ἀριθμὸς	αὐτῶν	μυριάδες	μυριάδων	καὶ	χιλιάδες	χιλιάδων
NNMS	NPGM3P	NNFP	NGFP	CC	NNFP	NGFP
수가	그들의	만이고	만의	또	천이며	천의

내가 보니 보좌의 주위를 둘러싼 많은 사자들과 선지자들과 장로들의 음성을 내가 들었으며 그들의 수가 만의 만이고 또 천의 천이며

5:12

3004	5456	3173	514	1510	3588	721	3588
λέγω	φωνή	μέγας	ἄξιος	εἰμί	ὁ	ἀρνίον	ὁ
λέγοντες	φωνῇ	μεγάλῃ,	”Ἄξιόν	ἐστιν	τὸ	ἀρνίον	τὸ
VPPANMP	NDFS	ADFS	ANNS	VIPA3S	DNNS	NNNS	DNNS
말씀하고 있으며	음성으로	큰	합당한 분	그들이 입니다	그	어린양이	그

4969	2983	3588	1411	2532	4149	2532	4678	2532
σφάζω	λαμβάνω	ὁ	δύναμις	καί	πλοῦτος	καί	σοφία	καί
ἐσφαγμένον	λαβεῖν	τὴν	δύναμιν	καὶ	πλοῦτον	καὶ	σοφίαν	καὶ
VPRPNNS	VNAA	DAFS	NAFS	CC	NAMS	CC	NAFS	CC
죽임을 당하게 되었던	받으시는 것이	그	능력과	그리고	부유함과	그리고	지혜와	그리고

2479	2532	5092	2532	1391	2532	2129
ἰσχύς	καί	τιμή	καί	δόξα	καί	εὐλογία
ἰσχὺν	καὶ	τιμὴν	καὶ	δόξαν	καὶ	εὐλογίαν.
NAFS	CC	NAFS	CC	NAFS	CC	NAFS
힘과	그리고	존귀와	그리고	영광과	그리고	찬양을

그들이 큰 음성으로 십자가에서 죽임을 당하게 되었던 어린 양이 능력과 부유함과 지혜와 힘과 존귀와 영광과 찬양을 받으시는 것이 합당한 분입니다 하고 말하고 있으며

5:13

2532	3956	2938	3739	1722	3588	3772	2532	1909	3588	1093	2532
καί	πᾶς	κτίσμα	ὅς	ἐν	ὁ	οὐρανός	καί	ἐπί	ὁ	γῆ	καί
καὶ	πᾶν	κτίσμα	ἃ	ἐν	τῷ	οὐρανῷ	καὶ	ἐπὶ	τῆς	γῆς	καὶ
CC	AANS	NANS	APRNNS	PD	DDMS	NDMS	CC	PG	DGFS	NGFS	CC
그래서	모든	피조물에게	그	있는	그	하늘 안에	그리고	위에	그	땅	그리고

5270	3588	1093	2532	1909	3588	2281	2532	3588	1722	846
ὑποκάτω	ὁ	γῆ	καί	ἐπί	ὁ	θάλασσα	καί	ὁ	ἐν	αὐτός
ὑποκάτω	τῆς	γῆς	καὶ	ἐπὶ	τῆς	θαλάσσης	καὶ	τὰ	ἐν	αὐτοῖς
PG	DGFS	NGFS	CC	PG	DGFS	NGFS	CC	DANP	PD	NPDN3P
아래	그	땅	그리고	위에	그	바다	그리고	그	있는	그들 안에

3956	191	3004	3588	2521	1909	3588	2362	2532	3588
πᾶς	ἀκούω	λέγω	ὁ	κάθημαι	ἐπί	ὁ	θρόνος	καί	ὁ
πάντα	ἤκουσα	λέγοντας,	Τῷ	καθημένῳ	ἐπὶ	τῷ	θρόνῳ	καὶ	τῷ
APANP	VIAA1S	VPPAAMP	DDMS	VPPNDMS	PD	DDMS	NDMS	CC	DDNS
말들을	내가 들으니	말하고 있으니	그	앉아계신 이에게	위에	그	보좌	그리고	그

721	3588	2129	2532	3588	5092	2532	3588	1391	2532	3588	2904
ἀρνίον	ὁ	εὐλογία	καί	ὁ	τιμή	καί	ὁ	δόξα	καί	ὁ	κράτος
ἀρνίῳ	ἡ	εὐλογία	καὶ	ἡ	τιμὴ	καὶ	ἡ	δόξα	καὶ	τὸ	κράτος
NDNS	DNFS	NNFS	CC	DNFS	NNFS	CC	DNFS	NNFS	CC	DNNS	NNNS
어린양에게	그	생명의 말씀과	그리고	그	존귀와	그리고	그	영광과	그리고	그	능력이

1519	3588	165	3588	165
εἰς	ὁ	αἰών	ὁ	αἰών
εἰς	τοὺς	αἰῶνας	τῶν	αἰώνων.
PA	DAMP	NAMP	DGMP	NGMP
히	그	영원히	그	세세토록있습니다

그래서 하늘 안에 있는 또 땅위에 있는 그리고 땅 아래 있는 그리고 바다 위에 있는 모든 하나님의 피조물들 그들 안에 있는 말들을 내가 들으니 보좌위에 앉아 계시는 이에게 또 어린 양에게 생명의 말씀과 존귀와 영광과 능력이 영원히 세세토록 있습니다 하고 말하고 있으니

2532 3588 5064 2226 3004 281 2532 3588 4245
καί ὁ τέσσαρες ζῷον λέγω ἀμήν καί ὁ πρεσβύτερος
5:14 καὶ τὰ τέσσαρα ζῷα ἔλεγον, Ἀμήν. καὶ οἱ πρεσβύτεροι
CC DNNP ACNNP NNNP VIIA3P QS CC DNMP APNMP
그리고 그 네 선지자들이 말하고 있으며 아멘하고 그리고 그 장로들이

4098 2532 4352
πίπτω καί προσκυνέω
ἔπεσαν καὶ προσεκύνησαν.
VIAA3P CC VIAA3P
엎드려 그리고 하나님에게 예배를 드렸습니다

네 선지자들이 아멘하고 말하고 있으며 장로들이 엎드려 하나님에게 예배를 드렸습니다

2532 1492 3753 455 3588 721 1520 1537 3588 2033 4973
καί εἰδῶ ὅτε ἀνοίγω ὁ ἀρνίον εἷς ἐκ ὁ ἑπτά σφραγίς
6:1 Καὶ εἶδον ὅτε ἤνοιξεν τὸ ἀρνίον μίαν ἐκ τῶν ἑπτὰ σφραγίδων,
CC VIAA1S CS VIAA3S DNNS NNNS APCAFS PG DGFP ACGFP NGFP
그리고 내가보니 때에 열었을 그 어린양이 하나를 중에서 그 일곱 봉인이 된 것

2532 191 1520 1537 3588 5064 2226 3004 5613 5456
καί ἀκούω εἷς ἐκ ὁ τέσσαρες ζῷον λέγω ὡς φωνή
καὶ ἤκουσα ἑνὸς ἐκ τῶν τεσσάρων ζῴων λέγοντος ὡς φωνὴ
CC VIAA1S APCGNS PG DGNP ACGNP NGNP VPPAGNS CS NNFS
그리고 내가 들었습니다 한사람의 중에 그 네 선지자들 말하고 있는 것을 같은 음성이

1027 2064
βροντή ἔρχομαι
βροντῆς, Ἔρχου.
NGFS VMPN2S
우레와 너는 오라

어린 양이 일곱 봉인이 된 것 중에 하나를 열었을 때 내가 보니 네 선지자들 중에 한 사람의 우레와 같은 음성이 너는 오라하고 말하고 있는 하는 것을 내가 들었습니다

2532 1492 2532 2400 2462 3022 2532 3588 2521 1909
καί εἰδῶ καί ἰδού ἵππος λευκός καί ὁ κάθημαι ἐπί
6:2 καὶ εἶδον, καὶ ἰδοὺ ἵππος λευκός, καὶ ὁ καθήμενος ἐπ'
CH VIAA1S CC QS NNMS ANMS CC DNMS VPPNNMS PA
이에 내가보니 역시 보라 말이 있고 흰 그리고 그 타고 있는 이가 위에

846 2192 5115 2532 1325 846 4735 2532 1831
αὐτός ἔχω τόξον καί δίδωμι αὐτός Στέφανος καί ἐξέρχομαι
αὐτὸν ἔχων τόξον καὶ ἐδόθη αὐτῷ στέφανος καὶ ἐξῆλθεν
NPAM3S VPPANMS NANS CC VIAP3S NPDM3S NNMS CC VIAA3S
그 말 가지고 있고 활을 그리고 주어졌으며 그에게 면류관이 그래서 그가세상에나가서

3528 2532 2443 3528
νικάω καί ἵνα νικάω
νικῶν καὶ ἵνα νικήσῃ.
VPPANMS CC CS VSAA3S
이기고있습니다 그리고 때문에 세상을 이겼기

이에 내가 보니 보라 흰말이 있고 그 말 위에 타고 있는 이가 활을 가지고 있고 그에게 면류관이 주어졌으며 그가 세상에 나가서 세상을 이겼기 때문에 이기고 있습니다

	2532	3753	455	3588	4973	3588	1208	191	3588
	καί	ὅτε	ἀνοίγω	ὁ	σφραγίς	ὁ	δεύτερος	ἀκούω	ὁ
6:3	Καὶ	ὅτε	ἤνοιξεν	τὴν	σφραγῖδα	τὴν	δευτέραν,	ἤκουσα	τοῦ
	CC	CS	VIAA3S	DAFS	NAFS	DAFS	AOAFS	VIAA1S	DGNS
	그리고	때에	어린양이 열었을	그	봉인을	그	두 번째	내가 들으니	그

1208	2226	3004	2064
δεύτερος	ζῷον	λέγω	ἔρχομαι
δευτέρου	ζῴου	λέγοντος,	Ἔρχου.
AOGNS	NGNS	VPPAGNS	VMPN2S
둘째	선지자의	말하고 있는 것을	너는 오라하고

어린 양이 두 번째 봉인을 열었을 때 둘째 선지자의 너는 오라하고 말하고 있는 것을 내가 들으니

	2532	1831	243	2462	4450	2532	3588	2521	1909
	καί	ἐξέρχομαι	ἄλλος	ἵππος	πυρρός	καί	ὁ	κάθημαι	ἐπί
6:4	καὶ	ἐξῆλθεν	ἄλλος	ἵππος	πυρρός,	καὶ	τῷ	καθημένῳ	ἐπ'
	CH	VIAA3S	ANMS	NNMS	ANMS	CC	DDMS	VPPNDMS	PA
	그리고	나왔으며	다른	말이	붉은	그리고	그	앉아 있는 이에게	위에

846	1325	846	2983	3588	1515	1537	3588	1093	2532	2443
αὐτός	δίδωμι	αὐτός	λαμβάνω	ὁ	εἰρήνη	ἐκ	ὁ	γῆ	καί	ἵνα
αὐτὸν	ἐδόθη	αὐτῷ	λαβεῖν	τὴν	εἰρήνην	ἐκ	τῆς	γῆς	καὶ	ἵνα
NPAM3S	VIAP3S	NPDM3S	VNAA	DAFS	NAFS	PG	DGFS	NGFS	CC	CC
그 말	주어졌으며	그에게	주는 것이	그	평화를	에서	그	땅	그리고	위해서

240	4969	2532	1325	846	3162	3173
ἀλλήλων	σφάζω	καί	δίδωμι	αὐτός	μάχαιρα	μέγας
ἀλλήλους	σφάξουσιν	καὶ	ἐδόθη	αὐτῷ	μάχαιρα	μεγάλη.
NPAM3P	VIFA3P	CC	VIAP3S	NPDM3S	NNFS	ANFS
그들 서로를	그들이 죽이기	그래서	주어졌습니다	그에게	검이	큰

다른 붉은 말이 나왔으며 그 말 위에 앉아 있는 이에게 땅에서 평화를 주는 것이 그에게 주어졌으며 또한 그들이 그들 서로를 죽이기 위해서 그에게 큰 검이 주어졌습니다

	2532	3753	455	3588	4973	3588	5154	191	3588	5154
	καί	ὅτε	ἀνοίγω	ὁ	σφραγίς	ὁ	τρίτος	ἀκούω	ὁ	τρίτος
6:5	Καὶ	ὅτε	ἤνοιξεν	τὴν	σφραγῖδα	τὴν	τρίτην,	ἤκουσα	τοῦ	τρίτου
	CC	CS	VIAA3S	DAFS	NAFS	DAFS	AOAFS	VIAA1S	DGNS	AOGNS
	그리고	때에	어린양이 열었을	그	봉인은	그	셋째	내가 들었으며	그	셋째

2226	3004	2064	2532	1492	2532	2400	2462	3189	2532
ζῷον	λέγω	ἔρχομαι	καί	εἰδῶ	καί	ἰδού	ἵππος	μέλας	καί
ζῴου	λέγοντος,	Ἔρχου.	καὶ	εἶδον,	καὶ	ἰδοὺ	ἵππος	μέλας,	καὶ
NGNS	VPPAGNS	VMPN2S	CH	VIAA1S	CC	QS	NNMS	ANMS	CC
선지자의	말하고 있는 것을	너는나에게오라	그래서	내가보니	역시	보라	말이 있고	검은	그리고

3588 2521 1909 846 2192 2218 1722 3588 5495 846
ὁ κάθημαι ἐπί αὐτός ἔχω ζυγός ἐν ὁ χείρ αὐτός
ὁ καθήμενος ἐπ' αὐτὸν ἔχων ζυγὸν ἐν τῇ χειρὶ αὐτοῦ.
DNMS VPPNNMS PA NPAM3S VPPANMS NAMS PD DDFS NDFS NPGM3S
그 타고 있는 이가 위에 그 말 가지고 있습니다 멍에를 안에 그 손에 자신의

어린양이 셋째 봉인을 열었을 때 셋째 선지자의 너는 오라하고 말하고 있는 것을 내가 들었으며 보라 내가 보니 역시 검은 말이 있고 그 말을 타고 있는 이가 자신의 손에 멍에를 가지고 있습니다

2532 191 5613 5456 1722 3319 3588 5064 2226 3004
καί ἀκούω ὡς φωνή ἐν μέσος ὁ τέσσαρες ζῷον λέγω
6:6 καὶ ἤκουσα ὡς φωνὴν ἐν μέσῳ τῶν τεσσάρων ζῴων λέγουσαν,
CC VIAA1S CS NAFS PD APDNS DGNP ACGNP NGNP VPPAAFS
그리고 내가들었습니다 같은 음성을 에서 가운데서 그 네 선지자들 말하고 있는

5518 4621 1220 2532 5140 5518 2915 1220
χοῖνιξ σῖτος δηνάριον καί τρεῖς χοῖνιξ κριθή δηνάριον
Χοῖνιξ σίτου δηναρίου καὶ τρεῖς χοίνικες κριθῶν δηναρίου,
NNFS NGMS NGNS CC ACNFP NNFP NGFP NGNS
한 되이고 밀이 한 데나리온에 또 석 되이니 보리 한 데나리온에

2532 3588 1637 2532 3588 3631 3361 91
καί ὁ ἔλαιον καί ὁ οἶνος μή ἀδικέω
καὶ τὸ ἔλαιον καὶ τὸν οἶνον μὴ ἀδικήσῃς.
CC DANS NANS CC DAMS NAMS QN VSAA2S
그리고 그 감람유와 그리고 그 포도주를 말라 너는 불의하게 하지

네 선지자들 가운데서 한 데나리온에 밀이 한 되이고 또 한 데나리온에 보리가 석 되이니 너는 감람유와 포도주를 불의하게 하지 말라 하고 말하고 있는 음성 같은 것을 내가 들었습니다

2532 3753 455 3588 4973 3588 5067 191
καί ὅτε ἀνοίγω ὁ σφραγίς ὁ τέταρτος ἀκούω
6:7 Καὶ ὅτε ἤνοιξεν τὴν σφραγῖδα τὴν τετάρτην, ἤκουσα
CC CS VIAA3S DAFS NAFS DAFS AOAFS VIAA1S
그리고 때에 어린양이 열었을 그 봉인을 그 넷째 내가 들었습니다

5456 3588 5067 2226 3004 2064
φωνή ὁ τέταρτος ζῷον λέγω ἔρχομαι
φωνὴν τοῦ τετάρτου ζῴου λέγοντος, Ἔρχου.
NAFS DGNS AOGNS NGNS VPPAGNS VMPN2S
음성을 그 넷째 선지자의 말하고 있는 너는나에게오라

넷째 봉인을 열었을 때 넷째 선지자의 너는 나에게 오라 말하고 있는 음성을 내가 들었습니다

2532 1492 2532 2400 2462 5515 2532 3588 2521 1883
καί εἰδῶ καί ἰδού ἵππος χλωρός καί ὁ κάθημαι ἐπάνω
6:8 καὶ εἶδον, καὶ ἰδοὺ ἵππος χλωρός, καὶ ὁ καθήμενος ἐπάνω
CH VIAA1S CC QS NNMS ANMS CC DNMS VPPNNMS PG
그런데 내가 보니 역시 보라 말이 있고 푸른색 그리고 그 타고 있는 자는 위에

846	3686	846	3588	2288	2532	3588	86	190
αὐτός	ὄνομα	αὐτός	ὁ	θάνατος	καί	ὁ	ᾅδης	ἀκολουθέω
αὐτοῦ	ὄνομα	αὐτῷ	ὁ	Θάνατος,	καὶ	ὁ	ᾅδης	ἠκολούθει
NPGM3S	NNNS	NPDM3S	DNMS	NNMS	CC	DNMS	NNMS	VIIA3S
자신의 말	이름이	그 사람에게	그	사망이고	또한	그	음부라는자가	따르고 있으며

3326	846	2532	1325	846	1849	1909	3588	5067	3588
μετά	αὐτός	καί	δίδωμι	αὐτός	ἐξουσία	ἐπί	ὁ	τέταρτος	ὁ
μετ’	αὐτοῦ	καὶ	ἐδόθη	αὐτοῖς	ἐξουσία	ἐπὶ	τὸ	τέταρτον	τῆς
PG	NPGM3S	CC	VIAP3S	NPDM3P	NNFS	PA	DANS	APOANS	DGFS
함께	그 자신과	그리고	주어졌습니다	짐승에게	권세가	로	그	네 번째	사람들이

1093	615	1722	4501	2532	1722	3042	2532	1722	2288	2532
γῆ	ἀποκτείνω	ἐν	ῥομφαία	καί	ἐν	λιμός	καί	ἐν	θάνατος	καί
γῆς	ἀποκτεῖναι	ἐν	ῥομφαίᾳ	καὶ	ἐν	λιμῷ	καὶ	ἐν	θανάτῳ	καὶ
NGFS	VNAA	PD	NDFS	CC	PD	NDFS	CC	PD	NDMS	CC
땅의	생명이 없어지게 하는	안에	검으로	그리고	안에	기근으로	그리고	안에	사망으로	그리고

5259	3588	2342	3588	1093
ὑπό	ὁ	θηρίον	ὁ	γῆ
ὑπὸ	τῶν	θηρίων	τῆς	γῆς.
PG	DGNP	NGNP	DGFS	NGFS
의해서	그	짐승에	그	땅의

보라 내가 보니 푸른색 말이 있고 자신의 말 위에 타고 있는 자는 그 사람에게 이름이 사망이고 또한 그자신과 함께 음부라는 자가 따르고 있으며 대제사장인 땅의 짐승들에 의해서 검으로 또 기근으로 또 사망으로 땅의 사람들이 네 번째로 생명이 없어지게 하는 권세가 대제사장인 짐승들에게 주어졌습니다.

6:9

2532	3753	455	3588	3991	4973	1492	5270	3588
καί	ὅτε	ἀνοίγω	ὁ	πέμπτος	σφραγίς	εἰδῶ	ὑποκάτω	ὁ
Καὶ	ὅτε	ἤνοιξεν	τὴν	πέμπτην	σφραγῖδα,	εἶδον	ὑποκάτω	τοῦ
CC	CS	VIAA3S	DAFS	AOAFS	NAFS	VIAA1S	PG	DGNS
그리고	때에	어린양이 열었을	그	다섯째	봉인을	내가 보니	아래	그

2379	3588	5590	3588	4969	1223	3588	3056
θυσιαστήριον	ὁ	ψυχή	ὁ	σφάζω	διά	ὁ	λόγος
θυσιαστηρίου	τὰς	ψυχὰς	τῶν	ἐσφαγμένων	διὰ	τὸν	λόγον
NGNS	DAFP	NAFP	DGMP	VPRPGMP	PA	DAMS	NAMS
제단	그	영혼을	그	순교를 당한 자들의	때문에	그	말씀

3588	2316	2532	1223	3588	3141	3739	2192
ὁ	θεός	καί	διά	ὁ	μαρτυρία	ὅς	ἔχω
τοῦ	θεοῦ	καὶ	διὰ	τὴν	μαρτυρίαν	ἣν	εἶχον.
DGMS	NGMS	CC	PA	DAFS	NAFS	APRAFS	VIIA3P
그	하나님의	그리고	때문에	그	증거	그것을	그들이가지고있는

어린 양이 다섯째 봉인을 열었을 때 하나님의 말씀 때문에 그들이 가지고 있는 증거 때문에 제단 아래 죽임을 당한 자들의 영혼을 내가 보니

	2532	2896	5456	3173	3004	2193	4219	3588
	καί	κράζω	φωνή	μέγας	λέγω	ἕως	πότε	ὁ
6:10	καὶ	ἔκραξαν	φωνῇ	μεγάλῃ	λέγοντες,	Ἕως	πότε,	ὁ
	CC	VIAA3P	NDFS	ADFS	VPPANMP	PG	ABT	DVMS
	그리고	그들이 불러	음성으로	큰	말하고 있습니다	까지	언제	그

1203	3588	40	2532	228	3756	2919	2532	1556
δεσπότης	ὁ	ἅγιος	καί	ἀληθινός	οὐ	κρίνω	καί	ἐκδικέω
δεσπότης	ὁ	ἅγιος	καὶ	ἀληθινός,	οὐ	κρίνεις	καὶ	ἐκδικεῖς
NVMS	DVMS	AVMS	CC	AVMS	QN	VIPA2S	CC	VIPA2S
주여	그	거룩하시며	그리고	하나님을알고계시는	아니	당신께서심판하여	그리고	갚아주지하나이까

3588	129	1473	1537	3588	2730	1909	3588	1093
ὁ	αἷμα	ἐγώ	ἐκ	ὁ	κατοικέω	ἐπί	ὁ	γῆ
τὸ	αἷμα	ἡμῶν	ἐκ	τῶν	κατοικούντων	ἐπὶ	τῆς	γῆς
DANS	NANS	NPG1P	PG	DGMP	VPPAGMP	PG	DGFS	NGFS
그	피를	우리의	부터	그	거하고 있는 자들로	위에	그	땅

그들이 큰 음성으로 불러 거룩하시며 하나님을 알고 계시는 주여 땅위에 거하고 있는 자들로부터 당신께서 심판하여 우리의 피를 언제까지 갚아 주지 아니 하나이까 하고 말하고 있습니다

	2532	1325	846	1538	4749	3022	2532	4483	846
	καί	δίδωμι	αὐτός	ἕκαστος	στολή	λευκός	καί	ῥέω	αὐτός
6:11	καὶ	ἐδόθη	αὐτοῖς	ἑκάστῳ	στολὴ	λευκὴ	καὶ	ἐρρέθη	αὐτοῖς
	CC	VIAP3S	NPDM3P	APDMS	NNFS	ANFS	CC	VIAP3S	NPDM3P
	그러자	주어졌고	그들	각자에게	옷이	흰	그리고	말씀되었습니다	그들에게

2443	373	2089	5550	3398	2193	4137	2532
ἵνα	ἀναπαύω	ἔτι	χρόνος	μικρός	ἕως	πληρόω	καί
ἵνα	ἀναπαύσονται	ἔτι	χρόνον	μικρόν,	ἕως	πληρωθῶσιν	καὶ
CC	VIFM3P	AB	NAMS	AAMS	CS	VSAP3P	AB
것이	그리스도안에서쉼을가지게될	아직은	동안	잠시	까지	그들이 채워지게 될 때	그리고

3588	4889	846	2532	3588	80	846	3588	3195
ὁ	σύνδουλος	αὐτός	καί	ὁ	ἀδελφός	αὐτός	ὁ	μέλλω
οἱ	σύνδουλοι	αὐτῶν	καὶ	οἱ	ἀδελφοὶ	αὐτῶν	οἱ	μέλλοντες
DNMP	NNMP	NPGM3P	CC	DNMP	NNMP	NPGM3P	DNMP	VPPANMP
그	함께 된 종들과	그들과	그리고	그	형제들이	그들의	그	있는 자들이

615	5613	2532	846
ἀποκτείνω	ὡς	καί	αὐτός
ἀποκτέννεσθαι	ὡς	καὶ	αὐτοί.
VNPP	CS	AB	NPNM3P
순교를 당하고	같이	또한	그 자신들과

그러자 그들 각자에게 흰옷이 주어졌고 그들과 함께 된 종들과 그들의 형제들이 자신들과 같이 죽임을 당하고 있는 자들이 채워지게 될 때까지 아직은 잠시 동안 그리스도 안에서 쉼을 가지게 될 것이 그들에게 말씀되었습니다.

6:12

2532	1492	3753	455	3588	4973	3588	1623	2532	4578
καί	εἰδῶ	ὅτε	ἀνοίγω	ὁ	σφραγίς	ὁ	ἕκτος	καί	σεισμός
Καὶ	εἶδον	ὅτε	ἤνοιξεν	τὴν	σφραγῖδα	τὴν	ἕκτην,	καὶ	σεισμὸς
CC	VIAA1S	CS	VIAA3S	DAFS	NAFS	DAFS	AOAFS	CC	NNMS
그리고	내가 보니	때	어린양이 열었을	그	봉인을	그	여섯째	그리고	지신이

3173	1096	2532	3588	2246	1096	3189	5613	4526
μέγας	γίνομαι	καί	ὁ	ἥλιος	γίνομαι	μέλας	ὡς	σάκκος
μέγας	ἐγένετο	καὶ	ὁ	ἥλιος	ἐγένετο	μέλας	ὡς	σάκκος
ANMS	VIAD3S	CC	DNMS	NNMS	VIAD3S	ANMS	CS	NNMS
큰	일어났으며	그리고	그	해가	검게 되었고	검은	같이	베옷

5155	2532	3588	4582	3650	1096	5613	129
τρίχινος	καί	ὁ	σελήνη	ὅλος	γίνομαι	ὡς	αἷμα
τρίχινος	καὶ	ἡ	σελήνη	ὅλη	ἐγένετο	ὡς	αἷμα
ANMS	CC	DNFS	NNFS	ANFS	VIAD3S	CS	NNNS
머리털로 만든	또한	그	달이	온	되었습니다	같이	죽은자의피와

어린 양이 여섯째 봉인을 열었을 때에 내가 보니 큰 지진이 일어났으며 해가 머리털로 만든 검은 베옷같이 검게 되었고 또한 온 달이 죽은 자의 피와 같이 되었습니다

6:13

2532	3588	792	3588	3772	4098	1519	3588	1093	5613	4808
καί	ὁ	ἀστήρ	ὁ	οὐρανός	πίπτω	εἰς	ὁ	γῆ	ὡς	συκῆ
καὶ	οἱ	ἀστέρες	τοῦ	οὐρανοῦ	ἔπεσαν	εἰς	τὴν	γῆν,	ὡς	συκῆ
CC	DNMP	NNMP	DGMS	NGMS	VIAA3P	PA	DAFS	NAFS	CS	NNFS
그리고	그	별들이	그	하늘의	떨어졌으며	으로	그	땅	처럼	무화과나무

906	3588	3653	846	5259	417	3173	4579
βάλλω	ὁ	ὄλυνθος	αὐτός	ὑπό	ἄνεμος	μέγας	σείω
βάλλει	τοὺς	ὀλύνθους	αὐτῆς	ὑπὸ	ἀνέμου	μεγάλου	σειομένη,
VIPA3S	DAMP	NAMP	NPGF3S	PG	NGMS	AGMS	VPPPNFS
떨어지는	그	익지 않은 열매들이	나무의	의해서	바람에	큰	흔들러지고 있는

큰 바람에 의해 흔들러지고 있어 아직 익지 않은 무화과나무의 열매들이 떨어지는 무화과나무처럼 하늘의 별들이 땅으로 떨어졌으며

6:14

2532	3588	3772	673	5613	975	1667	2532
καί	ὁ	οὐρανός	ἀποχωρίζω	ὡς	βιβλίον	ἑλίσσω	καί
καὶ	ὁ	οὐρανὸς	ἀπεχωρίσθη	ὡς	βιβλίον	ἑλισσόμενον	καὶ
CC	DNMS	NNMS	VIAP3S	CS	NNNS	VPPPNNS	CC
또한	그	하늘이	떠났기 때문에	같이	책	말려지고 있는	그리고

3956	3735	2532	3520	1537	3588	5117	846	2795
πᾶς	ὄρος	καί	νῆσος	ἐκ	ὁ	τόπος	αὐτός	κινέω
πᾶν	ὄρος	καὶ	νῆσος	ἐκ	τῶν	τόπων	αὐτῶν	ἐκινήθησαν.
ANNS	NNNS	CC	NNFS	PG	DGMP	NGMP	NPGN3P	VIAP3P
모든	산과	그리고	섬이	부터	그	직분들에서	자신들의	옮겨지게 되었습니다

또한 말려지고 있는 책같이 하늘이 떠나갔기 때문에 모든 산과 섬이 자신들의 직분에서부터 옮겨지게 되었습니다

6:15

2532	3588	935	3588	1093	2532	3588	3175	2532	3588
καί	ὁ	βασιλεύς	ὁ	γῆ	καί	ὁ	μεγιστάνες	καί	ὁ
καὶ	οἱ	βασιλεῖς	τῆς	γῆς	καὶ	οἱ	μεγιστᾶνες	καὶ	οἱ
CH	DNMP	NNMP	DGFS	NGFS	CC	DNMP	NNMP	CC	DNMP
그래서	그	왕들과	그	땅의	그리고	그	높은 자들과	그리고	그

5506	2532	3588	4145	2532	3588	2478	2532	3956	1401	2532
χιλίαρχος	καί	ὁ	πλούσιος	καί	ὁ	ἰσχυρός	καί	πᾶς	δοῦλος	καί
χιλίαρχοι	καὶ	οἱ	πλούσιοι	καὶ	οἱ	ἰσχυροὶ	καὶ	πᾶς	δοῦλος	καὶ
NNMP	CC	DNMP	APNMP	CC	DNMP	APNMP	CC	ANMS	NNMS	CC
천부 장들과	그리고	그	부자들과	그리고	그	능력이있는자들과	그리고	모든	종이	그리고

1658	2928	1438	1519	3588	4693	2532	1519	3588
ἐλεύθερος	κρύπτω	ἑαυτοῦ	εἰς	ὁ	σπήλαιον	καί	εἰς	ὁ
ἐλεύθερος	ἔκρυψαν	ἑαυτοὺς	εἰς	τὰ	σπήλαια	καὶ	εἰς	τὰς
APNMS	VIAA3P	NPAM3P	PA	DANP	NANP	CC	PA	DAFP
자유자가	그들이 숨겼으며	자기 자신들을	속으로	그	굴	그리고	안으로	그

4073	3588	3735
πέτρα	ὁ	ὄρος
πέτρας	τῶν	ὀρέων
NAFP	DGNP	NGNP
바위들	그	산들의

그래서 땅의 왕들과 높은 자들과 천부장들과 부자들과 능력이 있는 자들과 모든 종이 그리고 자유자가 그들이 굴속으로 또 산들의 바위들 안으로 자기 자신들을 숨겼으며

6:16

2532	3004	3588	3735	2532	3588	4073	4098	1909
καί	λέγω	ὁ	ὄρος	καί	ὁ	πέτρα	πίπτω	ἐπί
καὶ	λέγουσιν	τοῖς	ὄρεσιν	καὶ	ταῖς	πέτραις,	Πέσετε	ἐφ'
CC	VIPA3P	DDNP	NDNP	CC	DDFP	NDFP	VMAA2P	PA
그리고	그들이말하고있습니다	그	산들에게	그리고	그	반석들에게	너희는 떨어져서	위에

1473	2532	2928	1473	575	4383	3588	2521	1909
ἐγώ	καί	κρύπτω	ἐγώ	ἀπό	πρόσωπον	ὁ	κάθημαι	ἐπί
ἡμᾶς	καὶ	κρύψατε	ἡμᾶς	ἀπὸ	προσώπου	τοῦ	καθημένου	ἐπὶ
NPA1P	CC	VMAA2P	NPA1P	PG	NGNS	DGMS	VPPNGMS	PG
우리	그리고	너희는 감추어라	우리를	부터	얼굴로	그	앉아 계시는 이의	위에

3588	2362	2532	575	3588	3709	3588	721
ὁ	θρόνος	καί	ἀπό	ὁ	ὀργή	ὁ	ἀρνίον
τοῦ	θρόνου	καὶ	ἀπὸ	τῆς	ὀργῆς	τοῦ	ἀρνίου,
DGMS	NGMS	CC	PG	DGFS	NGFS	DGNS	NGNS
그	보좌	또	부터	그	진노로	그	어린양의

그들이 또 산들에게 그리고 반석들에게 너희는 우리 위에 떨어져 보좌위에 앉아 계시는 이의 얼굴로부터 또 어린 양의 진노로부터 너희는 우리를 감추라 달라

	3754	2064	3588	2250	3588	3173	3588	3709	846	2532	5101
	ὅτι	ἔρχομαι	ὁ	ἡμέρα	ὁ	μέγας	ὁ	ὀργή	αὐτός	καί	τίς
6:17	**ὅτι**	**ἦλθεν**	**ἡ**	**ἡμέρα**	**ἡ**	**μεγάλη**	**τῆς**	**ὀργῆς**	**αὐτῶν,**	**καὶ**	**τίς**
	CS	VIAA3S	DNFS	NNFS	DNFS	ANFS	DGFS	NGFS	NPGM3P	CC	APTNMS
	때문에	왔기	그	날이	그	큰	그	진노의	그 자신들의	그리고	누가

1410	2476
δύναμαι	ἵστημι
δύναται	**σταθῆναι**
VIPN3S	VNAP
능력이 있느냐	하나님앞에설수있는

그 자신들의 진노의 큰 날이 왔기 때문에 누가 하나님 앞에 설수 있는 능력이 있느냐 하고 말하고 있습니다

	3326	3778	1492	5064	32	2476	1909	3588
	μετά	οὗτος	εἰδῶ	τέσσαρες	ἄγγελος	ἵστημι	ἐπί	ὁ
7:1	**Μετὰ**	**τοῦτο**	**εἶδον**	**τέσσαρας**	**ἀγγέλους**	**ἑστῶτας**	**ἐπὶ**	**τὰς**
	PA	APDANS	VIAA1S	ACAMP	NAMP	VPRAAMP	PA	DAFP
	후에	이일	내가 보니	네	사자들을	서서	위에	그

5064	1137	3588	1093	2902	3588	5064
τέσσαρες	γωνία	ὁ	γῆ	κρατέω	ὁ	τέσσαρες
τέσσαρας	**γωνίας**	**τῆς**	**γῆς,**	**κρατοῦντας**	**τοὺς**	**τέσσαρας**
ACAFP	NAFP	DGFS	NGFS	VPPAAMP	DAMP	ACAMP
네	모퉁이	그	땅의	붙잡고 있는	그	네

417	3588	1093	2443	3361	4154	417	1909	3588	1093	3383
ἄνεμος	ὁ	γῆ	ἵνα	μή	πνέω	ἄνεμος	ἐπί	ὁ	γῆ	μήτε
ἀνέμους	**τῆς**	**γῆς**	**ἵνα**	**μὴ**	**πνέῃ**	**ἄνεμος**	**ἐπὶ**	**τῆς**	**γῆς**	**μήτε**
NAMP	DGFS	NGFS	CS	QN	VSPA3S	NNMS	PG	DGFS	NGFS	CC
바람을	그	땅의	위하여	못하게	불지 하기	바람이	위에	그	땅	또

1909	3588	2281	3383	1909	3956	1186
ἐπί	ὁ	θάλασσα	μήτε	ἐπί	πᾶς	δένδρον
ἐπὶ	**τῆς**	**θαλάσσης**	**μήτε**	**ἐπὶ**	**πᾶν**	**δένδρον.**
PG	DGFS	NGFS	CC	PA	AANS	NANS
위에	그	바다	또	위에	모든	나무들

이일 후에 땅위에 또 바다 위에 또 모든 나무들 위에 바람이 불지 못하게 하기 위하여 땅의 네 모퉁이 위에 서서 땅의 네 바람을 붙잡고 있는 네 사자들을 내가 보니

	2532	1492	243	32	305	575	395	2246
	καί	εἰδῶ	ἄλλος	ἄγγελος	ἀναβαίνω	ἀπό	ἀνατολή	ἥλιος
7:2	**καὶ**	**εἶδον**	**ἄλλον**	**ἄγγελον**	**ἀναβαίνοντα**	**ἀπὸ**	**ἀνατολῆς**	**ἡλίου**
	CC	VIAA1S	AAMS	NAMS	VPPAAMS	PG	NGFS	NGMS
	그리고	내가 보니	다른	사자를	올라가고 있는	부터	돋는 곳에서	해가

2192	4973	2316	2198	2532	2896	5456	3173
ἔχω	σφραγίς	θεός	ζάω	καί	κράζω	φωνή	μέγας
ἔχοντα	σφραγῖδα	θεοῦ	ζῶντος,	καὶ	ἔκραξεν	φωνῇ	μεγάλῃ
VPPAAMS	NAFS	NGMS	VPPAGMS	CC	VIAA3S	NDFS	ADFS
가지고 있는	인을	하나님의	살아계시는	그리고	그 사자가 외쳐	음성으로	큰

3588	5064	32	3739	1325	846	91	3588
ὁ	τέσσαρες	ἄγγελος	ὅς	δίδωμι	αὐτός	ἀδικέω	ὁ
τοῖς	τέσσαρσιν	ἀγγέλοις	οἷς	ἐδόθη	αὐτοῖς	ἀδικῆσαι	τὴν
DDMP	ACDMP	NDMP	APRDMP	VIAP3S	NPDM3P	VNAA	DAFS
그	네	사자들에게	그	주어진	그들에게	불의하게 할 것이	그

1093	2532	3588	2281
γῆ	καί	ὁ	θάλασσα
γῆν	καὶ	τὴν	θάλασσαν
NAFS	CC	DAFS	NAFS
땅과	그리고	그	바다를

살아 계시는 하나님의 인을 가지고 있는 해가 돋는 곳에서부터 올라가고 있고 다른 사자를 내가 보니 그 사자가 땅과 바다를 불의하게 할 것이 그들에게 주어진 네 사자들에게 큰 음성으로 외쳐

7:3

3004	3361	91	3588	1093	3383	3588	2281	3383	3588
λέγω	μή	ἀδικέω	ὁ	γῆ	μήτε	ὁ	θάλασσα	μήτε	ὁ
λέγων,	Μὴ	ἀδικήσητε	τὴν	γῆν	μήτε	τὴν	θάλασσαν	μήτε	τὰ
VPPANMS	QN	VSAA2P	DAFS	NAFS	CC	DAFS	NAFS	CC	DANP
말씀하고 있습니다	말라	너희는 불의하게하지	그	땅과	또	그	바다를	또	그

1186	891	4972	3588	1401	3588	2316	1473	1909
δένδρον	ἄχρι	σφραγίζω	ὁ	δοῦλος	ὁ	θεός	ἐγώ	ἐπί
δένδρα,	ἄχρι	σφραγίσωμεν	τοὺς	δούλους	τοῦ	θεοῦ	ἡμῶν	ἐπὶ
NANP	CS	VSAA1P	DAMP	NAMP	DGMS	NGMS	NPG1P	PG
나무들을	까지	우리가 인을 칠 때	그	종들에게	그	하나님의	우리	위에

3588	3359	846
ὁ	μέτωπον	αὐτός
τῶν	μετώπων	αὐτῶν.
DGNP	NGNP	NPGM3P
그	이마	그들의

우리 하나님의 종들에게 우리가 그들의 이마 위에 하나님의 말씀으로 인을 칠 때까지 너희는 땅과 바다와 나무들을 불의하게 하지 말라 하고 말씀하고 있습니다

7:4

2532	191	3588	706	3588	4972	1540
καί	ἀκούω	ὁ	ἀριθμός	ὁ	σφραγίζω	ἑκατόν
καὶ	ἤκουσα	τὸν	ἀριθμὸν	τῶν	ἐσφραγισμένων,	ἑκατὸν
CC	VIAA1S	DAMS	NAMS	DGMP	VPRPGMP	ACNFP
그리고	내가 들으니	그	수를	그	인 맞아진 자들의	십

5062 5064 5505 4972 1537 3956
τεσσαράκοντα τέσσαρες χιλιάς σφραγίζω ἐκ πᾶς
τεσσεράκοντα τέσσαρες χιλιάδες, ἐσφραγισμένοι ἐκ πάσης
ACNFP ACNFP NNFP VPRPNMP PG AGFS
사만 사 천 명이며 인 맞아진 자들이 중에 모든

5443 5207 2474
φυλή υἱός 'Ισραήλ
φυλῆς υἱῶν 'Ισραήλ·
NGFS NGMP NGMS
지파 자손들의 이스라엘

인 맞아진 자들의 그 수를 내가 들으니 이스라엘 자손들의 모든 지파 중에 인 맞아진 자들이 십사만 사천 명이며

1537 5443 2455 1427 5505 4972 1537 5443
ἐκ φυλή 'Ιούδας δώδεκα χιλιάς σφραγίζω ἐκ φυλή
7:5 ἐκ φυλῆς 'Ιούδα δώδεκα χιλιάδες ἐσφραγισμένοι, ἐκ φυλῆς
PG NGFS NGMS ACNFP NNFP VPRPNMP PG NGFS
중에 지파 유다 일만 이 천 명이고 인 맞아진 자들이 중에 지파

4502 1427 5505 1537 5443 1045 1427 5505
'Ρουβήν δώδεκα χιλιάς ἐκ φυλή Γάδ δώδεκα χιλιάς
'Ρουβὴν δώδεκα χιλιάδες, ἐκ φυλῆς Γὰδ δώδεκα χιλιάδες,
NGMS ACNFP NNFP PG NGFS NGMS ACNFP NNFP
루우벤 일만 이 천 명이며 중에 지파 갓 일만 이 천 명이고

유다 지파 중에 인 맞아진 자들이 일만 이천 명이고 루우벤 지파의 중에 일만 이천 명이며 갓 지파 중에서 일만 이천 명이고

1537 5443 768 1427 5505 1537 5443 3508 1427
ἐκ φυλή 'Ασήρ δώδεκα χιλιάς ἐκ φυλή Νεφθαλείμ δώδεκα
7:6 ἐκ φυλῆς 'Ασὴρ δώδεκα χιλιάδες, ἐκ φυλῆς Νεφθαλὶμ δώδεκα
PG NGFS NGMS ACNFP NNFP PG NGFS NGMS ACNFP
중에서 지파 아셀 일만 이 천 명이며 중에 지파 납달리 일만 이

5505 1537 5443 3128 1427 5505
χιλιάς ἐκ φυλή Μανασσῆς δώδεκα χιλιάς
χιλιάδες, ἐκ φυλῆς Μανασσῆ δώδεκα χιλιάδες,
NNFP PG NGFS NGMS ACNFP NNFP
천 명이고 중에 지파 므낫세 일만 이 천 명이며

아셀 지파 중에 일만 이천 명이며 납달리 지파 중에 일만 이천 명이고 므낫세 지파 중에 일만 이천 명이며

1537 5443 4826 1427 5505 1537 5443 3017 1427
ἐκ φυλή Συμεών δώδεκα χιλιάς ἐκ φυλή Λευί δώδεκα
7:7 ἐκ φυλῆς Συμεὼν δώδεκα χιλιάδες, ἐκ φυλῆς Λευὶ δώδεκα
PG NGFS NGMS ACNFP NNFP PG NGFS NGMS ACNFP
중에 지파 시므온 일만 이 천 명이고 중에 지파 레위 일만 이

5505	1537	5443	2466	1427	5505
χιλιάς	ἐκ	φυλή	Ἰσσαχάρ	δώδεκα	χιλιάς
χιλιάδες,	ἐκ	φυλῆς	Ἰσσαχὰρ	δώδεκα	χιλιάδες,
NNFP	PG	NGFS	NGMS	ACNFP	NNFP
천 명이며	중에	지파	잇사갈	일만이	천 명이고

시므온 지파 중에 일만 이천 명이고 레위 지파 중에 일만 이천 명이며 잇사갈 지파 중에 일만 이천 명이고

7:8

1537	5443	2194	1427	5505	1537	5443	2501
ἐκ	φυλή	Ζαβουλών	δώδεκα	χιλιάς	ἐκ	φυλή	Ἰωσήφ
ἐκ	φυλῆς	Ζαβουλὼν	δώδεκα	χιλιάδες,	ἐκ	φυλῆς	Ἰωσὴφ
PG	NGFS	NGMS	ACNFP	NNFP	PG	NGFS	NGMS
중에서	지파	스불론	일만 이	천 명이며	중에	지파	요셉

1427	5505	1537	5443	958	1427	5505
δώδεκα	χιλιάς	ἐκ	φυλή	Βενιαμίν	δώδεκα	χιλιάς
δώδεκα	χιλιάδες,	ἐκ	φυλῆς	Βενιαμὶν	δώδεκα	χιλιάδες
ACNFP	NNFP	PG	NGFS	NGMS	ACNFP	NNFP
일만 이	천 명이고	중에	지파	베냐민	일만 이	천 명입니다

4972
σφραγίζω
ἐσφραγισμένοι.
VPRPNMP
인 맞아진 자들의 수가

스불론 지파 중에 일만 이천 명이며 요셉 지파 중에 일만 이천 명이고 베냐민 지파 중에 인 맞은 자들의 수가 일만 이천 명입니다.

7:9

3326	3778	1492	2532	2400	3793	4183	3739	705
μετά	οὗτος	εἰδῶ	καί	ἰδού	ὄχλος	πολύς	ὅς	ἀριθμέω
Μετὰ	ταῦτα	εἶδον,	καὶ	ἰδοὺ	ὄχλος	πολύς,	ὃν	ἀριθμῆσαι
PA	APDANP	VIAA1S	CC	QS	NNMS	ANMS	APRAMS	VNAA
후에	이일들	내가 보니	그리고	보라	무리가	많은	그를	셀 수가

846	3762	1410	1537	3956	1484	2532	5443	2532
αὐτός	οὐδείς	δύναμαι	ἐκ	πᾶς	ἔθνος	καί	φυλή	καί
αὐτὸν	οὐδεὶς	ἐδύνατο,	ἐκ	παντὸς	ἔθνους	καὶ	φυλῶν	καὶ
NPAM3S	APCNMS	VIIN3S	PG	AGNS	NGNS	CC	NGFP	CC
그 사람을	어떤사람도없는	수가	부터	모든	민족에서	그리고	족속들과	그리고

2992	2532	1100	2476	1799	3588	2362	2532	1799
λαός	καί	γλῶσσα	ἵστημι	ἐνώπιον	ὁ	θρόνος	καί	ἐνώπιον
λαῶν	καὶ	γλωσσῶν	ἑστῶτες	ἐνώπιον	τοῦ	θρόνου	καὶ	ἐνώπιον
NGMP	CC	NGFP	VPRANMP	PG	DGMS	NGMS	CC	PG
백성들과	그리고	방언들이	서서	앞에	그	하나님의 보좌	그리고	앞에

3588	721	4016	4749	3022	2532	5404
ὁ	ἀρνίον	περιβάλλω	στολή	λευκός	καί	φοῖνιξ
τοῦ	ἀρνίου	περιβεβλημένους	στολὰς	λευκὰς	καὶ	φοίνικες
DGNS	NGNS	VPRMAMP	NAFP	AAFP	CC	NNMP
그	어린양	입고	옷을	흰	그리고	종려나무 가지들을

1722	3588	5495	846
ἐν	ὁ	χείρ	αὐτός
ἐν	ταῖς	χερσὶν	αὐτῶν,
PD	DDFP	NDFP	NPGM3P
들고	그	손에	그들의

이 일들 후에 보라 내가 보니 누구도 그들을 셀 수가 없는 많은 무리가 모든 민족에서부터 족속들과 백성들과 방언들이 흰옷을 입고 그들의 손에 종려나무 가지들을 들고 하나님의 보좌 앞에 또 어린 양 앞에 서서

	2532	2896	5456	3173	3004	3588	4991	3588	2316
	καί	κράζω	φωνή	μέγας	λέγω	ὁ	σωτηρία	ὁ	θεός
7:10	καὶ	κράζουσιν	φωνῇ	μεγάλῃ	λέγοντες,	Ἡ	σωτηρία	τῷ	θεῷ
	CC	VIPA3P	NDFS	ADFS	VPPANMP	DNFS	NNFS	DDMS	NDMS
	그리고	그들이 외쳐	음성으로	큰	하고 말하고 있습니다	그	구원이	그	하나님과

1473	3588	2521	1909	3588	2362	2532	3588	721
ἐγώ	ὁ	κάθημαι	ἐπί	ὁ	θρόνος	καί	ὁ	ἀρνίον
ἡμῶν	τῷ	καθημένῳ	ἐπὶ	τῷ	θρόνῳ	καὶ	τῷ	ἀρνίῳ.
NPG1P	DDMS	VPPNDMS	PD	DDMS	NDMS	CC	DDNS	NDNS
우리의	그	앉아계시는	위에	그	보좌	그리고	있다	어린양에게

그들이 큰 음성으로 외쳐 우리의 구원이 보좌위에 앉아 계시는 하나님과 어린 양에게 있다 하고 말하고 있습니다

	2532	3956	3588	32	2476	2945	3588	2362	2532
	καί	πᾶς	ὁ	ἄγγελος	ἵστημι	κύκλῳ	ὁ	θρόνος	καί
7:11	καὶ	πάντες	οἱ	ἄγγελοι	εἱστήκεισαν	κύκλῳ	τοῦ	θρόνου	καὶ
	CC	ANMP	DNMP	NNMP	VILA3P	PG	DGMS	NGMS	CC
	그리고	모든	그	사자들이	서 있었으며	주위에	그	보좌의	그리고

3588	4245	2532	3588	5064	2226	2532	4098	1799
ὁ	πρεσβύτερος	καί	ὁ	τέσσαρες	ζῷον	καί	πίπτω	ἐνώπιον
τῶν	πρεσβυτέρων	καὶ	τῶν	τεσσάρων	ζῴων	καὶ	ἔπεσαν	ἐνώπιον
DGMP	APGMP	CC	DGNP	ACGNP	NGNP	CC	VIAA3P	PG
그	장로들과	그리고	그	네	선지자들이	그리고	엎드려	앞에

3588	2362	1909	3588	4383	846	2532	4352	3588	2316
ὁ	θρόνος	ἐπί	ὁ	πρόσωπον	αὐτός	καί	προσκυνέω	ὁ	θεός
τοῦ	θρόνου	ἐπὶ	τὰ	πρόσωπα	αὐτῶν	καὶ	προσεκύνησαν	τῷ	θεῷ
DGMS	NGMS	PA	DANP	NANP	NPGM3P	CC	VIAA3P	DDMS	NDMS
그	하나님의 보좌	숙이고	그	얼굴을	그들의	그리고	예배를 드리고	그	하나님에게

모든 사자들이 보좌 주위에 서 있었으며 장로들과 네 선지자들이 하나님의 보좌 앞에 엎드려 그들의 얼굴을 숙이고 하나님에게 예배를 드렸으며

	3004	281	3588	2129	2532	3588	1391	2532	3588	4678	2532
	λέγω	ἀμήν	ὁ	εὐλογία	καί	ὁ	δόξα	καί	ὁ	σοφία	καί
7:12	λέγοντες,	'Αμήν,	ἡ	εὐλογία	καὶ	ἡ	δόξα	καὶ	ἡ	σοφία	καὶ
	VPPANMP	QS	DNFS	NNFS	CC	DNFS	NNFS	CC	DNFS	NNFS	CC
	말하고 있습니다	아멘하고	그	생명의 말씀과	또	그	영광이	또	그	지혜와	또

3588	2169	2532	3588	5092	2532	3588	1411	2532	3588	2479	3588
ὁ	εὐχαριστία	καί	ὁ	τιμή	καί	ὁ	δύναμις	καί	ὁ	ἰσχύς	ὁ
ἡ	εὐχαριστία	καὶ	ἡ	τιμὴ	καὶ	ἡ	δύναμις	καὶ	ἡ	ἰσχὺς	τῷ
DNFS	NNFS	CC	DNFS	NNFS	CC	DNFS	NNFS	CC	DNFS	NNFS	DDMS
그	감사가	또	그	존귀와	또	그	능력과	또	그	힘이	그

2316	1473	1519	3588	165	3588	165	281
θεός	ἐγώ	εἰς	ὁ	αἰών	ὁ	αἰών	ἀμήν
θεῷ	ἡμῶν	εἰς	τοὺς	αἰῶνας	τῶν	αἰώνων·	ἀμήν.
NDMS	NPG1P	PA	DAMP	NAMP	DGMP	NGMP	QS
하나님에게	우리의	히	그	영원	히	세세토록 있습니다	아멘

그들이 아멘하고 생명의 말씀과 영광이 또 지혜와 감사가 또 존귀와 능력과 힘이 영원히 세세토록 우리의 하나님에게 있으니 아멘하고 말하고 있습니다

	2532	611	1520	1537	3588	4245	3004	1473	3778	3588
	καί	ἀποκρίνομαι	εἷς	ἐκ	ὁ	πρεσβύτερος	λέγω	ἐγώ	οὗτος	ὁ
7:13	Καὶ	ἀπεκρίθη	εἷς	ἐκ	τῶν	πρεσβυτέρων	λέγων	μοι,	Οὗτοι	οἱ
	CC	VIAO3S	APCNMS	PG	DGMP	APGMP	VPPANMS	NPD1S	APDNMP	DNMP
	그런데	대답하여	한사람이	중에	그	장로들	말하고있습니다	나에게	사람들이	그

4016	3588	4749	3588	3022	5101	1510	2532
περιβάλλω	ὁ	στολή	ὁ	λευκός	τίς	εἰμί	καί
περιβεβλημένοι	τὰς	στολὰς	τὰς	λευκὰς	τίνες	εἰσὶν	καὶ
VPRMNMP	DAFP	NAFP	DAFP	AAFP	APTNMP	VIPA3P	CC
입은	그	옷을	이	흰	누구	이며	그리고

4159	2064
πόθεν	ἔρχομαι
πόθεν	ἦλθον
ABT	VIAA3P
어디서	왔느냐

그런데 장로중의 한사람이 나에게 대답하여 흰옷을 입은 사람들이 누구이며 어디서 왔느냐 하고 말하고 있습니다.

	2532	4483	846	2962	1473	4771	1492	2532	4483	1473	3778
	καί	ῥέω	αὐτός	κύριος	ἐγώ	σύ	εἰδῶ	καί	ῥέω	ἐγώ	οὗτος
7:14	καὶ	εἴρηκα	αὐτῷ,	Κύριέ	μου,	σὺ	οἶδας.	καὶ	εἶπέν	μοι,	Οὗτοί
	CH	VIRA1S	NPDM3S	NVMS	NPG1S	NPN2S	VIRA2S	CH	VIAA3S	NPD1S	APDNMP
	그래서	내가 말하니	그에게	주여	나의	당신이	알 것입니다	그러자	말했습니다	나에게	이 사람들

1510	3588	2064	1537	3588	2347	3588	3173	2532
εἰμί	ὁ	ἔρχομαι	ἐκ	ὁ	θλῖψις	ὁ	μέγας	καί
εἰσιν	οἱ	ἐρχόμενοι	ἐκ	τῆς	θλίψεως	τῆς	μεγάλης	καὶ
VIPA3P	DNMP	VPPNNMP	PG	DGFS	NGFS	DGFS	AGFS	CC
인데	그	오고 있는 자들이	부터	그	고난에서	그	큰	그런데

4150	3588	4749	846	2532	3021	846	1722	3588
πλύνω	ὁ	στολή	αὐτός	καί	λευκαίνω	αὐτός	ἐν	ὁ
ἔπλυναν	τὰς	στολὰς	αὐτῶν	καὶ	ἐλεύκαναν	αὐτὰς	ἐν	τῷ
VIAA3P	DAFP	NAFP	NPGM3P	CC	VIAA3P	NPAF3P	PD	DDNS
씻어서	그	옷을	자신들의	그리고	옷을 희게 하였다	그들의	로	그

129	3588	721
αἷμα	ὁ	ἀρνίον
αἵματι	τοῦ	ἀρνίου.
NDNS	DGNS	NGNS
피로 씻어서	그	어린양의

내가 그에게 나의 주여 당신이 알 것입니다 하고 말하니 그러자 그가 나에게 큰 고난에서부터 오고 있는 자들이 이 사람들인데 자신들의 옷을 어린양의 피로 씻어 그들의 옷을 희게 하였다 하고 나에게 말했습니다

7:15

1223	3778	1510	1799	3588	2362	3588	2316	2532
διά	οὗτος	εἰμί	ἐνώπιον	ὁ	θρόνος	ὁ	θεός	καί
διὰ	τοῦτό	εἰσιν	ἐνώπιον	τοῦ	θρόνου	τοῦ	θεοῦ	καὶ
PA	APDANS	VIPA3P	PG	DGMS	NGMS	DGMS	NGMS	CC
때문에	이것	그들이 있고	앞에	그	보좌	그	하나님의	그리고

3000	846	2250	2532	3571	1722	3588	3485	846	2532
λατρεύω	αὐτός	ἡμέρα	καί	νύξ	ἐν	ὁ	ναός	αὐτός	καί
λατρεύουσιν	αὐτῷ	ἡμέρας	καὶ	νυκτὸς	ἐν	τῷ	ναῷ	αὐτοῦ,	καὶ
VIPA3P	NPDM3S	NGFS	CC	NGFS	PD	DDMS	NDMS	NPGM3S	CC
그들이 섬기며	하나님을	낮과	그리고	밤으로	안에서	그	성전	하나님의	그리고

3588	2521	1909	3588	2362	4637	1909	846
ὁ	κάθημαι	ἐπί	ὁ	θρόνος	σκηνόω	ἐπί	αὐτός
ὁ	καθήμενος	ἐπὶ	τοῦ	θρόνου	σκηνώσει	ἐπ’	αὐτούς.
DNMS	VPPNNMS	PG	DGMS	NGMS	VIFA3S	PA	NPAM3P
그	앉아계시는 이가	위에	그	보좌	거처를만들어줄것이다	위에	그들에게

이것 때문에 그들이 하나님의 보좌 앞에 있고 하나님의 성전 안에서 낮과 밤으로 그들이 하나님을 섬기며 보좌위에 앉아 계시는 이가 그들에게 거처를 만들어 줄 것이다

7:16

3756	3983	2089	3761	1372	2089	3761	3361	4098	1909
οὐ	πεινάω	ἔτι	οὐδέ	διψάω	ἔτι	οὐδέ	μή	πίπτω	ἐπί
οὐ	πεινάσουσιν	ἔτι	οὐδὲ	διψήσουσιν	ἔτι	οὐδὲ	μὴ	πέσῃ	ἐπ’
QN	VIFA3P	AB	CC	VIFA3P	AB	CC	QN	VSAA3S	PA
아니	그들이 주리지할 것이며	다시는	아니	목마르지 할 것이며	다시는	아니할	결코	넘어지게것이다	에게

846 3588 2246 3761 3956 2738
αὐτός ὁ ἥλιος οὐδέ πᾶς καῦμα
αὐτοὺς ὁ ἥλιος οὐδὲ πᾶν καῦμα,
NPAM3P DNMS NNMS CC ANNS NNNS
그들에게 그 해가 않는다 모든 불로 태우지

그들이 다시는 주리지 아니 할 것이며 다시는 목마르지 아니할 것이며 그들을 결코 넘어지게 아니할 것이며 해가 모든 불로 태우지 않는다

3754 3588 721 3588 303 3319 3588 2362 4165 846
ὅτι ὁ ἀρνίον ὁ ἀνά μέσος ὁ θρόνος ποιμαίνω αὐτός
7:17 ὅτι τὸ ἀρνίον τὸ ἀνὰ μέσον τοῦ θρόνου ποιμανεῖ αὐτοὺς
CS DNNS NNNS DNNS PA APANS DGMS NGMS VIFA3S NPAM3P
때문에 그 어린양이 그 있는 가운데 그 보좌의 목자가 될 것이며 그들에게

2532 3594 846 1909 2222 4077 5204 2532 1813
καί ὁδηγέω αὐτός ἐπί ζωή πηγή ὕδωρ καί ἐξαλείφω
καὶ ὁδηγήσει αὐτοὺς ἐπὶ ζωῆς πηγὰς ὑδάτων, καὶ ἐξαλείψει
CC VIFA3S NPAM3P PA NGFS NAFP NGNP CC VIFA3S
그리고 인도할 것이기 그들을 으로 생명 샘으로 수의 그리고 그가씻어줄것이다

3588 2316 3956 1144 1537 3588 3788 846
ὁ θεός πᾶς δάκρυ ἐκ ὁ ὀφθαλμός αὐτός
ὁ θεὸς πᾶν δάκρυον ἐκ τῶν ὀφθαλμῶν αὐτῶν.
DNMS NNMS AANS NANS PG DGMP NGMP NPGM3P
그 하나님이 모든 눈물을 부터 그 눈에서 그들의

보좌의 가운데 있는 어린양이 그들에게 목자가 될 것이며 그들을 생명수의 샘으로 인도하기 때문에 하나님이 그들의 눈에서부터 모든 눈물을 씻어 줄 것이다

2532 3752 455 3588 4973 3588 1442 1096 4602
καί ὅταν ἀνοίγω ὁ σφραγίς ὁ ἕβδομος γίνομαι σιγή
8:1 Καὶ ὅταν ἤνοιξεν τὴν σφραγῖδα τὴν ἑβδόμην, ἐγένετο σιγὴ
CC CS VIAA3S DAFS NAFS DAFS AOAFS VIAD3S NNFS
그리고 때에 열었을 그 봉인을 그 일곱째 되었습니다 고요하게

1722 3588 3772 5613 2256
ἐν ὁ οὐρανός ὡς ἡμιώριον
ἐν τῷ οὐρανῷ ὡς ἡμιώριον.
PD DDMS NDMS AB NANS
안에서 그 하늘 쯤 반시간

일곱째 인을 열었을 때에 하늘 안에서 반시간 쯤 고요하게 되었습니다

2532 1492 3588 2033 32 3739 1799 3588 2316
καί εἶδῶ ὁ ἑπτά ἄγγελος ὅς ἐνώπιον ὁ θεός
8:2 καὶ εἶδον τοὺς ἑπτὰ ἀγγέλους οἵ ἐνώπιον τοῦ θεοῦ
CC VIAA1S DAMP ACAMP NAMP APRNMP PG DGMS NGMS
그리고 내가 보니 그 일곱 사자들을 그들이 앞에서 그 하나님

2476	2532	1325	846	2033	4536
ἵστημι	καί	δίδωμι	αὐτός	ἑπτά	σάλπιγξ
ἑστήκασιν,	καὶ	ἐδόθησαν	αὐτοῖς	ἑπτὰ	σάλπιγγες.
VIRA3P	CC	VIAP3P	NPDM3P	ACNFP	NNFP
서있는	그리고	주어졌으며	그들에게	일곱	나팔들이

하나님 앞에 서 있는 일곱 사자들을 내가 보니 그들에게 일곱 나팔이 주어졌으며

8:3

2532	243	32	2064	2532	2476	1909	3588	2379
καί	ἄλλος	ἄγγελος	ἔρχομαι	καί	ἵστημι	ἐπί	ὁ	θυσιαστήριον
Καὶ	ἄλλος	ἄγγελος	ἦλθεν	καὶ	ἐστάθη	ἐπὶ	τοῦ	θυσιαστηρίου
CC	ANMS	NNMS	VIAA3S	CC	VIAP3S	PG	DGNS	NGNS
그리고	다른	사자가	와서	그리고	세워놓고	위에	그	제단

2192	3031	5552	2532	1325	846	2368	4183
ἔχω	λιβανωτός	χρύσεος	καί	δίδωμι	αὐτός	θυμίαμα	πολύς
ἔχων	λιβανωτὸν	χρυσοῦν,	καὶ	ἐδόθη	αὐτῷ	θυμιάματα	πολλά,
VPPANMS	NAMS	AAMS	CC	VIAP3S	NPDM3S	NNNP	ANNP
가지고	향로를	금	그리고	주어 졌으며	그사자에게	향이	많은

2443	1325	3588	4335	3588	40	3956	1909	3588
ἵνα	δίδωμι	ὁ	προσευχή	ὁ	ἅγιος	πᾶς	ἐπί	ὁ
ἵνα	δώσει	ταῖς	προσευχαῖς	τῶν	ἁγίων	πάντων	ἐπὶ	τὸ
CS	VIFA3S	DDFP	NDFP	DGMP	APGMP	AGMP	PA	DANS
위하여	드리기	그	기도한 것들을	그	성도들의	모든	위에	그

2379	3588	5552	3588	1799	3588	2362
θυσιαστήριον	ὁ	χρύσεος	ὁ	ἐνώπιον	ὁ	θρόνος
θυσιαστήριον	τὸ	χρυσοῦν	τὸ	ἐνώπιον	τοῦ	θρόνου.
NANS	DANS	AANS	DANS	PG	DGMS	NGMS
제단	그	금	그	앞에서	그	보좌

금향로를 가지고 있는 다른 사자가 와서 제단 위에 세워 놓고 보좌 앞의 금 제단 위에 모든 성도들의 기도한 것들을 드리기 위하여 그 사자에게 많은 향이 주어졌으며

8:4

2532	305	3588	2586	3588	2368	3588	4335
καί	ἀναβαίνω	ὁ	καπνός	ὁ	θυμίαμα	ὁ	προσευχή
καὶ	ἀνέβη	ὁ	καπνὸς	τῶν	θυμιαμάτων	ταῖς	προσευχαῖς
CH	VIAA3S	DNMS	NNMS	DGNP	NGNP	DDFP	NDFP
그리고	올라갔습니다	그	연기가	그	향의	그	기도를 드린 것들인

3588	40	1537	5495	3588	32	1799	3588	2316
ὁ	ἅγιος	ἐκ	χείρ	ὁ	ἄγγελος	ἐνώπιον	ὁ	θεός
τῶν	ἁγίων	ἐκ	χειρὸς	τοῦ	ἀγγέλου	ἐνώπιον	τοῦ	θεοῦ.
DGMP	APGMP	PG	NGFS	DGMS	NGMS	PG	DGMS	NGMS
그	성도들의	부터	손에서	그	사자의	앞으로	그	하나님

사자의 손에서부터 성도들이 기도한 것들의 향의 연기가 하나님 앞으로 올라갔습니다

2532 2983 3588 32 3588 3031 2532 1072 846
καί λαμβάνω ὁ ἄγγελος ὁ λιβανωτός καί γεμίζω αὐτός
8:5 **καὶ εἴληφεν ὁ ἄγγελος τὸν λιβανωτὸν καὶ ἐγέμισεν αὐτὸν**
CC VIRA3S DNMS NNMS DAMS NAMS CC VIAA3S NPAM3S
그리고 가지고 그 사자가 그 향로를 그리고 담아다가 그것을

1537 3588 4442 3588 2379 2532 906 1519 3588 1093 2532
ἐκ ὁ πῦρ ὁ θυσιαστήριον καί βάλλω εἰς ὁ γῆ καί
ἐκ τοῦ πυρὸς τοῦ θυσιαστηρίου καὶ ἔβαλεν εἰς τὴν γῆν, καὶ
PG DGNS NGNS DGNS NGNS CC VIAA3S PA DAFS NAFS CH
부터 그 불에서 그 제단 위에 그리고 쏟으니 에 그 땅에 그러므로

1096 1027 2532 5456 2532 796 2532 4578
γίνομαι βροντή καί φωνή καί ἀστραπή καί σεισμός
ἐγένοντο βρονταὶ καὶ φωναὶ καὶ ἀστραπαὶ καὶ σεισμός.
VIAD3P NNFP CC NNFP CC NNFP CC NNMS
되었습니다 우레들이된자들과 그리고 음성이된자들과 그리고 번개들이 된 자들과 그리고 지진이

사자가 향로를 가지고 제단 위의 불에서부터 그것을 담아다가 땅에 쏟으니 우레들이 된 자들과 음성이 된 자들과 번개들이 된 자들과 지진이 되었습니다

2532 3588 2033 32 3588 2192 3588 2033 4536
καί ὁ ἑπτά ἄγγελος ὁ ἔχω ὁ ἑπτά σάλπιγξ
8:6 **Καὶ οἱ ἑπτὰ ἄγγελοι οἱ ἔχοντες τὰς ἑπτὰ σάλπιγγας**
CC DNMP ACNMP NNMP DNMP VPPANMP DAFP ACAFP NAFP
그리고 그 일곱 사자들이 그 가지고 있는 그 일곱 나팔을

2090 846 2443 4537
ἑτοιμάζω αὐτός ἵνα σαλπίζω
ἡτοίμασαν αὐτοὺς ἵνα σαλπίσωσιν.
VIAA3P NPAM3P CS VSAA3P
준비하였으며 자기 자신들을 위하여 나팔을 불기

일곱 나팔을 가지고 있는 일곱 사자들이 나팔을 불기 위하여 자기 자신들을 준비하였으며

2532 3588 4413 4537 2532 1096 5464 2532 4442
καί ὁ πρῶτος σαλπίζω καί γίνομαι χάλαζα καί πῦρ
8:7 **Καὶ ὁ πρῶτος ἐσάλπισεν· καὶ ἐγένετο χάλαζα καὶ πῦρ**
CC DNMS APONMS VIAA3S CH VIAD3S NNFS CC NNNS
그리고 그 첫째 사자가 나팔을 불었더니 그러므로 되어 우박과 그리고 불이

3396 1722 129 2532 906 1519 3588 1093 2532 3588 5154
μίγνυμι ἐν αἷμα καί βάλλω εἰς ὁ γῆ καί ὁ τρίτος
μεμιγμένα ἐν αἵματι καὶ ἐβλήθη εἰς τὴν γῆν, καὶ τὸ τρίτον
VPRPNNP PD NDNS CC VIAP3S PA DAFS NAFS CH DNNS APONNS
섞여진 로 피 그리고 쏟아지게되었으며 에 그 땅에 그래서 그 세 번째로

3588 1093 2618 2532 3588 5154 3588 1186 2618 2532 3956
ὁ γῆ κατακαίω καί ὁ τρίτος ὁ δένδρον κατακαίω καί πᾶς
τῆς γῆς κατεκάη καὶ τὸ τρίτον τῶν δένδρων κατεκάη καὶ πᾶς
DGFS NGFS VIAP3S CC DNNS APONNS DGNP NGNP VIAP3S CC ANMS
그 땅이 태워졌고 또 그 세 번째로 그 나무들이 태워졌으며 그리고 모든

5528 5515 2618
χόρτος χλωρός κατακαίω
χόρτος χλωρὸς κατεκάη.
NNMS ANMS VIAP3S
풀이 푸른 태워지게 되었습니다

첫째 사자가 나팔을 불었더니 피로 섞여진 우박과 불이 되어 땅에 쏟아지게 되었으며 땅이 세 번째로 태워졌고 나무들이 세 번째로 태워졌으며 그리고 모든 푸른 풀이 태워지게 되었습니다.

2532 3588 1208 32 4537 2532 5613 3735 3173
καί ὁ δεύτερος ἄγγελος σαλπίζω καί ὡς ὄρος μέγας
8:8 Καὶ ὁ δεύτερος ἄγγελος ἐσάλπισεν· καὶ ὡς ὄρος μέγα
CC DNMS AONMS NNMS VIAA3S CH CS NNNS ANNS
그리고 그 두 번째 사자가 나팔을 불었더니 그러자 같은 산과 자가 큰

4442 2545 906 1519 3588 2281 2532 1096 3588
πῦρ καίω βάλλω εἰς ὁ θάλασσα καί γίνομαι ὁ
πυρὶ καιόμενον ἐβλήθη εἰς τὴν θάλασσαν, καὶ ἐγένετο τὸ
NDNS VPPPNNS VIAP3S PA DAFS NAFS CH VIAD3S DNNS
불에 타고 있는 던져졌고 에 그 바다 그리고 되었습니다 그

5154 3588 2281 129
τρίτος ὁ θάλασσα αἷμα
τρίτον τῆς θαλάσσης αἷμα
APONNS DGFS NGFS NNNS
세 번째로 그 바다의 피가

두 번째 사자가 나팔을 불었더니 그러자 불에 타고 있는 큰 산과 같은 자가 거짓선지자인 바다에 던져졌고 세 번째로 거짓선지자인 바다의 피가 되었습니다

2532 599 3588 5154 3588 2938 3588 1722 3588 2281
καί ἀποθνήσκω ὁ τρίτος ὁ κτίσμα ὁ ἐν ὁ θάλασσα
8:9 καὶ ἀπέθανεν τὸ τρίτον τῶν κτισμάτων τῶν ἐν τῇ θαλάσσῃ
CH VIAA3S DNNS APONNS DGNP NGNP DGNP PD DDFS NDFS
그리고 생명이 없어졌으며 그 세 번째로 그 창조한 피조물들의 그 안에서 그 바다

3588 2192 5590 2532 3588 5154 3588 4143 1311
ὁ ἔχω ψυχή καί ὁ τρίτος ὁ πλοῖον διαφθείρω
τὰ ἔχοντα ψυχὰς καὶ τὸ τρίτον τῶν πλοίων διεφθάρησαν.
DNNP VPPANNP NAFP CC DNNS APONNS DGNP NGNP VIAP3P
그 가지고 있는 영혼들을 그리고 그 세 번째로 그 배들이 멸망이 되었습니다

거짓선지자인 바다 안에서 영혼들을 가지고 있는 하나님이 창조한 피조물들의 생명이 세 번째로 없어졌으며 바다 안에 있는 배들이 세 번째로 멸망이 되었습니다

2532 3588 5154 32 4537 2532 4098 1537 3588
καί ὁ τρίτος ἄγγελος σαλπίζω καί πίπτω ἐκ ὁ
8:10 Καὶ ὁ τρίτος ἄγγελος ἐσάλπισεν· καὶ ἔπεσεν ἐκ τοῦ
CC DNMS AONMS NNMS VIAA3S CH VIAA3S PG DGMS
그리고 그 셋째 사자가 나팔을 불었더니 그리고 떨어져 에서 그

3772	792	3173	2545	5613	2985	2532	4098	1909
οὐρανός	ἀστήρ	μέγας	καίω	ὡς	λαμπάς	καί	πίπτω	ἐπί
οὐρανοῦ	ἀστὴρ	μέγας	καιόμενος	ὡς	λαμπὰς	καὶ	ἔπεσεν	ἐπὶ
NGMS	NNMS	ANMS	VPPPNMS	CS	NNFS	CC	VIAA3S	PA
하늘	별이	큰	불에 타고 있는	같이	등불	그리고	떨어졌으며	위에

3588	5154	3588	4215	2532	1909	3588	4077	3588	5204
ὁ	τρίτος	ὁ	ποταμός	καί	ἐπί	ὁ	πηγή	ὁ	ὕδωρ
τὸ	τρίτον	τῶν	ποταμῶν	καὶ	ἐπὶ	τὰς	πηγὰς	τῶν	ὑδάτων,
DANS	APOANS	DGMP	NGMP	CC	PA	DAFP	NAFP	DGNP	NGNP
그	세 번째로	그	강들과	그리고	위에	그	샘들	그	물들의

셋째 사자가 나팔을 불었더니 등불같이 불에 타고 있는 큰 별이 하늘에서부터 떨어져 세 번째로 강들과 물들의 샘 위에 떨어졌으며

8:11

2532	3588	3686	3588	792	3004	3588	894	2532
καί	ὁ	ὄνομα	ὁ	ἀστήρ	λέγω	ὁ	Ἄψινθος	καί
καὶ	τὸ	ὄνομα	τοῦ	ἀστέρος	λέγεται	ὁ	Ἄψινθος,	καὶ
CS	DNNS	NNNS	DGMS	NGMS	VIPP3S	DNMS	NNMS	CH
그리고	그	이름이	그	별의	하고 있으며	그	쓴 쑥	그리고

1096	3588	5154	3588	5204	1519	894	2532	4183	3588
γίνομαι	ὁ	τρίτος	ὁ	ὕδωρ	εἰς	Ἄψινθος	καί	πολύς	ὁ
ἐγένετο	τὸ	τρίτον	τῶν	ὑδάτων	εἰς	ἄψινθον	καὶ	πολλοὶ	τῶν
VIAD3S	DNNS	APONNS	DGNP	NGNP	PA	NAFS	CH	APNMP	DGMP
되어	그	세 번째로	그	물들이	으로	쓴 쑥	그리고	많은	그

444	599	1537	3588	5204	3754	4087
ἄνθρωπος	ἀποθνῄσκω	ἐκ	ὁ	ὕδωρ	ὅτι	πικραίνω
ἀνθρώπων	ἀπέθανον	ἐκ	τῶν	ὑδάτων	ὅτι	ἐπικράνθησαν.
NGMP	VIAA3P	PG	DGNP	NGNP	CS	VIAP3P
사람들의	생명이없어졌습니다	부터	그	물들에서	때문에	쓴물들이 되었기

그 별의 이름이 쓴 쑥이라고 하고 있으며 물들이 세 번째로 쓴 쑥으로 되어 쓴물이 되었기 때문에 그 물들에서부터 많은 사람들의 생명이 없어졌습니다

8:12

2532	3588	5067	32	4537	2532	4141	3588
καί	ὁ	τέταρτος	ἄγγελος	σαλπίζω	καί	πλήσσω	ὁ
Καὶ	ὁ	τέταρτος	ἄγγελος	ἐσάλπισεν·	καὶ	ἐπλήγη	τὸ
CC	DNMS	AONMS	NNMS	VIAA3S	CH	VIAP3S	DNNS
그리고	그	넷째	사자가	나팔을 불었더니	그러자	타격을 받아져	그

5154	3588	2246	2532	3588	5154	3588	4582	2532	3588	5154
τρίτος	ὁ	ἥλιος	καί	ὁ	τρίτος	ὁ	σελήνη	καί	ὁ	τρίτος
τρίτον	τοῦ	ἡλίου	καὶ	τὸ	τρίτον	τῆς	σελήνης	καὶ	τὸ	τρίτον
APONNS	DGMS	NGMS	CC	DNNS	APONNS	DGFS	NGFS	CC	DNNS	APONNS
세 번째로	그	해가	그리고	그	세 번째로	그	달이	그리고	그	세 번째로

3588	792	2443	4654	3588	5154	846	2532	3588	2250
ὁ	ἀστήρ	ἵνα	σκοτίζω	ὁ	τρίτος	αὐτός	καί	ὁ	ἡμέρα
τῶν	ἀστέρων,	ἵνα	σκοτισθῇ	τὸ	τρίτον	αὐτῶν	καὶ	ἡ	ἡμέρα
DGMP	NGMP	CS	VSAP3S	DNNS	APONNS	NPGM3P	CC	DNFS	NNFS
그	별들이	때문에	어두움이 되었기	그	세 번째로	그 자신들에게	그래서	그	낮에도

3361	5316	3588	5154	846	2532	3588	3571	3668
μή	φαίνω	ὁ	τρίτος	αὐτός	καί	ὁ	νύξ	ὁμοίως
μὴ	φάνῃ	τὸ	τρίτον	αὐτῆς	καὶ	ἡ	νὺξ	ὁμοίως.
QN	VSAA3S	DNNS	APONNS	NPGF3S	CC	DNFS	NNFS	AB
못하였고	빛이 내지	그	세 번째로	자신의	그리고	그	밤에도	그와같이되었습니다

넷째 사자가 나팔을 불었더니 그러자 해가 세 번째로 달이 세 번째로 그리고 별들이 세 번째로 타격을 받아져 그 자신들에게 세 번째로 어두움이 되었기 때문에 낮에도 세 번째로 자신의 빛을 내지 못하였고 역시 밤에도 그와 같이 되었습니다

8:13

2532	1492	2532	191	1520	105	4072	1722
καί	εἰδῶ	καί	ἀκούω	εἷς	ἀετός	πέτομαι	ἐν
Καὶ	εἶδον,	καὶ	ἤκουσα	ἑνὸς	ἀετοῦ	πετομένου	ἐν
CC	VIAA1S	CC	VIAA1S	ACGMS	NGMS	VPPNGMS	PD
그래서	내가 보니	그리고	내가 들었습니다	한	독수리의	날아가고 있는	안에서

3321	3004	5456	3173	3759	3759	3759	3588
μεσουράνημα	λέγω	φωνή	μέγας	οὐαί	οὐαί	οὐαί	ὁ
μεσουρανήματι	λέγοντος	φωνῇ	μεγάλῃ,	Οὐαὶ	οὐαὶ	οὐαὶ	τοὺς
NDNS	VPPAGMS	NDFS	ADFS	QS	QS	QS	DAMP
하늘	말하고 있는 것을	음성으로	큰	화가 있다	화가 있다	화가 있다	자들에게

2730	1909	3588	1093	1537	3588	3062	5456	3588
κατοικέω	ἐπί	ὁ	γῆ	ἐκ	ὁ	λοιποί	φωνή	ὁ
κατοικοῦντας	ἐπὶ	τῆς	γῆς	ἐκ	τῶν	λοιπῶν	φωνῶν	τῆς
VPPAAMP	PG	DGFS	NGFS	PG	DGFP	AGFP	NGFP	DGFS
거하고 있는	위에	그	땅	으로	그	다른	음성	그

4536	3588	5140	32	3588	3195	4537
σάλπιγξ	ὁ	τρεῖς	ἄγγελος	ὁ	μέλλω	σαλπίζω
σάλπιγγος	τῶν	τριῶν	ἀγγέλων	τῶν	μελλόντων	σαλπίζειν.
NGFS	DGMP	ACGMP	NGMP	DGMP	VPPAGMP	VNPA
나팔을	그	세	사자들의	그	있어야 하기 때문에	불고

내가 보니 세 사자들의 다른 음성으로 나팔을 불고 있어야 하기 때문에 땅위에 거하고 있는 자들에게 화가 있다 화가 있다 화가 있다 하고 하늘 안에서 날아가고 있는 한 독수리의 큰 음성으로 말하고 있는 내가 들었습니다

9:1

2532	3588	3991	32	4537	2532	1492	792	1537
καί	ὁ	πέμπτος	ἄγγελος	σαλπίζω	καί	εἰδῶ	ἀστήρ	ἐκ
Καὶ	ὁ	πέμπτος	ἄγγελος	ἐσάλπισεν·	καὶ	εἶδον	ἀστέρα	ἐκ
CC	DNMS	AONMS	NNMS	VIAA3S	CH	VIAA1S	NAMS	PG
그리고	그	다섯째	사자가	나팔을 불었더니	그래서	내가 보니	별 하나를	부터

3588	3772	4098	1519	3588	1093	2532	1325	846	3588
ὁ	οὐρανός	πίπτω	εἰς	ὁ	γῆ	καί	δίδωμι	αὐτός	ὁ
τοῦ	οὐρανοῦ	πεπτωκότα	εἰς	τὴν	γῆν,	καὶ	ἐδόθη	αὐτῷ	ἡ
DGMS	NGMS	VPRAAMS	PA	DAFS	NAFS	CC	VIAP3S	NPDM3S	DNFS
그	하늘에서	떨어진	으로	그	땅	그리고	주어졌으며	그에게	그

2807	3588	5421	3588	12
κλείς	ὁ	φρέαρ	ὁ	ἄβυσσος
κλεὶς	τοῦ	φρέατος	τῆς	ἀβύσσου
NNFS	DGNS	NGNS	DGFS	NGFS
자물쇠가	그	갱의	그	무저

다섯째 사자가 나팔을 불었더니 하늘에서부터 땅으로 떨어진 별 하나를 내가 보니 그에게 무저갱의 자물쇠가 주어졌으며

9:2

2532	455	3588	5421	3588	12	2532	305	2586	1537	3588
καί	ἀνοίγω	ὁ	φρέαρ	ὁ	ἄβυσσος	καί	ἀναβαίνω	καπνός	ἐκ	ὁ
καὶ	ἤνοιξεν	τὸ	φρέαρ	τῆς	ἀβύσσου,	καὶ	ἀνέβη	καπνὸς	ἐκ	τοῦ
CC	VIAA3S	DANS	NANS	DGFS	NGFS	CH	VIAA3S	NNMS	PG	DGNS
그리고	그가 열었더니	그	갱	그	무저	그러자	올라 왔으며	연기가	부터	그

5421	5613	2586	2575	3173	2532	4656	3588	2246
φρέαρ	ὡς	καπνός	κάμινος	μέγας	καί	σκοτόω	ὁ	ἥλιος
φρέατος	ὡς	καπνὸς	καμίνου	μεγάλης,	καὶ	ἐσκοτώθη	ὁ	ἥλιος
NGNS	CS	NNMS	NGFS	AGFS	CH	VIAP3S	DNMS	NNMS
갱에서	같은	연기와	아궁이	큰	그리고	어두워지게되었으며	그	해가

2532	3588	109	1537	3588	2586	3588	5421
καί	ὁ	ἀήρ	ἐκ	ὁ	καπνός	ὁ	φρέαρ
καὶ	ὁ	ἀὴρ	ἐκ	τοῦ	καπνοῦ	τοῦ	φρέατος.
CC	DNMS	NNMS	PG	DGMS	NGMS	DGNS	NGNS
그리고	그	공중이	부터	그	연기로	그	갱의

그가 무저갱을 열었더니 큰 아궁의 연기와 같은 연기가 갱에서부터 올라왔으며 갱의 연기로부터 해와 공중이 어두워지게 되었으며

9:3

2532	1537	3588	2586	1831	200	1519	3588	1093	2532	1325
καί	ἐκ	ὁ	καπνός	ἐξέρχομαι	ἀκρίς	εἰς	ὁ	γῆ	καί	δίδωμι
καὶ	ἐκ	τοῦ	καπνοῦ	ἐξῆλθον	ἀκρίδες	εἰς	τὴν	γῆν,	καὶ	ἐδόθη
CC	PG	DGMS	NGMS	VIAA3P	NNFP	PA	DAFS	NAFS	CC	VIAP3S
그러자	부터	그	연기에서	나갔으며	메뚜기들이	으로	그	땅	그리고	주어졌습니다

846	1849	5613	2192	1849	3588	4651	3588	1093
αὐτός	ἐξουσία	ὡς	ἔχω	ἐξουσία	ὁ	σκορπίος	ὁ	γῆ
αὐταῖς	ἐξουσία	ὡς	ἔχουσιν	ἐξουσίαν	οἱ	σκορπίοι	τῆς	γῆς.
NPDF3P	NNFS	CS	VIPA3P	NAFS	DNMP	NNMP	DGFS	NGFS
메뚜기들에게	권세가	같이	가지고 있는 것	권세를	그	전갈들이	그	땅의

그러자 그 연기에서부터 메뚜기들이 땅으로 나갔으며 땅의 전갈들이 권세를 가지고 있는 것같이 메뚜기들에게 권세가 주어졌습니다

9:4

2532	4483	846	2443	3361	91	3588	5528	3588	1093
καί	ῥέω	αὐτός	ἵνα	μή	ἀδικέω	ὁ	χόρτος	ὁ	γῆ
καὶ	ἐρρέθη	αὐταῖς	ἵνα	μὴ	ἀδικήσουσιν	τὸν	χόρτον	τῆς	γῆς
CC	VIAP3S	NPDF3P	CC	QN	VIFA3P	DAMS	NAMS	DGFS	NGFS
그러나	말씀되었습니다	그들에게	것이	말	불의하게 하지	그	풀과	그	땅의

3761	3956	5515	3761	3956	1186	1487	3361	3588	444
οὐδέ	πᾶς	χλωρός	οὐδέ	πᾶς	δένδρον	εἰ	μή	ὁ	ἄνθρωπος
οὐδὲ	πᾶν	χλωρὸν	οὐδὲ	πᾶν	δένδρον,	εἰ	μὴ	τοὺς	ἀνθρώπους
CC	AANS	APANS	CC	AANS	NANS	CS	QN	DAMP	NAMP
또	모든	푸른 것과	또	모든	나무를	만일	아니면	그	사람들을

3748	3756	2192	3588	4973	3588	2316	1909	3588	3359
ὅστις	οὐ	ἔχω	ὁ	σφραγίς	ὁ	θεός	ἐπί	ὁ	μέτωπον
οἵτινες	οὐκ	ἔχουσι	τὴν	σφραγῖδα	τοῦ	θεοῦ	ἐπὶ	τῶν	μετώπων.
APRNMP	QN	VIPA3P	DAFS	NAFS	DGMS	NGMS	PG	DGNP	NGNP
그들이	아니한	가지고 있지	그	인을	그	하나님의	위에	그	이마

그러나 땅의 풀과 모든 푸른 것이 아니고 모든 나무가 아니고 자신들의 이마 위에 하나님의 인을 가지고 있지 아니한 사람들이 아니면 불의하게 하지 말 것이 그들에게 말씀되었습니다.

9:5

2532	1325	846	2443	3361	615	846	235	2443
καί	δίδωμι	αὐτός	ἵνα	μή	ἀποκτείνω	αὐτός	ἀλλά	ἵνα
καὶ	ἐδόθη	αὐτοῖς	ἵνα	μὴ	ἀποκτείνωσιν	αὐτούς,	ἀλλ'	ἵνα
CC	VIAP3S	NPDM3P	CC	QN	VSAA3P	NPAM3P	CH	CC
그리고	주어졌으며	그들에게	것이	못하게	죽이지 하는	그 사람들을	오히려	것이

928	3376	4002	2532	3588	929	846
βασανίζω	μήν	πέντε	καί	ὁ	βασανισμός	αὐτός
βασανισθήσονται	μῆνας	πέντε,	καὶ	ὁ	βασανισμὸς	αὐτῶν
VIFP3P	NAMP	ACAMP	CS	DNMS	NNMS	NPGF3P
고통이 당하게 될	달을	다섯	그리고	그	고통은	그들의

5613	929	4651	3752	3817	444
ὡς	βασανισμός	σκορπίος	ὅταν	παίω	ἄνθρωπος
ὡς	βασανισμὸς	σκορπίου	ὅταν	παίσῃ	ἄνθρωπον.
CS	NNMS	NGMS	CS	VSAA3S	NAMS
같습니다	고통과	전갈이	때의	쏠	사람을

사람들을 죽이지 못하게 하는 것이 그들에게 주어졌으며 오히려 다섯 달을 고통이 당하게 될 것이 그들에게 주어졌고 그들의 고통은 전갈이 사람을 쏠 때의 고통과 같습니다

9:6

2532	1722	3588	2250	1565	2212	3588	444	3588
καί	ἐν	ὁ	ἡμέρα	ἐκεῖνος	ζητέω	ὁ	ἄνθρωπος	ὁ
καὶ	ἐν	ταῖς	ἡμέραις	ἐκείναις	ζητήσουσιν	οἱ	ἄνθρωποι	τὸν
CC	PD	DDFP	NDFP	ADDFP	VIFA3P	DNMP	NNMP	DAMS
그리고	있는	그	날들 안에	그	구하게 되더라도	그	사람들이	그

2288	2532	3756	3361	2147	846	2532	1937
θάνατος	καί	οὐ	μή	εὑρίσκω	αὐτός	καί	ἐπιθυμέω
θάνατον	καὶ	οὐ	μὴ	εὑρήσουσιν	αὐτόν,	καὶ	ἐπιθυμήσουσιν
NAMS	CH	QN	QN	VIFA3P	NPAM3S	CC	VIFA3P
사망을	그러나	결코	못	찾지 할 것이며	사망을	그리고	그들이 원할 지라도

599	2532	5343	3588	2288	575	846
ἀποθνῄσκω	καί	φεύγω	ὁ	θάνατος	ἀπό	αὐτός
ἀποθανεῖν	καὶ	φεύγει	ὁ	θάνατος	ἀπ’	αὐτῶν.
VNAA	CH	VIPA3S	DNMS	NNMS	PG	NPGM3P
죽은 자들이 되기를	그러나	도망을가고습니다	그	사망이	부터	그들로

그러나 그 날들 안에 있는 사람들이 사망을 구하게 되더라고 결코 사망을 찾지 못할 것이며 그들이 생명을 가지고 있지 않는 죽은 자들이 되기를 원할 지라고 사망이 그들로부터 도망을 가고 있습니다

9:7

2532	3588	3667	3588	200	3664	2462	2090
καί	ὁ	ὁμοίωμα	ὁ	ἀκρίς	ὅμοιος	ἵππος	ἑτοιμάζω
Καὶ	τὰ	ὁμοιώματα	τῶν	ἀκρίδων	ὅμοια	ἵπποις	ἡτοιμασμένοις
CC	DNNP	NNNP	DGFP	NGFP	ANNP	NDMP	VPRPDMP
그리고	그	모양은	그	메뚜기들의	같고	말들과	준비 되어진

1519	4171	2532	1909	3588	2776	846	5613	4735	3664
εἰς	πόλεμος	καί	ἐπί	ὁ	κεφαλή	αὐτός	ὡς	Στέφανος	ὅμοιος
εἰς	πόλεμον,	καὶ	ἐπὶ	τὰς	κεφαλὰς	αὐτῶν	ὡς	στέφανοι	ὅμοιοι
PA	NAMS	CC	PA	DAFP	NAFP	NPGF3P	CS	NNMP	ANMP
위해	싸움을 하기	그리고	위에는	그	머리	그들의	같은것이	면류관들과 있고	같은

5557	2532	3588	4383	846	5613	4383	444
χρυσός	καί	ὁ	πρόσωπον	αὐτός	ὡς	πρόσωπον	ἄνθρωπος
χρυσῷ,	καὶ	τὰ	πρόσωπα	αὐτῶν	ὡς	πρόσωπα	ἀνθρώπων,
NDMS	CC	DNNP	NNNP	NPGF3P	CS	NNNP	NGMP
금과	그리고	그	얼굴은	그들의	같으며	얼굴과	사람들의

메뚜기들의 모양은 싸움을 하기 위해 준비되어진 말들과 같고 그들의 머리 위에는 금 면류관들과 같은 것이 있고 그들의 얼굴은 사람들의 얼굴과 같으며

9:8

2532	2192	2359	5613	2359	1135	2532	3588	3599	846
καί	ἔχω	θρίξ	ὡς	θρίξ	γυνή	καί	ὁ	ὀδούς	αὐτός
καὶ	εἶχον	τρίχας	ὡς	τρίχας	γυναικῶν,	καὶ	οἱ	ὀδόντες	αὐτῶν
CC	VIIA3P	NAFP	CS	NAFP	NGFP	CC	DNMP	NNMP	NPGF3P
그리고	그들이가지고있고	머리털을	같은	머리털	여자들의	그리고	그	이빨들은	그들의

5613	3023	1510
ὡς	λέων	εἰμί
ὡς	λεόντων	ἦσαν,
CS	NGMP	VIIA3P
같은	사자들과 이빨들을	그들이 가지고 있고

그들이 여자들의 머리털 같은 머리털을 가지고 있고 그들의 이빨은 사자들과 같은 이빨을 그들이 가지고 있고

9:9

2532	2192	2382	5613	2382	4603	2532	3588	5456	3588
καί	ἔχω	θώραξ	ὡς	θώραξ	σιδήρεος	καί	ὁ	φωνή	ὁ
καὶ	εἶχον	θώρακας	ὡς	θώρακας	σιδηροῦς,	καὶ	ἡ	φωνὴ	τῶν
CC	VIIA3P	NAMP	CS	NAMP	AAMP	CC	DNFS	NNFS	DGFP
그리고	그들은가지고있고	가슴들을	같은	가슴들과	철의	그리고	그	음성은	그

4420	846	5613	5456	716	2462	4183
πτέρυξ	αὐτός	ὡς	φωνή	ἅρμα	ἵππος	πολύς
πτερύγων	αὐτῶν	ὡς	φωνὴ	ἁρμάτων	ἵππων	πολλῶν
NGFP	NPGF3P	CS	NNFS	NGNP	NGMP	AGMP
날개들 된 자들의	그들의	같으며	소리와	병거들의	말들이	많은

5143	1519	4171
τρέχω	εἰς	πόλεμος
τρεχόντων	εἰς	πόλεμον,
VPPAGMP	PA	NAMS
달려가고 있는	위하여	싸움을 하기

그들은 철의 가슴과 같은 가슴을 가지고 있고 그들의 날개 된 자들의 음성은 많은 말들이 싸움을 하기 위하여 달려가고 있는 병거들의 소리와 같으며

	2532	2192	3769	3664	4651	2532	2759	2532	1722
	καί	ἔχω	οὐρά	ὅμοιος	σκορπίος	καί	κέντρον	καί	ἐν
9:10	καὶ	ἔχουσιν	οὐρὰς	ὁμοίας	σκορπίοις	καὶ	κέντρα,	καὶ	ἐν
	CC	VIPA3P	NAFP	AAFP	NDMP	CC	NANP	CC	PD
	그리고	그들이가지고있고	꼬리들을	같이	전갈들과	그리고	쏘는	그래서	안에

3588	3769	846	3588	1849	846	91	3588
ὁ	οὐρά	αὐτός	ὁ	ἐξουσία	αὐτός	ἀδικέω	ὁ
ταῖς	οὐραῖς	αὐτῶν	ἡ	ἐξουσία	αὐτῶν	ἀδικῆσαι	τοὺς
DDFP	NDFP	NPGF3P	DNFS	NNFS	NPGF3P	VNAA	DAMP
그	꼬리들	그들의	그	권세가	그들의	불의하게 하며	그

444	3376	4002
ἄνθρωπος	μήν	πέντε
ἀνθρώπους	μῆνας	πέντε,
NAMP	NAMP	ACAMP
사람들을	달을	다섯

그들이 전갈들과 같이 쏘는 꼬리들을 가지고 있고 그들의 꼬리들 안에 그들의 권세가 사람들을 다섯 달을 불의하게 하며

	2192	1909	846	935	3588	32	3588	12
	ἔχω	ἐπί	αὐτός	βασιλεύς	ὁ	ἄγγελος	ὁ	ἄβυσσος
9:11	ἔχουσιν	ἐπ'	αὐτῶν	βασιλέα	τὸν	ἄγγελον	τῆς	ἀβύσσου,
	VIPA3P	PG	NPGF3P	NAMS	DAMS	NAMS	DGFS	NGFS
	가지고있습니다	위	그들	왕을	그	사자인	그	무저갱의

3686	846	1447	3	2532	1722	3588	1673	3686
ὄνομα	αὐτός	Ἑβραϊστί	'Αβαδδών	καί	ἐν	ὁ	Ἑλληνικός	ὄνομα
ὄνομα	αὐτῷ	Ἑβραϊστὶ	'Αβαδδών,	καὶ	ἐν	τῇ	Ἑλληνικῇ	ὄνομα
NNNS	NPDM3S	AB	NNMS	CC	PD	DDFS	APDFS	NANS
이름이	그에게	히브리어로	아바돈이며	그리고	로는	그	헬라어	이름을

2192 623
ἔχω Ἀπολλύων
ἔχει Ἀπολλύων.
VIPA3S NNMS
가지고있다 아볼루온이란

그들 위에 무저갱의 사자인 왕을 가지고 있으니 그에게 이름이 히브리어로 아바돈이며 헬라어로는 아볼루온이란 이름을 가지고 있습니다

3588 3759 3588 1520 565 2400 2064 2089 1417 3759 3326 3778
ὁ οὐαί ὁ εἷς ἀπέρχομαι ἰδού ἔρχομαι ἔτι δύο οὐαί μετά οὗτος
9:12 Ἡ οὐαὶ ἡ μία ἀπῆλθεν· ἰδοὺ ἔρχεται ἔτι δύο οὐαὶ μετὰ ταῦτα.
DNFS QS DNFS ACNFS VIAA3S QS VIPN3S AB ACNFP QS PA APDANP
그 화는 그 첫째 지나갔고 보라 오고 있다 아직 두개의 화가 후에 이일들

첫째 화는 지나갔고 보라 이 일들 후에 아직도 두개의 화가 오고 있다

2532 3588 1623 32 4537 2532 191 5456 1520
καί ὁ ἕκτος ἄγγελος σαλπίζω καί ἀκούω φωνή εἷς
9:13 Καὶ ὁ ἕκτος ἄγγελος ἐσάλπισεν· καὶ ἤκουσα φωνὴν μίαν
CC DNMS AONMS NNMS VIAA3S CH VIAA1S NAFS ACAFS
그리고 그 여섯째 사자가 나팔을 불었고 그래서 내가 들으니 음성을 한

1537 3588 5064 2768 3588 2379 3588 5552 3588
ἐκ ὁ τέσσαρες κέρας ὁ θυσιαστήριον ὁ χρύσεος ὁ
ἐκ τῶν τεσσάρων κεράτων τοῦ θυσιαστηρίου τοῦ χρυσοῦ τοῦ
PG DGNP ACGNP NGNP DGNS NGNS DGNS AGNS DGNS
부터 그 네 명의 뿔이 된 자들로 그 제단의 그 금 그

1799 3588 2316
ἐνώπιον ὁ θεός
ἐνώπιον τοῦ θεοῦ,
PG DGMS NGMS
앞에 있는 그 하나님의

여섯째 사자가 나팔을 불었고 하나님의 앞에 있는 금제단의 네 명의 뿔들이 된 자들로부터 한 음성을 내가 들으니

3004 3588 1623 32 3588 2192 3588 4536 3089
λέγω ὁ ἕκτος ἄγγελος ὁ ἔχω ὁ σάλπιγξ λύω
9:14 λέγοντα τῷ ἕκτῳ ἀγγέλῳ, ὁ ἔχων τὴν σάλπιγγα, Λῦσον
VPPAAMS DDMS AODMS NDMS DNMS VPPANMS DAFS NAFS VMAA2S
말씀하고있습니다 그 여섯째 사자에게 그 가지고 있는 그 나팔을 너는풀어주어라

3588 5064 32 3588 1210 1909 3588 4215
ὁ τέσσαρες ἄγγελος ὁ δέω ἐπί ὁ ποταμός
τοὺς τέσσαρας ἀγγέλους τοὺς δεδεμένους ἐπὶ τῷ ποταμῷ
DAMP ACAMP NAMP DAMP VPRPAMP PD DDMS NDMS
그 네 사자들을 그 결박을 당한 에게 그 강

3588	3173	2166
ὁ	μέγας	Εὐφράτης
τῷ	μεγάλῳ	Εὐφράτῃ.
DDMS	ADMS	NDMS
그	큰	유브라데

나팔을 가지고 있는 여섯째 사자에게 너는 유프라데 큰 강에게 결박을 당한 네 사자들을 너는 풀어 주어라 하고 말씀하고 있습니다

	2532	3089	3588	5064	32	3588	2090	1519	3588
	καί	λύω	ὁ	τέσσαρες	ἄγγελος	ὁ	ἑτοιμάζω	εἰς	ὁ
9:15	καὶ	ἐλύθησαν	οἱ	τέσσαρες	ἄγγελοι	οἱ	ἡτοιμασμένοι	εἰς	τὴν
	CH	VIAP3P	DNMP	ACNMP	NNMP	DNMP	VPRPNMP	PA	DAFS
	그러자	그들이풀러났습니다	그	네	사자들이	그	예비 되어진	위하여	그

5610	2532	2250	2532	3376	2532	1763	2443	615
ὥρα	καί	ἡμέρα	καί	μήν	καί	ἐνιαυτός	ἵνα	ἀποκτείνω
ὥραν	καὶ	ἡμέραν	καὶ	μῆνα	καὶ	ἐνιαυτόν,	ἵνα	ἀποκτείνωσιν
NAFS	CC	NAFS	CC	NAMS	CC	NAMS	CS	VSAA3P
시간과	그리고	날과	그리고	월과	그	년을	위하여	그들이 생명이 없어지도록하기

3588	5154	3588	444
ὁ	τρίτος	ὁ	ἄνθρωπος
τὸ	τρίτον	τῶν	ἀνθρώπων.
DANS	APOANS	DGMP	NGMP
그	세 번째로	그	사람들을

그러자 사람들을 세 번째로 생명이 없어지도록 하기 위하여 이미 시간과 날과 그리고 월과 년이 예비 되어진 네 사자들이 풀러났습니다

	2532	3588	706	3588	4753	3588	2461	1417	3461
	καί	ὁ	ἀριθμός	ὁ	στράτευμα	ὁ	ἱππικον	δύο	μυριάς
9:16	καὶ	ὁ	ἀριθμὸς	τῶν	στρατευμάτων	τοῦ	ἱππικοῦ	δύο	μυριάδων,
	CS	DNMS	NNMS	DGNP	NGNP	DGNS	APGNS	NNFP	NGFP
	그리고	그	수가	그	대들의	그	기병	이	만 명이라고

191	3588	706	846
ἀκούω	ὁ	ἀριθμός	αὐτός
ἤκουσα	τὸν	ἀριθμὸν	αὐτῶν.
VIAA1S	DAMS	NAMS	NPGN3P
내가 들었습니다	그	수를	그들의

내가 기병대의 수가 이만 명이라고 그들의 그 수를 들었습니다

	2532	3779	1492	3588	2462	1722	3588	3706	2532	3588
	καί	οὕτω	εἰδῶ	ὁ	ἵππος	ἐν	ὁ	ὅρασις	καί	ὁ
9:17	καὶ	οὕτως	εἶδον	τοὺς	ἵππους	ἐν	τῇ	ὁράσει	καὶ	τοὺς
	CC	AB	VIAA1S	DAMP	NAMP	PD	DDFS	NDFS	CC	DAMP
	그리고	이와 같은	내가 보니	그	말들을	안에서	그	환상으로	그런데	그

2521	1909	846	2192	2382	4447	2532
κάθημαι	ἐπί	αὐτός	ἔχω	θώραξ	πύρινος	καί
καθημένους	**ἐπ'**	**αὐτῶν,**	**ἔχοντας**	**θώρακας**	**πυρίνους**	**καὶ**
VPPNAMP	PG	NPGM3P	VPPAAMP	NAMP	AAMP	CC
타고 있는 자들을	위에	그말	가지고 있고	가슴들을	불같은	그리고

5191	2532	2306	2532	3588	2776	3588	2462	5613
ὑακίνθινος	καί	θειώδης	καί	ὁ	κεφαλή	ὁ	ἵππος	ὡς
ὑακινθίνους	**καὶ**	**θειώδεις,**	**καὶ**	**αἱ**	**κεφαλαὶ**	**τῶν**	**ἵππων**	**ὡς**
AAMP	CC	AAMP	CC	DNFP	NNFP	DGMP	NGMP	CS
자주색 같은	그리고	유황 같은	그리고	그	머리는	그	말들의	같으며

2776	3023	2532	1537	3588	4750	846	1607
κεφαλή	λέων	καί	ἐκ	ὁ	στόμα	αὐτός	ἐκπορεύομαι
κεφαλαὶ	**λεόντων,**	**καὶ**	**ἐκ**	**τῶν**	**στομάτων**	**αὐτῶν**	**ἐκπορεύεται**
NNFP	NGMP	CC	PG	DGNP	NGNP	NPGM3P	VIPN3S
머리와	사자들의	그리고	부터	그	입에서	그 말들의	나오고 있습니다

4442	2532	2586	2532	2303
πῦρ	καί	καπνός	καί	θεῖον
πῦρ	**καὶ**	**καπνὸς**	**καὶ**	**θεῖον.**
NNNS	CC	NNMS	CC	NNNS
불과	그리고	연기와	그리고	유황이

내가 환상으로 이와 같은 말들을 보니 그런데 그 말위에 타고 있는 자들은 불같은 또 자주색 같은 또 유황 같은 가슴들을 가지고 있고 말들의 머리는 사자들의 머리와 같으며 말들의 입에서부터 불과 연기와 유황이 나오고 있습니다

9:18

575	3588	5140	4127	3778	615	3588	5154	3588
ἀπό	ὁ	τρεῖς	πληγή	οὗτος	ἀποκτείνω	ὁ	τρίτος	ὁ
ἀπὸ	**τῶν**	**τριῶν**	**πληγῶν**	**τούτων**	**ἀπεκτάνθησαν**	**τὸ**	**τρίτον**	**τῶν**
PG	DGFP	ACGFP	NGFP	ADGFP	VIAP3P	DNNS	APONNS	DGMP
인하여	그	세	재앙으로	이	생명이 없어지게 되었습니다	그	세 번째로	그

444	1537	3588	4442	2532	3588	2586	2532	3588	2303	3588
ἄνθρωπος	ἐκ	ὁ	πῦρ	καί	ὁ	καπνός	καί	ὁ	θεῖον	ὁ
ἀνθρώπων,	**ἐκ**	**τοῦ**	**πυρὸς**	**καὶ**	**τοῦ**	**καπνοῦ**	**καὶ**	**τοῦ**	**θείου**	**τοῦ**
NGMP	PG	DGNS	NGNS	CC	DGMS	NGMS	CC	DGNS	NGNS	DGNS
사람들의	부터	그	불과	그리고	그	연기와	그리고	그	유황으로	그

1607	1537	3588	4750	846
ἐκπορεύομαι	ἐκ	ὁ	στόμα	αὐτός
ἐκπορευομένου	**ἐκ**	**τῶν**	**στομάτων**	**αὐτῶν.**
VPPNGNS	PG	DGNP	NGNP	NPGM3P
나오고 있는	부터	그	입에서	그 말들의

말들의 입에서 나오고 있는 불과 연기와 유황으로부터 이 세 재앙으로 인하여 세 번째로 사람들의 생명이 없어지게 되었습니다

9:19

3588	1063	1849	3588	2462	1722	3588	4750	846	1510	2532
ὁ	γάρ	ἐξουσία	ὁ	ἵππος	ἐν	ὁ	στόμα	αὐτός	εἰμί	καί
ἡ	**γὰρ**	**ἐξουσία**	**τῶν**	**ἵππων**	**ἐν**	**τῷ**	**στόματι**	**αὐτῶν**	**ἐστιν**	**καὶ**
DNFS	CS	NNFS	DGMP	NGMP	PD	DDNS	NDNS	NPGM3P	VIPA3S	CC
그	왜냐하면	권세가	그	말들의	안에	그	입	그들의	있고	그리고

1722	3588	3769	846	3588	1063	3769	846	3664
ἐν	ὁ	οὐρά	αὐτός	ὁ	γάρ	οὐρά	αὐτός	ὅμοιος
ἐν	ταῖς	οὐραῖς	αὐτῶν,	αἱ	γὰρ	οὐραὶ	αὐτῶν	ὅμοιαι
PD	DDFP	NDFP	NPGM3P	DNFP	CS	NNFP	NPGM3P	ANFP
있는데	그	꼬리들 안에도	그들의	그	왜냐하면	꼬리도	그 말들의	같이

3789	2192	2776	2532	1722	846	91
ὄφις	ἔχω	κεφαλή	καί	ἐν	αὐτός	ἀδικέω
ὄφεσιν,	ἔχουσαι	κεφαλὰς	καὶ	ἐν	αὐταῖς	ἀδικοῦσιν.
NDMP	VPPANFP	NAFP	CC	PD	NPDF3P	VIPA3P
뱀과	가지고 있어	머리를	그리고	안에	그것들로	불의한일을하고있습니다

왜냐하면 말들의 권세가 그들의 입안에 있고 그들의 꼬리 안에도 있는데 왜냐하면 말들의 꼬리도 뱀과 같이 머리를 가지고 있어 그것들로 그들이 불의한 일을 하고 있습니다

9:20

2532	3588	3062	3588	444	3739	3756	615	1722
καί	ὁ	λοιποί	ὁ	ἄνθρωπος	ὅς	οὐ	ἀποκτείνω	ἐν
Καὶ	οἱ	λοιποὶ	τῶν	ἀνθρώπων,	οἳ	οὐκ	ἀπεκτάνθησαν	ἐν
CC	DNMP	APNMP	DGMP	NGMP	APRNMP	QN	VIAP3P	PD
그리고	그	남아있는 자들이	그	사람들 중에	그	않은	생명이 없어져 죽지	안에

3588	4127	3778	3761	3340	1537	3588	2041	3588
ὁ	πληγή	οὗτος	οὐδέ	μετανοέω	ἐκ	ὁ	ἔργον	ὁ
ταῖς	πληγαῖς	ταύταις,	οὐδὲ	μετενόησαν	ἐκ	τῶν	ἔργων	τῶν
DDFP	NDFP	ADDFP	CC	VIAA3P	PG	DGNP	NGNP	DGFP
그	재앙들로	이러한	않았으며	그들이 회개하지	부터	그	행한일들에서	그

5495	846	2443	3361	4352	3588	1140	2532	3588
χείρ	αὐτός	ἵνα	μή	προσκυνέω	ὁ	δαιμόνιον	καί	ὁ
χειρῶν	αὐτῶν,	ἵνα	μὴ	προσκυνήσουσιν	τὰ	δαιμόνια	καὶ	τὰ
NGFP	NPGM3P	CH	QN	VIFA3P	DANP	NANP	CC	DANP
손으로 만들어	자신들의	위하여	않기	예배를 드리지	그	귀신들에게	그리고	그

1497	3588	5552	2532	3588	693	2532	3588	5470	2532	3588	3035
εἴδωλον	ὁ	χρύσεος	καί	ὁ	ἀργύρεος	καί	ὁ	χάλκεος	καί	ὁ	λίθινος
εἴδωλα	τὰ	χρυσᾶ	καὶ	τὰ	ἀργυρᾶ	καὶ	τὰ	χαλκᾶ	καὶ	τὰ	λίθινα
NANP	DANP	AANP	CC	DANP	AANP	CC	DANP	AANP	CC	DANP	AANP
우상들에게	그	금이나	그리고	그	은이나	그리고	그	동이나	그리고	그	돌이나

2532	3588	3585	3739	3777	991	1410	3777	191	3777
καί	ὁ	ξύλινος	ὅς	οὔτε	βλέπω	δύναμαι	οὔτε	ἀκούω	οὔτε
καὶ	τὰ	ξύλινα,	ἃ	οὔτε	βλέπειν	δύνανται	οὔτε	ἀκούειν	οὔτε
CC	DANP	AANP	APRNNP	CC	VNPA	VIPN3P	CC	VNPA	CC
그리고	그	나무로 만든	것들에게	없고	볼 수가	능력이	없는	말을들을 수 있는	또

4043
περιπατέω
περιπατεῖν,
VNPA
행할 수 있는

이러한 재앙들로 생명이 없어져 죽지 않은 사람들 중의 남아 있는 자들이 볼 수가 없고 말을 들을 수가 없고 행할 수 있는 능력이 없는 귀신들에게 또 우상들에게 또 금이나 은이나 동이나 돌이나 나무들에게 예배를 드리지 않기 위하여 자신들의 손으로 만들어 행한 그 일들에서부터 그들이 회개하지 않았으며

	2532	3756	3340	1537	3588	5408	846	3777	1537	3588
	καί	οὐ	μετανοέω	ἐκ	ὁ	φόνος	αὐτός	οὔτε	ἐκ	ὁ
9:21	καὶ	οὐ	μετενόησαν	ἐκ	τῶν	φόνων	αὐτῶν	οὔτε	ἐκ	τῶν
	CC	QN	VIAA3P	PG	DGMP	NGMP	NPGM3P	CC	PG	DGNP
	또	않았	그들이 회개하지 습니다	부터	것에서	살인하는	그 자신들이	또	부터	그

5332	846	3777	1537	3588	4202	846	3777	1537	3588
φαρμακεύς	αὐτός	οὔτε	ἐκ	ὁ	πορνεία	αὐτός	οὔτε	ἐκ	ὁ
φαρμάκων	αὐτῶν	οὔτε	ἐκ	τῆς	πορνείας	αὐτῶν	οὔτε	ἐκ	τῶν
NGNP	NPGM3P	CC	PG	DGFS	NGFS	NPGM3P	CC	PG	DGNP
사람을속이는거짓말에서	그들의	또	부터	그	간음하는 것에서	그들의	또	에서	그

2809	846
κλέμμα	αὐτός
κλεμμάτων	αὐτῶν.
NGNP	NPGM3P
도적질하는 것에서	그들의

또한 자신들의 살인하는 것에서부터 그들의 사람을 속이는 거짓말에서부터 그들의 마귀와 간음하는 것에서부터 그들의 도적질하는 것에서부터 그들이 회개하지 않았습니다

	2532	1492	243	32	2478	2597	1537	3588
	καί	εἰδῶ	ἄλλος	ἄγγελος	ἰσχυρός	καταβαίνω	ἐκ	ὁ
10:1	Καὶ	εἶδον	ἄλλον	ἄγγελον	ἰσχυρὸν	καταβαίνοντα	ἐκ	τοῦ
	CC	VIAA1S	AAMS	NAMS	AAMS	VPPAAMS	PG	DGMS
	그리고	내가 보니	다른	사자를	능력 있는	내려오고 있는	부터	그

3772	4016	3507	2532	3588	2463	1909	3588
οὐρανός	περιβάλλω	νεφέλη	καί	ὁ	ἶρις	ἐπί	ὁ
οὐρανοῦ	περιβεβλημένον	νεφέλην,	καὶ	ἡ	ἶρις	ἐπὶ	τῆς
NGMS	VPRMAMS	NAFS	CC	DNFS	NNFS	PG	DGFS
하늘에서	둘러싸여 있는	구름에	그리고	그	무지개가있고	위에는	그

2776	846	2532	3588	4383	846	5613	3588	2246	2532	3588
κεφαλή	αὐτός	καί	ὁ	πρόσωπον	αὐτός	ὡς	ὁ	ἥλιος	καί	ὁ
κεφαλῆς	αὐτοῦ	καὶ	τὸ	πρόσωπον	αὐτοῦ	ὡς	ὁ	ἥλιος	καὶ	οἱ
NGFS	NPGM3S	CC	DNNS	NNNS	NPGM3S	CS	DNMS	NNMS	CC	DNMP
머리	그의	그리고	그	얼굴은	그의	같고	그	해와	그리고	그

4228	846	5613	4769	4442
πούς	αὐτός	ὡς	στῦλος	πῦρ
πόδες	αὐτοῦ	ὡς	στῦλοι	πυρός,
NNMP	NPGM3S	CS	NNMP	NGNS
발은	그의	같으며	기둥과	불의

하늘에서부터 구름에 둘러 싸여 내려오고 있는 능력 있는 다른 사자를 내가 보니 그의 머리 위에는 무지개가 있고 그의 얼굴은 해와 같고 그의 발은 불기둥과 같으며

	2532	2192	1722	3588	5495	846	974	455	2532
	καί	ἔχω	ἐν	ὁ	χείρ	αὐτός	βιβλιαρίδιον	ἀνοίγω	καί
10:2	καὶ	ἔχων	ἐν	τῇ	χειρὶ	αὐτοῦ	βιβλαρίδιον	ἠνεῳγμένον.	καὶ
	CC	VPPANMS	PD	DDFS	NDFS	NPGM3S	NANS	VPRPANS	CC
	그리고	가지고 있고	에는	그	손	자신의	성경책을	열려져 있는	그리고

5087	3588	4228	846	3588	1188	1909	3588	2281	3588	1161
τίθημι	ὁ	πούς	αὐτός	ὁ	δεξιός	ἐπί	ὁ	θάλασσα	ὁ	δέ
ἔθηκεν	τὸν	πόδα	αὐτοῦ	τὸν	δεξιὸν	ἐπὶ	τῆς	θαλάσσης,	τὸν	δὲ
VIAA3S	DAMS	NAMS	NPGM3S	DAMS	AAMS	PG	DGFS	NGFS	DAMS	CC
밟고 있고	그	발은	그의	그	오른	위를	그	바다	그	그리고

2176	1909	3588	1093
εὐώνυμος	ἐπί	ὁ	γῆ
εὐώνυμον	ἐπὶ	τῆς	γῆς,
APAMS	PG	DGFS	NGFS
왼발은	위를	그	땅

자신의 손에는 열려진 있는 성경책을 가지고 있고 그의 오른 발은 바다 위를 왼발은 땅위를 밟고 있고

10:3

2532	2896	5456	3173	5618	3023	3455	2532	3753
καί	κράζω	φωνή	μέγας	ὥσπερ	λέων	μυκάομαι	καί	ὅτε
καὶ	ἔκραξεν	φωνῇ	μεγάλῃ	ὥσπερ	λέων	μυκᾶται.	καὶ	ὅτε
CC	VIAA3S	NDFS	ADFS	CS	NNMS	VIPN3S	CH	CS
그리고	그가 외쳤으며	음성으로	큰	같은	사자가	부르짖는 것	그러므로	때에

2896	2980	3588	2033	1027	3588	1438	\5456
κράζω	λαλέω	ὁ	ἑπτά	βροντή	ὁ	ἑαυτοῦ	φωνή
ἔκραξεν,	ἐλάλησαν	αἱ	ἑπτὰ	βρονταὶ	τὰς	ἑαυτῶν	φωνάς.
VIAA3S	VIAA3P	DNFP	ACNFP	NNFP	DAFP	NPGF3P	NAFP
그가 외칠	말했습니다.	그	일곱	우레들이된자들이	그	자신들의	음성을

그 사자가 부르짖는 것 같은 큰 음성으로 외쳤으며 그가 외칠 때에 일곱 우뢰들이 된 자들이 자신들의 음성을 말했습니다

10:4

2532	3753	2980	3588	2033	1027	3195	1125	2532
καί	ὅτε	λαλέω	ὁ	ἑπτά	βροντή	μέλλω	γράφω	καί
καὶ	ὅτε	ἐλάλησαν	αἱ	ἑπτὰ	βρονταί,	ἤμελλον	γράφειν,	καὶ
CC	CS	VIAA3P	DNFP	ACNFP	NNFP	VIIA1S	VNPA	CH
그리고	때	말을 했을	그	일곱	우레 된 자들이	내가하려고하는데	기록을	그러나

191	5456	1537	3588	3772	3004	4972	3739
ἀκούω	φωνή	ἐκ	ὁ	οὐρανός	λέγω	σφραγίζω	ὅς
ἤκουσα	φωνὴν	ἐκ	τοῦ	οὐρανοῦ	λέγουσαν,	Σφράγισον	ἃ
VIAA1S	NAFS	PG	DGMS	NGMS	VPPAAFS	VMAA2S	APRANP
내가 들으니	음성을	부터	그	하늘에서	말씀하고 있습니다	너는 인봉하라	것들을

2980	3588	2033	1027	2532	3361	846	1125
λαλέω	ὁ	ἑπτά	βροντή	καί	μή	αὐτός	γράφω
ἐλάλησαν	αἱ	ἑπτὰ	βρονταί,	καὶ	μὴ	αὐτὰ	γράψῃς.
VIAA3P	DNFP	ACNFP	NNFP	CC	QN	NPAN3P	VSAA2S
말했던	이	일곱	우레들이 된 자들이	그리고	말라	그것들을	너는 기록하지

일곱 우레 된 자들이 말을 했을 때 내가 기록을 하려고 하는데 그러나 내가 하늘에서부터 음성을 들으니 너는 이 일곱 우뢰들이 된 자들이 말했던 것들을 인봉하라 그들이 말한 것들을 너는 기록하지 말라 하고 말씀하고 있습니다

10:5

2532	3588	32	3739	1492	2476	1909	3588	2281	2532	1909
καί	ὁ	ἄγγελος	ὅς	εἰδῶ	ἵστημι	ἐπί	ὁ	θάλασσα	καί	ἐπί
Καὶ	ὁ	ἄγγελος,	ὃν	εἶδον	ἑστῶτα	ἐπὶ	τῆς	θαλάσσης	καὶ	ἐπὶ
CC	DNMS	NNMS	APRAMS	VIAA1S	VPRAAMS	PG	DGFS	NGFS	CC	PG
그리고	그	사자가	그를	내가 보니	서서	위에	그	바다	그리고	위에

3588	1093	142	3588	5495	846	3588	1188	1519	3588	3772
ὁ	γῆ	αἴρω	ὁ	χείρ	αὐτός	ὁ	δεξιός	εἰς	ὁ	οὐρανός
τῆς	γῆς,	ἦρεν	τὴν	χεῖρα	αὐτοῦ	τὴν	δεξιὰν	εἰς	τὸν	οὐρανὸν
DGFS	NGFS	VIAA3S	DAFS	NAFS	NPGM3S	DAFS	AAFS	PA	DAMS	NAMS
그	땅	들고	그	손을	자신의	그	오른	향하여	그	하늘을

내가 보니 그 사자가 바다위에 또 땅위에 서서 하늘을 향하여 자신의 오른 손을 들고

10:6

2532	3660	1722	3588	2198	1519	3588	165	3588	165	3739
καί	ὀμνύω	ἐν	ὁ	ζάω	εἰς	ὁ	αἰών	ὁ	αἰών	ὅς
καὶ	ὤμοσεν	ἐν	τῷ	ζῶντι	εἰς	τοὺς	αἰῶνας	τῶν	αἰώνων,	ὃς
CC	VIAA3S	PD	DDMS	VPPADMS	PA	DAMP	NAMP	DGMP	NGMP	APRNMS
그리고	그가명세했습니다	안에	이에게	살아 계시는	히	그	영원	그	세세토록	그분이

2936	3588	3772	2532	3588	1722	846	2532	3588	1093	2532	3588	1722
κτίζω	ὁ	οὐρανός	καί	ὁ	ἐν	αὐτός	καί	ὁ	γῆ	καί	ὁ	ἐν
ἔκτισεν	τὸν	οὐρανὸν	καὶ	τὰ	ἐν	αὐτῷ	καὶ	τὴν	γῆν	καὶ	τὰ	ἐν
VIAA3S	DAMS	NAMS	CC	DANP	PD	NPDM3S	CC	DAFS	NAFS	CC	DANP	PD
그가 창조하신	그	하늘	또	자들을	있는	하늘 안에	그리고	그	땅을	또	자들을	있는

846	2532	3588	2281	2532	3588	1722	846	3754	5550	3765
αὐτός	καί	ὁ	θάλασσα	καί	ὁ	ἐν	αὐτός	ὅτι	χρόνος	οὐκέτι
αὐτῇ	καὶ	τὴν	θάλασσαν	καὶ	τὰ	ἐν	αὐτῇ,	ὅτι	χρόνος	οὐκέτι
NPDF3S	CC	DAFS	NAFS	CC	DANP	PD	NPDF3S	CC	NNMS	AB
땅에	그리고	그	바다를	또	자들을	있는	바다 안에	것을	지체하지	않기를

1510
εἰμί
ἔσται,
VIFD3S
그가 심판할 것을

그 사자가 영원히 세세토록 살아 계시는 이에게 그분이 창조하신 하늘을 또 하늘 안에 있는 자들을 그리고 땅을 또 땅에 있는 자들을 그리고 바다를 또 바다 안에 있는 자들을 심판할 것을 지체하지 않기를 명세하였습니다.

10:7

235	1722	3588	2250	3588	5456	3588	1442	32	3752
ἀλλά	ἐν	ὁ	ἡμέρα	ὁ	φωνή	ὁ	ἕβδομος	ἄγγελος	ὅταν
ἀλλ’	ἐν	ταῖς	ἡμέραις	τῆς	φωνῆς	τοῦ	ἑβδόμου	ἀγγέλου,	ὅταν
CC	PD	DDFP	NDFP	DGFS	NGFS	DGMS	AOGMS	NGMS	ABR
그러나	안에	그	날들에	그	음성으로	그	일곱째	사자의	때에

3195	4537	2532	5055	3588	3466	3588	2316	5613
μέλλω	σαλπίζω	καί	τελέω	ὁ	μυστήριον	ὁ	θεός	ὡς
μέλλῃ	σαλπίζειν,	καὶ	ἐτελέσθη	τὸ	μυστήριον	τοῦ	θεοῦ,	ὡς
VSPA3S	VNPA	AB	VIAP3S	DNNS	NNNS	DGMS	NGMS	CS
할	나팔을 불어야	역시	이루어졌습니다	그	비밀이	그	하나님의	같이

2097 3588 1438 1401 3588 4396
εὐαγγελίζω ὁ ἑαυτοῦ δοῦλος ὁ προφήτης
εὐηγγέλισεν τοὺς ἑαυτοῦ δούλους τοὺς προφήτας.
VIAA3S DAMP NPGM3S NAMP DAMP NAMP
복음을 전했던 것과 그 자신의 종 그 선지자들에게

그러나 그날들에 일곱째 사자의 음성으로 나팔을 불어야 할 때 역시 자신의 종 선지자들에게 복음을 전했던 것과 같이 하나님의 비밀이 이루어졌습니다.

2532 3588 5456 3739 191 1537 3588 3772 3825 2980
καί ὁ φωνή ὅς ἀκούω ἐκ ὁ οὐρανός πάλιν λαλέω
10:8 Καὶ ἡ φωνὴ ἣν ἤκουσα ἐκ τοῦ οὐρανοῦ πάλιν λαλοῦσαν
CC DNFS NNFS APRAFS VIAA1S PG DGMS NGMS AB VPPAAFS
그리고 그 음성이 그것을 내가 들으니 에서 그 하늘 다시 말씀하고 있는

3326 1473 2532 3004 5217 2983 3588 975 3588
μετά ἐγώ καί λέγω ὑπάγω λαμβάνω ὁ βιβλίον ὁ
μετ' ἐμοῦ καὶ λέγουσαν, Ὕπαγε λάβε τὸ βιβλίον τὸ
PG NPG1S CC VPPAAFS VMPA2S VMAA2S DANS NANS DANS
한테 나 그리고 말씀하고 있습니다 너는 가서 너는 받아라 그 성경책을 그

455 1722 3588 5495 3588 32 3588 2476 1909 3588
ἀνοίγω ἐν ὁ χείρ ὁ ἄγγελος ὁ ἵστημι ἐπί ὁ
ἠνεῳγμένον ἐν τῇ χειρὶ τοῦ ἀγγέλου τοῦ ἑστῶτος ἐπὶ τῆς
VPRPANS PD DDFS NDFS DGMS NGMS DGMS VPRAGMS PG DGFS
열려져 있는 있는 그 손에 그 사자의 그 서있는 위와 그

2281 2532 1909 3588 1093
θάλασσα καί ἐπί ὁ γῆ
θαλάσσης καὶ ἐπὶ τῆς γῆς.
NGFS CC PG DGFS NGFS
바다 그리고 위에 그 땅

하늘에서 다시 나한테 말씀하고 있는 음성이 들리니 너는 가서 바다 위와 땅위에 서 있는 사자의 손에 있는 열려져 있는 성경책을 너는 받아라 하고 말씀하고 있습니다

2532 565 4314 3588 32 3004 846 1325 1473 3588
καί ἀπέρχομαι πρός ὁ ἄγγελος λέγω αὐτός δίδωμι ἐγώ ὁ
10:9 καὶ ἀπῆλθα πρὸς τὸν ἄγγελον λέγων αὐτῷ δοῦναί μοι τὸ
CH VIAA1S PA DAMS NAMS VPPANM1S NPDM3S VNAA NPD1S DANS
그래서 내가 가서 향하여 그 사자를 내가말하고있다 그에게 주실 것을 나에게 그

974 2532 3004 1473 2983 2532 2719 846 2532
βιβλιαρίδιον καί λέγω ἐγώ λαμβάνω καί κατεσθίω αὐτός καί
βιβλαρίδιον. καὶ λέγει μοι, Λάβε καὶ κατάφαγε αὐτό, καὶ
NANS CH VIPA3S NPD1S VMAA2S CC VMAA2S NPAN3S CC
성경책을 그러자 말하고있다 나에게 너는 받아라 그리고 너는 먹어라 책을 그러나

4087 4771 3588 2836 235 1722 3588 4750 4771 1510
πικραίνω σύ ὁ κοιλία ἀλλά ἐν ὁ στόμα σύ εἰμί
πικρανεῖ σου τὴν κοιλίαν, ἀλλ' ἐν τῷ στόματί σου ἔσται
VIFA3S NPG2S DAFS NAFS CH PD DDNS NDNS NPG2S VIFD3S
쓰게 될 것이나 너의 그 배에는 오히려 안에 그 입 너의 될 것이다

1099 5613 3192
γλυκύς ὡς μέλι
γλυκὺ ὡς μέλι.
ANNS CS NNNS
달게 같이 꿀

내가 그 사자를 향하여 가서 그에게 성경책을 나에게 주실 것을 내가 말하고 있는데 그러자 그가 나에게 너는 책을 받아먹어라 그러나 너의 배에는 쓰게 될 것이나 오히려 너의 입안에서는 꿀 같이 달게 될 것이다 하고 말씀합니다

2532 2983 3588 974 1537 3588 5495 3588 32
καί λαμβάνω ὁ βιβλαρίδιον ἐκ ὁ χείρ ὁ ἄγγελος
10:10 καὶ ἔλαβον τὸ βιβλαρίδιον ἐκ τῆς χειρὸς τοῦ ἀγγέλου
CH VIAA1S DANS NANS PG DGFS NGFS DGMS NGMS
그리고 내가 받아 그 성경책을 부터 그 손에서 그 사자의

2532 2719 846 2532 1510 1722 3588 4750 1473 5613 3192
καί κατεσθίω αὐτός καί εἰμί ἐν ὁ στόμα ἐγώ ὡς μέλι
καὶ κατέφαγον αὐτό, καὶ ἦν ἐν τῷ στόματί μου ὡς μέλι
CC VIAA1S NPAN3S CH VIIA3S PD DDNS NDNS NPG1S CS NNNS
그리고 내가 먹었더니 그 책을 그리고 있고 서는 그 입안에 나의 같이 꿀

1099 2532 3753 5315 846 4087 3588 2836 1473
γλυκύς καί ὅτε ἐσθίω αὐτός πικραίνω ὁ κοιλία ἐγώ
γλυκὺ καὶ ὅτε ἔφαγον αὐτό, ἐπικράνθη ἡ κοιλία μου.
ANNS CC CS VIAA1S NPAN3S VIAP3S DNFS NNFS NPG1S
달게 되나 그러나 후에는 먹은 그 책을 쓰게 되어습니다 그 배에는 나의

내가 사자의 손에서부터 성경책을 받아 내가 그 책을 먹었더니 나의 입안에서는 꿀같이 달게 되나 그러나 내가 그 책을 먹은 후에 나의 배에는 쓰게 되었습니다.

2532 3004 1473 1163 4771 3825 4395 1909 2992 2532
καί λέγω ἐγώ δεῖ σύ πάλιν προφητεύω ἐπί λαός καί
10:11 καὶ λέγουσίν μοι, Δεῖ σε πάλιν προφητεῦσαι ἐπὶ λαοῖς καὶ
CC VIPA3P NPD1S VIPA3S NPA2S AB VNAA PD NDMP CC
그리고 그사자가말씀하시고 나에게 반드시 너는 다시 하나님의말씀을증거해야한다 에게 백성들 그리고

1484 2532 1100 2532 935 4183
ἔθνος καί γλῶσσα καί βασιλεύς πολύς
ἔθνεσιν καὶ γλώσσαις καὶ βασιλεῦσιν πολλοῖς.
NDNP CC NDFP CC NDMP ADMP
이방인들에게 또 방언들에게 그리고 왕들에게 많은

그 사자가 나에게 너는 백성들과 이방인들에게 또 방언들에게 그리고 많은 왕들에게 반드시 하나님의 말씀을 증거 해야 한다 하고 말씀하시고

2532 1325 1473 2563 3664 4464 3004 1453 2532
καί δίδωμι ἐγώ κάλαμος ὅμοιος ῥάβδος λέγω ἐγείρω καί
11:1 Καὶ ἐδόθη μοι κάλαμος ὅμοιος ῥάβδῳ, λέγων, Ἔγειρε καὶ
CC VIAP3S NPD1S NNMS ANMS NDFS VPPANMS VMPA2S CC
그리고 그가 주며 나에게 갈대 같은 지팡이를 말하고있습니다 너는 일어나 그리고

3354	3588	3485	3588	2316	2532	3588	2379	2532	3588
μετρέω	ὁ	ναός	ὁ	θεός	καί	ὁ	θυσιαστήριον	καί	ὁ
μέτρησον	τὸν	ναὸν	τοῦ	θεοῦ	καὶ	τὸ	θυσιαστήριον	καὶ	τοὺς
VMAA2S	DAMS	NAMS	DGMS	NGMS	CC	DANS	NANS	CC	DAMP
너는 계산을 하라	그	성전과	그	하나님의	그리고	그	제단을	그리고	그

4352	1722	846
προσκυνέω	ἐν	αὐτός
προσκυνοῦντας	ἐν	αὐτῷ.
VPPAAMP	PD	NPDM3S
예배를 드리고 있는 자들을	안에서	그

나에게 갈대 같은 지팡이를 주며 너는 일어나 하나님의 성전과 제단을 그 안에서 예배를 드리고 있는 자들을 너는 계산을 하라 하고 말씀하고 있습니다

11:2

2532	3588	833	3588	1855	3588	3485	1544	1855	2532	3361
καί	ὁ	αὐλή	ὁ	ἔξωθεν	ὁ	ναός	ἐκβάλλω	ἔξωθεν	καί	μή
καὶ	τὴν	αὐλὴν	τὴν	ἔξωθεν	τοῦ	ναοῦ	ἔκβαλε	ἔξωθεν	καὶ	μὴ
CH	DAFS	NAFS	DAFS	AB	DGMS	NGMS	VMAA2S	AB	CC	QN
그러나	그	마당을	그	밖에 있는	그	성전의	너는그냥두어라	밖의	그러나	말라

846	3354	3754	1325	3588	1484	2532	3588	4172	3588
αὐτός	μετρέω	ὅτι	δίδωμι	ὁ	ἔθνος	καί	ὁ	πόλις	ὁ
αὐτὴν	μετρήσῃς,	ὅτι	ἐδόθη	τοῖς	ἔθνεσιν,	καὶ	τὴν	πόλιν	τὴν
NPAF3S	VSAA2S	CS	VIAP3S	DDNP	NDNP	CC	DAFS	NAFS	DAFS
그것을	너는 계산하지	때문에	주었기	그	이방인들에게	그래서	그	성을	그

40	3961	3376	5062	2532	1417
ἅγιος	πατέω	μήν	τεσσαράκοντα	καί	δύο
ἁγίαν	πατήσουσιν	μῆνας	τεσσεράκοντα	καὶ	δύο.
AAFS	VIFA3P	NAMP	ACAMP	CC	ACAMP
거룩한	그들이 짓밟을 것이니	달을	마흔	그리고	두

그러나 너는 성전 밖에 있는 밖의 마당을 그냥 두어라 이방인들에게 주었기 때문에 그들이 거룩한 성을 마흔 두 달이나 짓밟을 것이니 너는 그것을 계산하지 말라

11:3

2532	1325	3588	1417	3144	1473	2532	4395	2250
καί	δίδωμι	ὁ	δύο	μάρτυς	ἐγώ	καί	προφητεύω	ἡμέρα
καὶ	δώσω	τοῖς	δυσὶν	μάρτυσίν	μου	καὶ	προφητεύσουσιν	ἡμέρας
CC	VIFA1S	DDMP	ACDMP	NDMP	NPG1S	CC	VIFA3P	NAFP
그리고	내가줄것이며	그	두	증인에게	나의	그래서	그들이하나님의말씀을증거할것이다	일을

5507	1250	1835	4016	4526
χίλιοι	διακόσιοι	ἑξήκοντα	περιβάλλω	σάκκος
χιλίας	διακοσίας	ἑξήκοντα	περιβεβλημένοι	σάκκους.
ACAFP	ACAFP	ACAFP	VPRMNMP	NAMP
일천	이백	육십	입고	굵은 베옷을

나의 두 증인에게 내가 권세를 줄 것이며 그들이 굵은 베옷을 입고 일천 이백 육십일을 하나님의 말씀을 증거 할 것이다

11:4

3778	1510	3588	1417	1636	2532	3588	1417	3087	3588	1799	3588
οὗτος	εἰμί	ὁ	δύο	ἐλαία	καί	ὁ	δύο	λυχνία	ὁ	ἐνώπιον	ὁ
οὗτοί	εἰσιν	αἱ	δύο	ἐλαῖαι	καὶ	αἱ	δύο	λυχνίαι	αἱ	ἐνώπιον	τοῦ
APDNMP	VIPA3P	DNFP	ACNFP	NNFP	CC	DNFP	ACNFP	NNFP	DNFP	PG	DGMS
그 자신들은	있다	그	두	감람나무와	그리고	그	두	등경이다	그	앞에	그

2962	3588	1093	2476
κύριος	ὁ	γῆ	ἵστημι
κυρίου	τῆς	γῆς	ἑστῶτες.
NGMS	DGFS	NGFS	VPRANMP
주의	이	땅의	서있는

그 자신은 이 땅의 주의 앞에 서 있는 두 감람나무와 두 등경이다

11:5

2532	1488	5100	846	2309	91	4442	1607	1537	3588
καί	εἰ	τὶς	αὐτός	θέλω	ἀδικέω	πῦρ	ἐκπορεύομαι	ἐκ	ὁ
καὶ	εἴ	τις	αὐτοὺς	θέλει	ἀδικῆσαι	πῦρ	ἐκπορεύεται	ἐκ	τοῦ
CC	CS	APINMS	NPAM3P	VIPA3S	VNAA	NNNS	VIPN3S	PG	DGNS
그리고	만일	자는	그들에게	원하는	불의한 말을 하기를	불이	나오고 있는	부터	그

4750	846	2532	2719	3588	2190	846	2532	1488
στόμα	αὐτός	καί	κατεσθίω	ὁ	ἐχθρός	αὐτός	καί	εἰ
στόματος	αὐτῶν	καὶ	κατεσθίει	τοὺς	ἐχθροὺς	αὐτῶν·	καὶ	εἴ
NGNS	NPGM3P	CC	VIPA3S	DAMP	APAMP	NPGM3P	CC	CS
입에서	그들의	그리고	삼켜버릴 것이며	그	원수들을	그들의	그리고	만일

5100	2309	846	91	3779	1163	846	615
τὶς	θέλω	αὐτός	ἀδικέω	οὕτω	δεῖ	αὐτός	ἀποκτείνω
τις	θελήσῃ	αὐτοὺς	ἀδικῆσαι,	οὕτως	δεῖ	αὐτὸν	ἀποκτανθῆναι.
APINMS	VSAA3S	NPAM3P	VNAA	AB	VIPA3S	NPAM3S	VNAP
자는	원하는	그들에게	불의한 말을 하기를	이와 같이	반드시	그들에게	생명이 없어지게 된다

그들에게 불의한 말을 하기를 원하는 자는 그들의 입에 나오는 불이 그들의 원수들을 삼켜버릴 것이며 그들에게 불의한 말을 하기를 원하는 자는 이와 같이 반드시 그들에게 생명이 없어지게 된다

11:6

3778	2192	3588	1849	2808	3588	3772	2443	3361	5205
οὗτος	ἔχω	ὁ	ἐξουσία	κλείω	ὁ	οὐρανός	ἵνα	μή	ὑετός
οὗτοι	ἔχουσιν	τὴν	ἐξουσίαν	κλεῖσαι	τὸν	οὐρανόν,	ἵνα	μὴ	ὑετὸς
APDNMP	VIPA3P	DAFS	NAFS	VNAA	DAMS	NAMS	CH	QN	NNMS
그 자신들이	가지고 있고	그	권세를	닫을 수 있는	그	하늘을	위하여	못하게	비가

1026	3588	2250	3588	4394	846	2532	1849
βρέχω	ὁ	ἡμέρα	ὁ	προφητεία	αὐτός	καί	ἐξουσία
βρέχῃ	τὰς	ἡμέρας	τῆς	προφητείας	αὐτῶν,	καὶ	ἐξουσίαν
VSPA3S	DAFP	NAFP	DGFS	NGFS	NPGM3P	CC	NAFS
비가 오지 하기	그	날들에는	그	하나님의 말씀을 증거하는	그들의	그리고	권세를

2192	1909	3588	5204	4762	846	1519	129	2532
ἔχω	ἐπί	ὁ	ὕδωρ	στρέφω	αὐτός	εἰς	αἷμα	καί
ἔχουσιν	ἐπὶ	τῶν	ὑδάτων	στρέφειν	αὐτὰ	εἰς	αἷμα	καὶ
VIPA3P	PG	DGNP	NGNP	VNPA	NPAN3P	PA	NANS	CC
그들이가지고있다	가지고	그	물을	변하게 하여	그물을	로	피	그리고

3960 3588 1093 1722 3956 4127 3740 1437 2309
πατάσσω ὁ γῆ ἐν πᾶς πληγή ὁσάκις ἐάν θέλω
πατάξαι τὴν γῆν ἐν πάσῃ πληγῇ ὁσάκις ἐὰν θελήσωσιν.
VNAA DAFS NAFS PD ADFS NDFS CS QV VSAA3P
칠 수 있는 그 땅을 안에 여러 가지 재앙으로 어느때고 대로 그들이 원하는 대로

그 자신들이 하나님의 말씀을 증거하는 날들에는 비가 오지 못하게 하기 위하여 하늘을 닫을 수 있는 권세를 가지고 있고 물을 가지고 그 물을 피로 변하게 하여 그들이 어느 때고 원하는 대로 여러 가지 재앙으로 땅을 칠 수 있는 권세를 그들이 가지고 있다

2532 3752 5055 3588 3141 846 3588 2342 3588
καί ὅταν τελέω ὁ μαρτυρία αὐτός ὁ θηρίον ὁ
11:7 καὶ ὅταν τελέσωσιν τὴν μαρτυρίαν αὐτῶν, τὸ θηρίον τὸ
CC CS VSAA3P DAFS NAFS NPGM3P DNNS NNNS DNNS
그리고 때에 그들이 마치게 되었을 그 증거를 자신들의 그 짐승이 그

305 1537 3588 12 4160 3326 846 4171 2532
ἀναβαίνω ἐκ ὁ ἄβυσσος ποιέω μετά αὐτός πόλεμος καί
ἀναβαῖνον ἐκ τῆς ἀβύσσου ποιήσει μετ' αὐτῶν πόλεμον καὶ
VPPANNS PG DGFS NGFS VIFA3S PG NPGM3P NAMS CC
올라오고 있는 부터 그 무저갱에서 만들 것이며 함께 그들과 싸움을 그리고

3528 846 2532 615 846
νικάω αὐτός καί ἀποκτείνω αὐτός
νικήσει αὐτοὺς καὶ ἀποκτενεῖ αὐτούς.
VIFA3S NPAM3P CC VIFA3S NPAM3P
그가이길것이고 두 증인을 그리고 십자가에달아죽일것이다 두 증인을

그들이 자신들의 증거를 마치게 되었을 때에 무저갱에서부터 올라오고 있는 대제사장인 짐승이 그들과 함께 싸움을 만들 것이며 짐승이 두 증인을 이길 것이고 그리고 두 증인을 십자가에 달아 죽일 것이다

2532 3588 4430 846 1909 3588 4116 3588 4172 3588
καί ὁ πτῶμα αὐτός ἐπί ὁ πλατύς ὁ πόλις ὁ
11:8 καὶ τὸ πτῶμα αὐτῶν ἐπὶ τῆς πλατείας τῆς πόλεως τῆς
CC DNNS NNNS NPGM3P PG DGFS APGFS DGFS NGFS DGFS
그리고 그 시체가 있으며 그들의 위에 그 길 그 성의 그

3173 3748 2564 4153 4670 2532
μέγας ὅστις καλέω πνευματικῶς Σόδομα καί
μεγάλης, ἥτις καλεῖται πνευματικῶς Σόδομα καὶ
AGFS APRNFS VIPP3S AB NNNP CC
큰 그 성은 하며 영적으로 소돔과 그리고

125 3699 2532 3588 2962 846 4717
Αἴγυπτος ὅπου καί ὁ κύριος αὐτός σταυρόω
Αἴγυπτος, ὅπου καὶ ὁ κύριος αὐτῶν ἐσταυρώθη.
NNFS ABR AB DNMS NNMS NPGM3P VIAP3S
이집트라고 곳이다 또한 그 주께서 그들의 십자가에 못박혀진

그들의 시체가 큰 성의 길 위에 있으며 그 성은 영적으로 소돔과 이집트라고 하며 그들의 주께서 십자가에 못 박혀진 곳이다

2532 991 1537 3588 2992 2532 5443 2532 1100 2532
καί βλέπω ἐκ ὁ λαός καί φυλή καί γλῶσσα καί
11:9 καὶ βλέπουσιν ἐκ τῶν λαῶν καὶ φυλῶν καὶ γλωσσῶν καὶ
CC VIPA3P PG DGMP NGMP CC NGFP CC NGFP CC
그리고 구경을 하고 있지만 에게 그 백성들과 그리고 족속들과 그리고 방언들과 그리고

1484 3588 4430 846 2250 5140 2532 2255 2532 3588
ἔθνος ὁ πτῶμα αὐτός ἡμέρα τρεῖς καί ἡμίσου καί ὁ
ἐθνῶν τὸ πτῶμα αὐτῶν ἡμέρας τρεῖς καὶ ἥμισυ καὶ τὰ
NGNP DANS NANS NPGM3P NAFP ACAFP CC APANS CC DANP
이방인들이 그 시체를 그들의 흘 사 그러나 반 동안 그러나 그

4430 846 3756 863 5087 1519 3418
πτῶμα αὐτός οὐ ἀφίημι τίθημι εἰς μνῆμα
πτώματα αὐτῶν οὐκ ἀφίουσιν τεθῆναι εἰς μνῆμα.
NANP NPGM3P QN VIPA3P VNAP PA NANS
시체들을 그들의 못하게 그들이 하고 있다 장사를 하지 에 무덤

그들의 시체를 사흘의 절반을 백성들과 족속들과 방언들과 이방인들이 구경하고 있지만 그러나 예수님을 믿고 있는 자들은 그들의 시체들을 그들이 무덤에 장사를 하지 못하게 하고 있다

2532 3588 2730 1909 3588 1093 5463 1909 846 2532
καί ὁ κατοικέω ἐπί ὁ γῆ χαίρω ἐπί αὐτός καί
11:10 καὶ οἱ κατοικοῦντες ἐπὶ τῆς γῆς χαίρουσιν ἐπ' αὐτοῖς καὶ
CC DNMP VPPANMP PG DGFS NGFS VIPA3P PD NPDM3P CC
그리고 그 거하고 있는 자들이 위에 그 땅 기뻐하고 때문에 그들을죽인것 그리고

2165 2532 1435 3992 240 3754 3778 3588
εὐφραίνω καί δῶρον πέμπω ἀλλήλων ὅτι οὗτος ὁ
εὐφραίνονται καὶ δῶρα πέμψουσιν ἀλλήλοις, ὅτι οὗτοι οἱ
VIPP3P CC NANP VIFA3P NPDM3P CS ADNMP DNMP
즐겁게 되어서 그래서 예물들을 그들이보내게될것이다 서로에게 때문에 그 자신들이 그

1417 4396 928 3588 2730 1909 3588 1093
δύο προφήτης βασανίζω ὁ κατοικέω ἐπί ὁ γῆ
δύο προφῆται ἐβασάνισαν τοὺς κατοικοῦντας ἐπὶ τῆς γῆς.
ACNMP NNMP VIAA3P DAMP VPPAAMP PG DGFS NGFS
두 예언자들 고통을 주었기 그 거하고 있는 자들에게 위에 그 땅

두 예언자 자신들이 땅위에 거하고 있는 자들에게 고통을 주었기 때문에 땅위에 거하고 있는 자들이 그들을 십자가에 달아 죽인 것 때문에 기뻐하고 즐겁게 되어서 그들이 서로에게 예물들을 보내게 될 것이다

2532 3326 3588 5140 2250 2532 2255 4151 2222 1537 3588
καί μετά ὁ τρεῖς ἡμέρα καί ἡμίσου πνεῦμα ζωή ἐκ ὁ
11:11 καὶ μετὰ τὰς τρεῖς ἡμέρας καὶ ἥμισυ πνεῦμα ζωῆς ἐκ τοῦ
CC PA DAFP ACAFP NAFP CC APANS NNNS NGFS PG DGMS
그러나 후에 그 삼 일의 그리고 반 영이 생명의 부터 그

2316	1525	1722	846	2532	2476	1909	3588	4228	846
θεός	εἰσέρχομαι	ἐν	αὐτός	καί	ἵστημι	ἐπί	ὁ	πούς	αὐτός
θεοῦ	εἰσῆλθεν	ἐν	αὐτοῖς,	καὶ	ἔστησαν	ἐπὶ	τοὺς	πόδας	αὐτῶν,
NGMS	VIAA3S	PD	NPDM3P	CH	VIAA3P	PA	DAMP	NAMP	NPGM3P
하나님으로	들어가서	안에	그들	그리고	일어서게 되었으며	로	그	두발로	그들의

2532	5401	3173	1968	1909	3588	2334	846
καί	φόβος	μέγας	ἐπιπίπτω	ἐπί	ὁ	θεωρέω	αὐτός
καὶ	φόβος	μέγας	ἐπέπεσεν	ἐπὶ	τοὺς	θεωροῦντας	αὐτούς.
CH	NNMS	ANMS	VIAA3S	PA	DAMP	VPPAAMP	NPAM3P
그리고	두려움이	큰	미치게 되었습니다.	위에	자들	구경을 하고 있는	그들을

그러나 삼일의 절반 후에 하나님으로부터 생명의 영이 그들 안에 들어가서 그들의 두발로 일어서게 되었으며 그들을 구경하고 있는 자들 위에 큰 두려움이 미치게 되었으며

11:12

2532	191	5456	3173	1537	3588	3772	3004	846
καί	ἀκούω	φωνή	μέγας	ἐκ	ὁ	οὐρανός	λέγω	αὐτός
καὶ	ἤκουσαν	φωνῆς	μεγάλης	ἐκ	τοῦ	οὐρανοῦ	λεγούσης	αὐτοῖς,
CC	VIAA3P	NGFS	AGFS	PG	DGMS	NGMS	VPPAGFS	NPDM3P
그리고	그들이 듣고	음성을	큰	부터	그	하늘에서	말씀하고 있는	그들에게

305	5602	2532	305	1519	3588	3772	1722	3588	3507
ἀναβαίνω	ὧδε	καί	ἀναβαίνω	εἰς	ὁ	οὐρανός	ἐν	ὁ	νεφέλη
᾿Ανάβατε	ὧδε.	καὶ	ἀνέβησαν	εἰς	τὸν	οὐρανὸν	ἐν	τῇ	νεφέλῃ,
VMAA2P	AB	CH	VIAA3P	PA	DAMS	NAMS	PD	DDFS	NDFS
너희는 올라오라	여기로	그래서	그들이 올라갔으며	로	그	하늘	안에서	그	구름

2532	2334	846	3588	2190	846
καί	θεωρέω	αὐτός	ὁ	ἐχθρός	αὐτός
καὶ	ἐθεώρησαν	αὐτοὺς	οἱ	ἐχθροὶ	αὐτῶν.
CC	VIAA3P	NPAM3P	DNMP	APNMP	NPGM3P
그리고	그들이구경하였습니다	그들을	그	원수들이	그들의

그리고 나서 하늘에서부터 그들에게 너희는 여기로 올라오라 하고 말씀하고 있는 큰 음성을 그들이 듣고 구름 안에서 하늘로 올라갔으며 그들의 원수들이 그들을 구경하였습니다.

11:13

2532	1722	1565	3588	5610	1096	4578	3173	2532	3588
καί	ἐν	ἐκεῖνος	ὁ	ὥρα	γίνομαι	σεισμός	μέγας	καί	ὁ
Καὶ	ἐν	ἐκείνῃ	τῇ	ὥρᾳ	ἐγένετο	σεισμὸς	μέγας	καὶ	τὸ
CC	PD	ADDFS	DDFS	NDFS	VIAD3S	NNMS	ANMS	CH	DNNS
그리고	에서	그	그	때	일어났으며	지진이	큰	그리고	그

1182	3588	4172	4098	2532	615	1722	3588	4578
δέκατος	ὁ	πόλις	πίπτω	καί	ἀποκτείνω	ἐν	ὁ	σεισμός
δέκατον	τῆς	πόλεως	ἔπεσεν	καὶ	ἀπεκτάνθησαν	ἐν	τῷ	σεισμῷ
APONNS	DGFS	NGFS	VIAA3S	CC	VIAP3P	PD	DDMS	NDMS
열 번째의	그	성이	무너졌고	그리고	생명이 없어졌기 때문에	안에서	그	지진

3686 444 5505 2033 2532 3588 3062 1719
ὄνομα ἄνθρωπος χιλιάς ἑπτά καί ὁ λοιποί ἔμφοβος
ὀνόματα ἀνθρώπων χιλιάδες ἑπτὰ καὶ οἱ λοιποὶ ἔμφοβοι
NNNP NGMP NNFP ACNFP CH DNMP APNMP ANMP
이름들이 사람들의 천의 칠 그리고 그 남아있는자들이 두려워하는자들이

1096 2532 1325 1391 3588 2316 3588 3772
γίνομαι καί δίδωμι δόξα ὁ θεός ὁ οὐρανός
ἐγένοντο καὶ ἔδωκαν δόξαν τῷ θεῷ τοῦ οὐρανοῦ.
VIAD3P CC VIAA3P NAFS DDMS NDMS DGMS NGMS
되었으며 그리고 드리게되었습니다 영광을 그 하나님에게 그 하늘의

그때에 큰 지진이 일어났으며 열 번째의 성이 무너졌고 칠천의 사람들의 이름들이 그 지진으로 생명이 없어졌기 때문에 남아 있는 자들이 두려워하는 자들이 되었으며 그들이 하늘의 하나님에게 영광을 드리게 되었습니다

3588 3759 3588 1208 565 2400 3588 3759 3588 5154 2064
ὁ οὐαί ὁ δεύτερος ἀπέρχομαι ἰδού ὁ οὐαί ὁ τρίτος ἔρχομαι
11:14 **Ἡ οὐαὶ ἡ δευτέρα ἀπῆλθεν· ἰδοὺ ἡ οὐαὶ ἡ τρίτη ἔρχεται**
DNFS QS DNFS AONFS VIAA3S QS DNFS QS DNFS AONFS VIPN3S
그 화가 그 둘째 지나갔으며 보라 그 화가 그 세 번째 오고 있다

5036
ταχύς
ταχύ.
AB
반드시

둘째 화가 지나갔으며 보라 셋째 화가 반드시 오고 있다

2532 3588 1442 32 4537 2532 1096 5456
καί ὁ ἕβδομος ἄγγελος σαλπίζω καί γίνομαι φωνή
11:15 **Καὶ ὁ ἕβδομος ἄγγελος ἐσάλπισεν· καὶ ἐγένοντο φωναὶ**
CC DNMS AONMS NNMS VIAA3S CH VIAD3P NNFP
그리고 그 일곱째 사자가 나팔을 불었더니 그러므로 되었으며 음성들이

3173 1722 3588 3772 3004 1096 3588 932 3588
μέγας ἐν ὁ οὐρανός λέγω γίνομαι ὁ βασιλεία ὁ
μεγάλαι ἐν τῷ οὐρανῷ λέγοντες, Ἐγένετο ἡ βασιλεία τοῦ
ANFP PD DDMS NDMS VPPANMP VIAD3S DNFS NNFS DGMS
큰 안에서 그 하늘 말씀하고 있습니다 되어 그 나라가 그

2889 3588 2962 1473 2532 3588 5547 846 2532
κόσμος ὁ κύριος ἐγώ καί ὁ Χριστός αὐτός καί
κόσμου τοῦ κυρίου ἡμῶν καὶ τοῦ Χριστοῦ αὐτοῦ, καὶ
NGMS DGMS NGMS NPG1P CC DGMS NGMS NPGM3S CC
세상 그 주 우리 그리고 그 그리스도 자신의 그래서

936	1519	3588	165	3588	165
βασιλεύω	εἰς	ὁ	αἰών	ὁ	αἰών
βασιλεύσει	εἰς	τοὺς	αἰῶνας	τῶν	αἰώνων.
VIFA3S	PA	DAMP	NAMP	DGMP	NGMP
다스릴 것이다	히	그	영원	히	영원

일곱 째 사자가 나팔을 불었더니 하늘 안에서 큰 음성들이 되었으며 우리 주 그리스도 자신의 세상 나라가 되어 영원히 세세토록 다스릴 것입니다 하고 말하고 있습니다

11:16

2532	3588	1501	5064	4245	3588	1799	3588	2316
καί	ὁ	εἴκοσι	τέσσαρες	πρεσβύτερος	ὁ	ἐνώπιον	ὁ	θεός
καὶ	οἱ	εἴκοσι	τέσσαρες	πρεσβύτεροι	οἱ	ἐνώπιον	τοῦ	θεοῦ
CC	DNMP	ACNMP	ACNMP	APNMP	DNMP	PG	DGMS	NGMS
그리고	그	이십	사	장로들이	그	앞에서	그	하나님

2521	1909	3588	2362	846	4098	1909	3588	4383
κάθημαι	ἐπί	ὁ	θρόνος	αὐτός	πίπτω	ἐπί	ὁ	πρόσωπον
καθήμενοι	ἐπὶ	τοὺς	θρόνους	αὐτῶν	ἔπεσαν	ἐπὶ	τὰ	πρόσωπα
VPPNNMP	PA	DAMP	NAMP	NPGM3P	VIAA3P	PA	DANP	NANP
앉아있는	위에	그	보좌에	자신들의	엎드려	숙이고	그	얼굴을

846	2532	4352	3588	2316
αὐτός	καί	προσκυνέω	ὁ	θεός
αὐτῶν	καὶ	προσεκύνησαν	τῷ	θεῷ
NPGM3P	CC	VIAA3P	DDMS	NDMS
그들의	그리고	예배를 드렸으며	그	하나님에게

하나님 앞에서 자신들의 보좌에 앉아 있는 이십 사 장로들이 그들의 얼굴을 숙이고 엎드려 하나님에게 예배를 드렸으며

11:17

3004	2168	4771	2962	3588	2316	3588	3841
λέγω	εὐχαριστέω	σύ	κύριος	ὁ	θεός	ὁ	παντοκράτωρ
λέγοντες,	Εὐχαριστοῦμέν	σοι,	κύριε	ὁ	θεὸς	ὁ	παντοκράτωρ,
VPPANMP	VIPA1P	NPD2S	NVMS	DVMS	NVMS	DVMS	NVMS
말하고 있습니다	우리가 감사를 드리고 있으며	당신에게	주여	그	하나님이여	그	전능하신

3588	1510	2532	3588	1510	3754	2983	3588	1411	4771	3588
ὁ	εἰμί	καί	ὁ	εἰμί	ὅτι	λαμβάνω	ὁ	δύναμις	σύ	ὁ
ὁ	ὢν	καὶ	ὁ	ἦν,	ὅτι	εἴληφας	τὴν	δύναμίν	σου	τὴν
DVMS	VPPAVM2S	CC	DVMS	VIIA3S	CC	VIRA2S	DAFS	NAFS	NPG2S	DAFS
이여	살아 계시는	그리고	는 이여	영원히계시	때문이다	당신께서 가지고	그	능력을	당신의	그

3173	2532	936
μέγας	καί	βασιλεύω
μεγάλην	καὶ	ἐβασίλευσας.
AAFS	CC	VIAA2S
큰	그리고	당신이 다스렸기

전능하신 주 하나님이여 우리가 당신에게 감사를 드리고 있으며 살아 계시는 이여 또 영원히 계시는 이여 당신께서 당신의 큰 능력을 가지고 다스렸기 때문입니다 하고 말하고 있습니다

11:18

2532	3588	1484	3710	2532	2064	3588	3709	4771	2532	3588
καί	ὁ	ἔθνος	ὀργίζω	καί	ἔρχομαι	ὁ	ὀργή	σύ	καί	ὁ
καὶ	τὰ	ἔθνη	ὠργίσθησαν,	καὶ	ἦλθεν	ἡ	ὀργή	σου	καὶ	ὁ
CC	DNNP	NNNP	VIAO3P	CC	VIAA3S	DNFS	NNFS	NPG2S	CC	DNMS
그러나	그	백성들이	분노하여	그래서	임하였으며	그	진노가	주의	그리고	그

2540	3588	3498	2919	2532	1325	3588	3408	3588
καιρός	ὁ	νεκρός	κρίνω	καί	δίδωμι	ὁ	μισθός	ὁ
καιρὸς	τῶν	νεκρῶν	κριθῆναι	καὶ	δοῦναι	τὸν	μισθὸν	τοῖς
NNMS	DGMP	APGMP	VNAP	CC	VNAA	DAMS	NAMS	DDMP
때이며	그	죽은 자들을	심판하기 위한	또	주기 위한	그	상을	그

1401	4771	3588	4396	2532	3588	40	2532	3588
δοῦλος	σύ	ὁ	προφήτης	καί	ὁ	ἅγιος	καί	ὁ
δούλοις	σου	τοῖς	προφήταις	καὶ	τοῖς	ἁγίοις	καὶ	τοῖς
NDMP	NPG2S	DDMP	NDMP	CC	DDMP	APDMP	CC	DDMP
종들에게	당신의	에게	선지자들	그리고	그	성도들에게	그리고	그

5399	3588	3686	4771	3588	3398	2532	3588
φοβέω	ὁ	ὄνομα	σύ	ὁ	μικρός	καί	ὁ
φοβουμένοις	τὸ	ὄνομά	σου,	τοὺς	μικροὺς	καὶ	τοὺς
VPPPDMP	DANS	NANS	NPG2S	DAMP	APAMP	CC	DAMP
두려워하고 있는	그	이름을	주의	그	작은 자들이나	그리고	그

3173	2532	1311	3588	1311	3588	1093
μέγας	καί	διαφθείρω	ὁ	διαφθείρω	ὁ	γῆ
μεγάλους,	καὶ	διαφθεῖραι	τοὺς	διαφθείροντας	τὴν	γῆν.
APAMP	CC	VNAA	DAMP	VPPAAMP	DAFS	NAFS
큰 자들에게	또한	멸망시키기 위한	자들을	멸망하게 하고 있는	그	땅을

그러나 백성들이 분노하여 주의 진노가 임하여 생명이 없는 죽은 자들을 심판하기 위한 그때이며 또한 당신의 종들과 선지자들에게 그리고 성도들에게 그리고 주의 이름을 두려워하고 있는 작은 자들이나 큰 자들에게 상을 주기 위한 때이며 또한 땅을 멸망하게 하고 있는 자들을 멸망시키기 위한 그때입니다

11:19

2532	455	3588	3485	3588	2316	3588	1722	3588	3772	2532	3708	3588
καί	ἀνοίγω	ὁ	ναός	ὁ	θεός	ὁ	ἐν	ὁ	οὐρανός	καί	ὁράω	ὁ
καὶ	ἠνοίγη	ὁ	ναὸς	τοῦ	θεοῦ	ὁ	ἐν	τῷ	οὐρανῷ	καὶ	ὤφθη	ἡ
CC	VIAP3S	DNMS	NNMS	DGMS	NGMS	DNMS	PD	DDMS	NDMS	CC	VIAP3S	DNFS
그러나	열려졌으며	그	성전이	그	하나님의	그	있에는	그	하늘	그리고	보여지고	그

2787	3588	1242	846	1722	3588	3485	846	2532
κιβωτός	ὁ	διαθήκη	αὐτός	ἐν	ὁ	ναός	αὐτός	καί
κιβωτὸς	τῆς	διαθήκης	αὐτοῦ	ἐν	τῷ	ναῷ	αὐτοῦ,	καὶ
NNFS	DGFS	NGFS	NPGM3S	PD	DDMS	NDMS	NPGM3S	CC
궤가	그	언약	하나님의	안에는	그	성전	하나님의	그리고

1096	796	2532	5456	2532	1027	2532	4578	2532
γίνομαι	ἀστραπή	καί	φωνή	καί	βροντή	καί	σεισμός	καί
ἐγένοντο	ἀστραπαὶ	καὶ	φωναὶ	καὶ	βρονταὶ	καὶ	σεισμὸς	καὶ
VIAD3P	NNFP	CC	NNFP	CC	NNFP	CC	NNMS	CC
있었습니다	번개들이 된 자들과	그리고	음성들이된자들	그리고	우레들이 된 자들과	그리고	지진이 된 자들과	그리고

	5464	3173
	χάλαζα	μέγας
	χάλαζα	μεγάλη.
	NNFS	ANFS
	우박이 된 자들이	큰

그러나 하늘 안에 있는 하나님의 성전이 열려졌으며 하나님의 성전 안에 하나님의 언약궤가 보이고 번개들과 음성들과 우레들과 지진과 큰 우박이 있습니다

	2532	4592	3173	3708	1722	3588	3772	1135	4016
	καί	σημεῖον	μέγας	ὁράω	ἐν	ὁ	οὐρανός	γυνή	περιβάλλω
12:1	Καὶ	σημεῖον	μέγα	ὤφθη	ἐν	τῷ	οὐρανῷ,	γυνὴ	περιβεβλημένη
	CC	NNNS	ANNS	VIAP3S	PD	DDMS	NDMS	NNFS	VPRMNFS
	그런데	표적이신 분이	큰	보이니	안에서	그	하늘	여자가	가지고 있는

3588	2246	2532	3588	4582	5270	3588	4228	846	2532	1909
ὁ	ἥλιος	καί	ὁ	σελήνη	ὑποκάτω	ὁ	πούς	αὐτός	καί	ἐπί
τὸν	ἥλιον,	καὶ	ἡ	σελήνη	ὑποκάτω	τῶν	ποδῶν	αὐτῆς	καὶ	ἐπὶ
DAMS	NAMS	CC	DNFS	NNFS	PG	DGMP	NGMP	NPGF3S	CC	PG
그	해를	그리고	그	달이 있고	아래는	그	발	그 여자의	그리고	에는

3588	2776	846	4735	792	1427
ὁ	κεφαλή	αὐτός	Στέφανος	ἀστήρ	δώδεκα
τῆς	κεφαλῆς	αὐτῆς	στέφανος	ἀστέρων	δώδεκα,
DGFS	NGFS	NPGF3S	NNMS	NGMP	ACGMP
그	머리	그 여자의	면류관이 있고	별들의	열두

그런데 하늘 안에서 큰 표적이신 분이 보이니 해를 가지고 있는 여자가 자신의 발아래는 율법에 속한 자들인 달이 있고 그 여자의 머리에는 자신의 제자들인 열두 별들의 면류관이 있고

	2532	1722	1064	2192	2532	2896	5605	2532	928
	καί	ἐν	γαστήρ	ἔχω	καί	κράζω	ὠδίνω	καί	βασανίζω
12:2	καὶ	ἐν	γαστρὶ	ἔχουσα,	καὶ	κράζει	ὠδίνουσα	καὶ	βασανιζομένη
	CC	PD	NDFS	VPPANFS	CC	VIPA3S	VPPANFS	CC	VPPPNFS
	그리고	안에	배	잉태하여	니다	부르짖고있습	해산을 하고 있어	그리고	고통을 당하고 있기 때문에

5088
τίκτω
τεκεῖν.
VNAA
아이를낳기위하여

여자가 배 안에 아이를 잉태하여 해산을 하고 있어 아이를 낳기 위하여 고통을 당하고 있기 때문에 부르짖고 있습니다

	2532	3708	243	4592	1722	3588	3772	2532	2400	1404	3173
	καί	ὁράω	ἄλλος	σημεῖον	ἐν	ὁ	οὐρανός	καί	ἰδού	δράκων	μέγας
12:3	καὶ	ὤφθη	ἄλλο	σημεῖον	ἐν	τῷ	οὐρανῷ,	καὶ	ἰδοὺ	δράκων	μέγας
	CC	VIAP3S	ANNS	NNNS	PD	DDMS	NDMS	CC	QS	NNMS	ANMS
	그러나	보이니	다른	표적이	안에	그	하늘	그리고	보라	용이	큰

4450	2192	2776	2033	2532	2768	1176	2532	1909	3588
πυρρός	ἔχω	κεφαλή	ἑπτά	καί	κέρας	δέκα	καί	ἐπί	ὁ
πυρρὸς	**ἔχων**	**κεφαλὰς**	**ἑπτὰ**	**καὶ**	**κέρατα**	**δέκα**	**καὶ**	**ἐπὶ**	**τὰς**
ANMS	VPPANMS	NAFP	ACAFP	CC	NANP	ACANP	CC	PA	DAFP
붉은	가지고 있고	머리된 자들과	일곱 명의	그리고	뿔이 된 자들을	열 명의	또	에게는	그

2776	846	2033	1238
κεφαλή	αὐτός	ἑπτά	διάδημα
κεφαλὰς	**αὐτοῦ**	**ἑπτὰ**	**διαδήματα,**
NAFP	NPGM3S	ACANP	NANP
머리된 자들	자신의	일곱 명의	면류관이 된 자들을

그러나 하늘 안에 다른 표적이 보이니 보라 붉은 큰 용이 일곱 명의 서기관들인 머리된 자들과 열 명의 장로들인 뿔이 된 자들을 가지고 있고 또 머리된 자들인 서기관들에게는 자신의 일곱 명의 면류관이 된 자들을 가지고 있으며

12:4

2532	3588	3769	846	4951	3588	5154	3588	792	3588	3772
καί	ὁ	οὐρά	αὐτός	σύρω	ὁ	τρίτος	ὁ	ἀστήρ	ὁ	οὐρανός
καὶ	**ἡ**	**οὐρὰ**	**αὐτοῦ**	**σύρει**	**τὸ**	**τρίτον**	**τῶν**	**ἀστέρων**	**τοῦ**	**οὐρανοῦ**
CC	DNFS	NNFS	NPGM3S	VIPA3S	DANS	APOANS	DGMP	NGMP	DGMS	NGMS
그리고	그	꼬리가	용의	끌어와서	그	세 번째로	그	별들을	그	하늘의

2532	906	846	1519	3588	1093	2532	3588	1404	2476
καί	βάλλω	αὐτός	εἰς	ὁ	γῆ	καί	ὁ	δράκων	ἵστημι
καὶ	**ἔβαλεν**	**αὐτοὺς**	**εἰς**	**τὴν**	**γῆν.**	**καὶ**	**ὁ**	**δράκων**	**ἕστηκεν**
CC	VIAA3S	NPAM3P	PA	DAFS	NAFS	CC	DNMS	NNMS	VIRAS3
그리고	던졌으며	그 별들을	으로	그	땅	그리고	그	용이	서있었습니다

1799	3588	1135	3588	3195	5088	2443	3752	5088
ἐνώπιον	ὁ	γυνή	ὁ	μέλλω	τίκτω	ἵνα	ὅταν	τίκτω
ἐνώπιον	**τῆς**	**γυναικὸς**	**τῆς**	**μελλούσης**	**τεκεῖν,**	**ἵνα**	**ὅταν**	**τέκῃ**
PG	DGFS	NGFS	DGFS	VPPAGFS	VNAA	CS	CS	VSAA3S
앞에	그	여자의	그	하려고 하고 있는	해산을	위해서	때에	해산 할

3588	5043	846	2719
ὁ	τέκνον	αὐτός	κατεσθίω
τὸ	**τέκνον**	**αὐτῆς**	**καταφάγῃ.**
DANS	NANS	NPGF3S	VSAA3S
그	아이를	그 여자를	용이 삼키기

용의 꼬리가 하늘의 별들을 세 번째로 끌어와서 그 별들을 땅으로 던졌으며 아이를 해산할 때 용이 여자를 삼키기 위해서 해산을 하려고 하고 있는 그 여자의 앞에 서 있었습니다

12:5

2532	5088	5207	730	3739	3195	4165	3956	3588
καί	τίκτω	υἱός	ἄρρην	ὅς	μέλλω	ποιμαίνω	πᾶς	ὁ
καὶ	**ἔτεκεν**	**υἱὸν**	**ἄρσεν,**	**ὅς**	**μέλλει**	**ποιμαίνειν**	**πάντα**	**τὰ**
CC	VIAA3S	NAMS	APANS	APRNMS	VIPA3S	VNPA	AANP	DANP
그리고	그가 낳았으며	아들을	남자	그는	반드시	양육하기 위하여	모든	그

1484	1722	4464	4603	2532	726	3588	5043	846	4314
ἔθνος	ἐν	ῥάβδος	σιδήρεος	καί	ἁρπάζω	ὁ	τέκνον	αὐτός	πρός
ἔθνη	ἐν	ῥάβδῳ	σιδηρᾷ.	καὶ	ἡρπάσθη	τὸ	τέκνον	αὐτῆς	πρὸς
NANP	PD	NDFS	ADFS	CC	VIAP3S	DNNS	NNNS	NPGF3S	PA
백성들을	안에	지팡이로	쇠	그리고	올리어갔습니다	그	아이가	여자의	향하여

3588	2316	2532	4314	3588	2362	846
ὁ	θεός	καί	πρός	ὁ	θρόνος	αὐτός
τὸν	θεὸν	καὶ	πρὸς	τὸν	θρόνον	αὐτοῦ.
DAMS	NAMS	CC	PA	DAMS	NAMS	NPGM3S
그	하나님을	그리고	앞으로	그	보좌	자신의

그가 아들 남자를 낳았으며 그는 쇠 지팡이로 모든 백성들을 반드시 하나님의 백성으로 양육하기 위하여 여자의 아이가 하나님을 향하여 자신의 보좌를 향하여 올리어갔습니다

	2532	3588	1135	5343	1519	3588	2048	3699	2192	1563	5117
	καί	ὁ	γυνή	φεύγω	εἰς	ὁ	ἔρημος	ὅπου	ἔχω	ἐκεῖ	τόπος
12:6	καὶ	ἡ	γυνὴ	ἔφυγεν	εἰς	τὴν	ἔρημον,	ὅπου	ἔχει	ἐκεῖ	τόπον
	CC	DNFS	NNFS	VIAA3S	PA	DAFS	APAFS	ABR	VIPA3S	AB	NAMS
	그리고	그	여자가	피하여	로	그	광야	어디든지	가지고있다	거기에	처소된 자를

2090	575	3588	2316	2443	1563	5142	846	2250
ἑτοιμάζω	ἀπό	ὁ	θεός	ἵνα	ἐκεῖ	τρέφω	αὐτός	ἡμέρα
ἡτοιμασμένον	ἀπὸ	τοῦ	θεοῦ,	ἵνα	ἐκεῖ	τρέφωσιν	αὐτὴν	ἡμέρας
VPRPAMS	PG	DGMS	NGMS	CS	AB	VSPA3P	NPAF3S	NAFP
예비 되어진	부터	그	하나님	위하여	거기서	그들이 양육하기	그 여자를	일을

5507	1250	1835
χίλιοι	διακόσιοι	ἑξήκοντα
χιλίας	διακοσίας	ἑξήκοντα.
ACAFP	ACAFP	ACAFP
일천	이백	육십

여자가 광야로 피하여 거기에 일천 이백 육십일을 그들이 여자를 양육하기 위하여 어디든지 거기에 하나님으로부터 예비 되어진 처소 된 자를 가지고 있습니다

	2532	1096	4171	1722	3588	3772	3588	3413	2532	3588
	καί	γίνομαι	πόλεμος	ἐν	ὁ	οὐρανός	ὁ	Μιχαήλ	καί	ὁ
12:7	Καὶ	ἐγένετο	πόλεμος	ἐν	τῷ	οὐρανῷ,	ὁ	Μιχαὴλ	καὶ	οἱ
	CC	VIAD3S	NNMS	PD	DDMS	NDMS	DNMS	NNMS	CC	DNMP
	그러나	일어나게 되었으며	싸움이	안에서	그	하늘	그	미가엘과	그리고	그

32	846	3588	4170	3326	3588	1404	2532	3588
ἄγγελος	αὐτός	ὁ	πολεμέω	μετά	ὁ	δράκων	καί	ὁ
ἄγγελοι	αὐτοῦ	τοῦ	πολεμῆσαι	μετὰ	τοῦ	δράκοντος.	καὶ	ὁ
NNMP	NPGM3S	DGNS	VNAAG	PG	DGMS	NGMS	CC	DNMS
사자들이	그의	그	싸움을 하여	함께	그	용과	그래서	그

1404 4170 2532 3588 32 846
δράκων πολεμέω καί ὁ ἄγγελος αὐτός
δράκων ἐπολέμησεν καὶ οἱ ἄγγελοι αὐτοῦ,
NNMS VIAA3S CC DNMP NNMP NPGM3S
용이 같이 싸움을 하였습니다 그리고 그 사자들과 미가엘의

그러나 미가엘과 그의 사자들이 용과 함께 싸움을 하려고 하늘 안에서 싸움이 일어나게 되었으며 용이 미가엘의 사자들과 같이 싸움을 하였으나

2532 3756 2480 3761 5117 2147 846 2089 1722 3588 3772
καί οὐ ἰσχύω οὐδέ τόπος εὑρίσκω αὐτός ἔτι ἐν ὁ οὐρανός
12:8 καὶ οὐκ ἴσχυσεν οὐδὲ τόπος εὑρέθη αὐτῶν ἔτι ἐν τῷ οὐρανῷ.
CH QN VIAA3S CC NNMS VIAP3S NPGM3P AB PD DDMS NDMS
그러나 못하여 용이힘이없어이기지 못하게 처소는 얻지되었습니다 자신들의 다시 안에서 그 하늘

용이 힘이 없어 이기지 못하여 하늘 안에서 다시는 자신들의 처소는 얻지 못하게 되었습니다

2532 906 3588 1404 3588 3173 3588 3789 3588 744 3588
καί βάλλω ὁ δράκων ὁ μέγας ὁ ὄφις ὁ ἀρχαῖος ὁ
12:9 καὶ ἐβλήθη ὁ δράκων ὁ μέγας, ὁ ὄφις ὁ ἀρχαῖος, ὁ
CC VIAP3S DNMS NNMS DNMS ANMS DNMS NNMS DNMS ANMS DNMS
그래서 쫓겨나게되었고 그 용이 그 큰 그 뱀인 그 옛 그가

2564 1228 2532 3588 4567 3588 4105 3588
καλέω διάβολος καί ὁ Σατανᾶς ὁ πλανάω ὁ
καλούμενος Διάβολος καὶ ὁ Σατανᾶς, ὁ πλανῶν τὴν
VPPPNMS APNMS CC DNMS NNMS DNMS VPPANMS DAFS
하는 마귀 또는 그 사단이라고 그가 미혹하고 있는 그

3625 3650 906 1519 3588 1093 2532 3588 32 846
οἰκουμένη ὅλος βάλλω εἰς ὁ γῆ καί ὁ ἄγγελος αὐτός
οἰκουμένην ὅλην, ἐβλήθη εἰς τὴν γῆν, καὶ οἱ ἄγγελοι αὐτοῦ
NAFS AAFS VIAP3S PA DAFS NAFS CC DNMP NNMP NPGM3S
세상 사람들을 온 쫓겨나게되었고 에서 그 땅 그리고 그 사자들도 사단의

3326 846 906
μετά αὐτός βάλλω
μετ' αὐτοῦ ἐβλήθησαν.
PG NPGM3S VIAP3P
함께 그와 쫓겨 나게 되었습니다

마귀 또는 사단이라고 하는 옛 뱀 큰 용이 쫓겨나게 되었고 온 세상 사람들을 미혹하고 있는 그가 땅에서 쫓겨나게 되어 사단의 사자들도 그와 함께 쫓겨나게 되었습니다.

2532 191 5456 3173 1722 3588 3772 3004 737
καί ἀκούω φωνή μέγας ἐν ὁ οὐρανός λέγω ἄρτι
12:10 καὶ ἤκουσα φωνὴν μεγάλην ἐν τῷ οὐρανῷ λέγουσαν, "Αρτι
CC VIAA1S NAFS AAFS PD DDMS NDMS VPPAAFS AB
그리고 내가 들었습니다 음성을 큰 안에서 그 하늘 말씀하고 있는 이제

1096	3588	4991	2532	3588	1411	2532	3588	932	3588
γίνομαι	ὁ	σωτηρία	καί	ὁ	δύναμις	καί	ὁ	βασιλεία	ὁ
ἐγένετο	ἡ	σωτηρία	καὶ	ἡ	δύναμις	καὶ	ἡ	βασιλεία	τοῦ
VIAD3S	DNFS	NNFS	CC	DNFS	NNFS	CC	DNFS	NNFS	DGMS
이루어졌다	그	구원과	그리고	그	능력이	그리고	그	나라와	그

2316	1473	2532	3588	1849	3588	5547	846	3754	906	3588
θεός	ἐγώ	καί	ὁ	ἐξουσία	ὁ	Χριστός	αὐτός	ὅτι	βάλλω	ὁ
θεοῦ	ἡμῶν	καὶ	ἡ	ἐξουσία	τοῦ	Χριστοῦ	αὐτοῦ,	ὅτι	ἐβλήθη	ὁ
NGMS	NPG1P	CC	DNFS	NNFS	DGMS	NGMS	NPGM3S	CS	VIAP3S	DNMS
하나님의	우리	또한	그	권세가	그	그리스도	자신의	때문에	쫓겨났기	그

2723	3588	80	1473	3588	2723	846	1799
κατηγορέω	ὁ	ἀδελφός	ἐγώ	ὁ	κατηγορέω	αὐτός	ἐνώπιον
κατήγωρ	τῶν	ἀδελφῶν	ἡμῶν,	ὁ	κατηγορῶν	αὐτοὺς	ἐνώπιον
NNMS	DGMP	NGMP	NPG1P	DNMS	VPPANMS	NPAM3P	PG
고소하는 자가	그	형제들을	우리의	그	고소하고 있는 자가	그들을	앞에서

3588	2316	1473	2250	2532	3571
ὁ	θεός	ἐγώ	ἡμέρα	καί	νύξ
τοῦ	θεοῦ	ἡμῶν	ἡμέρας	καὶ	νυκτός.
DGMS	NGMS	NPG1P	NGFS	CC	NGFS
그	하나님	우리	낮	으로	밤

우리의 형제들을 고소하는 자가 우리의 하나님 앞에서 낮과 밤으로 그들을 고소하고 있는 자가 쫓겨났기 때문에 우리 하나님의 나라와 구원과 능력이 또한 그리스도 자신의 권세가 이제 이루어지게 되었다 하고 하늘 안에서 말씀하고 있는 큰 음성을 내가 들었습니다

12:11

2532	846	3528	846	1223	3588	129	3588	721	2532	1223	3588
καί	αὐτός	νικάω	αὐτός	διά	ὁ	αἷμα	ὁ	ἀρνίον	καί	διά	ὁ
καὶ	αὐτοὶ	ἐνίκησαν	αὐτὸν	διὰ	τὸ	αἷμα	τοῦ	ἀρνίου	καὶ	διὰ	τὸν
CC	NPNM3P	VIAA3P	NPAM3S	PA	DANS	NANS	DGNS	NGNS	CC	PA	DAMS
그리고	그 자신들이	이겼기 때문에	고소하는자를	통하여	그	피를	그	어린양의	또한	통하여	그

3056	3588	3141	846	2532	3756	25	3588	5590
λόγος	ὁ	μαρτυρία	αὐτός	καί	οὐ	ἀγαπάω	ὁ	ψυχή
λόγον	τῆς	μαρτυρίας	αὐτῶν	καὶ	οὐκ	ἠγάπησαν	τὴν	ψυχὴν
NAMS	DGFS	NGFS	NPGM3P	CC	QN	VIAA3P	DAFS	NAFS
말씀을	그	증거한	그들의	그리고	않았	그들이 사랑하지 습니다	그	생명을

846	891	2288
αὐτός	ἄχρι	θάνατος
αὐτῶν	ἄχρι	θανάτου.
NPGM3P	PG	NGMS
자신들의	까지	사망에 들어가기

어린 양의 피를 통하여 또한 그들의 증거한 말씀을 통하여 그 자신들이 고소하는 자를 이겼기 때문에 그들이 사망에 들어가기 까지 자신들의 생명을 사랑하지 않았습니다

	1223	3778	2165	3588	3772	2532	3588	1722	846
	διά	οὗτος	εὐφραίνω	ὁ	οὐρανός	καί	ὁ	ἐν	αὐτός
12:12	διὰ	τοῦτο	εὐφραίνεσθε,	οἱ	οὐρανοὶ	καὶ	οἱ	ἐν	αὐτοῖς
	PA	APDANS	VMPP2P	DVMP	NVMP	CC	DVMP	PD	NPDM3P
	때문에	이것	너희는 즐거워하라	그	하늘들이여	또한	그	안에	그 하늘들

4637	3759	3588	1093	2532	3588	2281	3754	2597	3588
σκηνόω	οὐαί	ὁ	γῆ	καί	ὁ	θάλασσα	ὅτι	καταβαίνω	ὁ
σκηνοῦντες.	οὐαὶ	τὴν	γῆν	καὶ	τὴν	θάλασσαν,	ὅτι	κατέβη	ὁ
VPPAVM2P	QS	DAFS	NAFS	CC	DAFS	NAFS	CS	VIAA3S	DNMS
거하고 있는 너희들이여	화가 있다	그	땅과	그리고	그	바다에게	때문에	내려갔기	그

1228	4314	4771	2192	2372	3173	1492	3754	3641
διάβολος	πρός	σύ	ἔχω	θυμός	μέγας	εἰδῶ	ὅτι	ὀλίγος
διάβολος	πρὸς	ὑμᾶς	ἔχων	θυμὸν	μέγαν,	εἰδὼς	ὅτι	ὀλίγον
APNMS	PA	NPA2P	VPPANMS	NAMS	AAMS	VPRANMS	CH	AAMS
마귀가	향하여	너희를	가지고	분노를	큰	알고서	것을	거의 없는

2540	2192
καιρός	ἔχω
καιρὸν	ἔχει.
NAMS	VIPA3S
때가	자신의

하늘들이여 하늘들 안에 거하고 있는 너희들이여 이것 때문에 너희는 즐거워하라 마귀가 자신의 때가 거의 없는 것을 알고서 큰 분노를 가지고 너희를 향하여 내려갔기 때문에 땅과 바다에게 화가 있다

	2532	3753	1492	3588	1404	3754	906	1519	3588	1093	1377
	καί	ὅτε	εἰδῶ	ὁ	δράκων	ὅτι	βάλλω	εἰς	ὁ	γῆ	διώκω
12:13	Καὶ	ὅτε	εἶδεν	ὁ	δράκων	ὅτι	ἐβλήθη	εἰς	τὴν	γῆν,	ἐδίωξεν
	CC	CS	VIAA3S	DNMS	NNMS	CC	VIAP3S	PA	DAFS	NAFS	VIAA3S
	그리고	때에	알았을	그	용이	것을	쫓겨난	에서	그	땅	그가핍박을하므로

3588	1135	3748	5088	3588	730
ὁ	γυνή	ὅστις	τίκτω	ὁ	ἄρρην
τὴν	γυναῖκα	ἥτις	ἔτεκεν	τὸν	ἄρσενα.
DAFS	NAFS	APRNFS	VIAA3S	DAMS	APAMS
그	여자를	그가	낳았던	그	남자를

용이 땅에서 쫓겨나게 된 것을 알았을 때에 남자를 낳았던 여자를 그가 핍박하므로

	2532	1325	3588	1135	3588	1417	4420	3588	105	3588
	καί	δίδωμι	ὁ	γυνή	ὁ	δύο	πτέρυξ	ὁ	ἀετός	ὁ
12:14	καὶ	ἐδόθησαν	τῇ	γυναικὶ	αἱ	δύο	πτέρυγες	τοῦ	ἀετοῦ	τοῦ
	CC	VIAP3P	DDFS	NDFS	DNFP	ACNFP	NNFP	DGMS	NGMS	DGMS
	그래서	주어졌고	그	여자에게	그	두	날개들이	그	독수리의	그

3173	2443	4072	1519	3588	2048	1519	3588	5117	846
μέγας	ἵνα	πέτομαι	εἰς	ὁ	ἔρημος	εἰς	ὁ	τόπος	αὐτός
μεγάλου,	ἵνα	πέτηται	εἰς	τὴν	ἔρημον	εἰς	τὸν	τόπον	αὐτῆς,
AGMS	CS	VSPN3S	PA	DAFS	APAFS	PA	DAMS	NAMS	NPGF3S
큰	위하여	날아가기	로	그	광야	향하여	그	처소를	그 여자의

3699	5142	1563	2540	2532	2540	2532	2255	2540	575
ὅπου	τρέφω	ἐκεῖ	καιρός	καί	καιρός	καί	ἡμίσου	καιρός	ἀπό
ὅπου	τρέφεται	ἐκεῖ	καιρὸν	καὶ	καιροὺς	καὶ	ἥμισυ	καιροῦ	ἀπὸ
ABR	VIPP3S	AB	NAMS	CC	NAMP	CC	APANS	NGMS	PG
그곳에서	양육을받고있습니다	거기	한때와	또	두때	그리고	반	때를	피하여

4383	3588	3789
πρόσωπον	ὁ	ὄφις
προσώπου	τοῦ	ὄφεως.
NGNS	DGMS	NGMS
얼굴을	그	뱀의

그 여자가 광야를 향하여 자신의 처소를 향하여 날아가기 위하여 큰 독수리의 두 날개들이 여자에게 주어졌고 그가 거기 그곳에서 뱀의 얼굴로부터 떨어져 한때와 두 때 그리고 반 때를 양육받고 있습니다

	2532	906	3588	3789	1537	3588	4750	846	3694	3588
	καί	βάλλω	ὁ	ὄφις	ἐκ	ὁ	στόμα	αὐτός	ὀπίσω	ὁ
12:15	καὶ	ἔβαλεν	ὁ	ὄφις	ἐκ	τοῦ	στόματος	αὐτοῦ	ὀπίσω	τῆς
	CC	VIAA3S	DNMS	NNMS	PG	DGNS	NGNS	NPGM3S	PG	DGFS
	그러나	토하였으나	그	뱀이	부터	그	입에서	자신의	뒤에서	그

1135	5204	5613	4215	2443	846	4216
γυνή	ὕδωρ	ὡς	ποταμός	ἵνα	αὐτός	ποταμοφόρητος
γυναικὸς	ὕδωρ	ὡς	ποταμόν,	ἵνα	αὐτὴν	ποταμοφόρητον
NGFS	NANS	CS	NAMS	CS	NPAF3S	AAFS
여자의	물을	같은	강	위하여	그 여자를	강물에 떠내려가도록

4160
ποιέω
ποιήσῃ.
VSAA3S
그가 하기

뱀이 여자의 뒤에서 자신의 입에서부터 그 여자를 강물에 떠내려가도록 하기 위하여 강 같은 물을 토하였으나

	2532	997	3588	1093	3588	1135	2532	455	3588	1093	3588
	καί	βοηθέω	ὁ	γῆ	ὁ	γυνή	καί	ἀνοίγω	ὁ	γῆ	ὁ
12:16	καὶ	ἐβοήθησεν	ἡ	γῆ	τῇ	γυναικὶ	καὶ	ἤνοιξεν	ἡ	γῆ	τὸ
	CC	VIAA3S	DNFS	NNFS	DDFS	NDFS	CC	VIAA3S	DNFS	NNFS	DANS
	그러나	도와서	땅의	사람들이	그	여자를	그리고	열어서	땅의	사람들이	그

4750	846	2532	2666	3588	4215	3739	906	3588
στόμα	αὐτός	καί	καταπίνω	ὁ	ποταμός	ὅς	βάλλω	ὁ
στόμα	**αὐτῆς**	**καὶ**	**κατέπιεν**	**τὸν**	**ποταμὸν**	**ὃν**	**ἔβαλεν**	**ὁ**
NANS	NPGF3S	CC	VIAA3S	DAMS	NAMS	APRAMS	VIAA3S	DNMS
입을	자신의	그리고	삼켜버렸기 때문에	그	강물을	강물을	토하여낸	그

1404	1537	3588	4750	846
δράκων	ἐκ	ὁ	στόμα	αὐτός
δράκων	**ἐκ**	**τοῦ**	**στόματος**	**αὐτοῦ.**
NNMS	PG	DGNS	NGNS	NPGM3S
용이	부터	그	입에서	자신의

그러나 땅의 사람들이 여자를 도와서 용이 자신의 입에서부터 토하여 낸 그 강물을 땅의 사람들이 자신의 입을 열어 그 강물을 삼켜 버렸기 때문에

12:17

2532	3710	3588	1404	1909	3588	1135	2532	565	4160
καί	ὀργίζω	ὁ	δράκων	ἐπί	ὁ	γυνή	καί	ἀπέρχομαι	ποιέω
καὶ	**ὠργίσθη**	**ὁ**	**δράκων**	**ἐπὶ**	**τῇ**	**γυναικὶ**	**καὶ**	**ἀπῆλθεν**	**ποιῆσαι**
CC	VIAO3S	DNMS	NNMS	PD	DDFS	NDFS	CC	VIAA3S	VNAA
그래서	분노하여	그	용이	에게	그	여자	그리고	돌아가서	하기 위하여

4171	3326	3588	3062	3588	4690	846	3588
πόλεμος	μετά	ὁ	λοιποί	ὁ	σπέρμα	αὐτός	ὁ
πόλεμον	**μετὰ**	**τῶν**	**λοιπῶν**	**τοῦ**	**σπέρματος**	**αὐτῆς**	**τῶν**
NAMS	PG	DGMP	APGMP	DGNS	NGNS	NPGF3S	DGMP
싸움을	함께	그	남아있는자들과	그	자손의	여자의	그

5083	3588	1785	3588	2316	2532	2192	3588	3141
τηρέω	ὁ	ἐντολή	ὁ	θεός	καί	ἔχω	ὁ	μαρτυρία
τηρούντων	**τὰς**	**ἐντολὰς**	**τοῦ**	**θεοῦ**	**καὶ**	**ἐχόντων**	**τὴν**	**μαρτυρίαν**
VPPAGMP	DAFP	NAFP	DGMS	NGMS	CC	VPPAGMP	DAFS	NAFS
지키고 있는 자들과	그	계명들을	그	하나님의	그리고	가지고있는자들과	그	증거를

2424
’Ιησοῦς
’Ιησοῦ.
NGMS
예수님의

용이 여자에게 분노하여 그 여자 자손의 남아 있는 자들과 하나님의 계명들을 지키고 있는 자들과 예수님의 증거를 가지고 있는 자들과 함께 싸움을 하기 위하여 돌아가서

12:18

2532	2476	1909	3588	285	3588	2281
καί	ἵστημι	ἐπί	ὁ	ἄμμος	ὁ	θάλασσα
καὶ	**ἐστάθη**	**ἐπὶ**	**τὴν**	**ἄμμον·**	**τῆς**	**θαλάσσης**
CC	VIAP3S	PA	DAFS	NAFS	DGFS	NGFS
그리고	그가 서 있었습니다	위에	그	모래	그	바다의

용이 바다의 모래 위에 서 있었습니다

13:1

2532	1492	1537	3588	2281	2342	305	2192	2768
καί	εἰδῶ	ἐκ	ὁ	θάλασσα	θηρίον	ἀναβαίνω	ἔχω	κέρας
Καὶ	εἶδον	ἐκ	τῆς	θαλάσσης	θηρίον	ἀναβαῖνον,	ἔχον	κέρατα
CC	VIAA1S	PG	DGFS	NGFS	NANS	VPPAANS	VPPAANS	NANP
그런데	내가보니	부터	그	바다에서	짐승을	나오고 있으며	가지고 있는	뿔이 된 자들과

1176	2532	2776	2033	2532	1909	3588	2768	846	1176
δέκα	καί	κεφαλή	ἑπτά	καί	ἐπί	ὁ	κέρας	αὐτός	δέκα
δέκα	καὶ	κεφαλὰς	ἑπτὰ	καὶ	ἐπὶ	τῶν	κεράτων	αὐτοῦ	δέκα
ACANP	CC	NAFP	ACAFP	CC	PG	DGNP	NGNP	NPGN3S	ACANP
열 명의	그리고	머리 된 자들을	일곱 명의	그리고	에게는	그	뿔이 된 자들	그 자신의	열 명의

1238	2532	1909	3588	2776	846	3686	988
διάδημα	καί	ἐπί	ὁ	κεφαλή	αὐτός	ὄνομα	βλασφημία
διαδήματα	καὶ	ἐπὶ	τὰς	κεφαλὰς	αὐτοῦ	ὀνόματα	βλασφημίας.
NANP	CC	PA	DAFP	NAFP	NPGN3S	NANP	NGFS
면류관들이 된 자들을	또	에게는	그	머리된자들에게는	자신의	이름들을	하나님을 거짓증거 하는

그런데 열 명의 장로들인 뿔들이 된 자들과 일곱 명의 서기관들인 머리가 된 자들을 가지고 있는 거짓 선지자인 바다에서 나오고 있는 대제사장인 짐승을 내가 보니 장로들인 뿔이 된 자들에게는 그 자신의 열 명의 면류관들이 된 자들을 또 서기관들인 머리가 된 자들에게는 하나님을 거짓증거 하는 자신의 이름들을 가지고 있으며

13:2

2532	3588	2342	3739	1492	1510	3664	3917	2532	3588	4228
καί	ὁ	θηρίον	ὅς	εἰδῶ	εἰμί	ὅμοιος	πάρδαλις	καί	ὁ	πούς
καὶ	τὸ	θηρίον	ὃ	εἶδον	ἦν	ὅμοιον	παρδάλει	καὶ	οἱ	πόδες
CC	DNNS	NNNS	APRANS	VIAA1S	VIIA3S	ANNS	NDFS	CC	DNMP	NNMP
그리고	그	짐승은	그를	내가 보았던	이며	같은 사람	표범과	그리고	그	발은

846	5613	715	2532	3588	4750	846	5613	4750	3023	2532
αὐτός	ὡς	ἄρκτος	καί	ὁ	στόμα	αὐτός	ὡς	στόμα	λέων	καί
αὐτοῦ	ὡς	ἄρκου	καὶ	τὸ	στόμα	αὐτοῦ	ὡς	στόμα	λέοντος.	καὶ
NPGN3S	CS	NGFS	CC	DNNS	NNNS	NPGN3S	CS	NNNS	NGMS	CC
그의	같고	곰의 발과	그리고	그	입은	그의	같으며	입과	사자의	또한

1325	846	3588	1404	3588	1411	846	2532	3588	2362
δίδωμι	αὐτός	ὁ	δράκων	ὁ	δύναμις	αὐτός	καί	ὁ	θρόνος
ἔδωκεν	αὐτῷ	ὁ	δράκων	τὴν	δύναμιν	αὐτοῦ	καὶ	τὸν	θρόνον
VIAA3S	NPDN3S	DNMS	NNMS	DAFS	NAFS	NPGM3S	CC	DAMS	NAMS
주었습니다	그에게	그	용이	그	능력과	자신의	그리고	그	보좌를

846	2532	1849	3173
αὐτός	καί	ἐξουσία	μέγας
αὐτοῦ	καὶ	ἐξουσίαν	μεγάλην.
NPGM3S	CC	NAFS	AAFS
자신의	그리고	권세를	큰

내가 보았던 대제사장인 짐승은 표범과 같은 사람이며 그의 발은 곰의 발과 같고 그의 입은 사자의 입과 같으며 또한 용이 자신의 능력과 자신의 보좌와 큰 권세를 대제사장인 짐승에게 주었습니다

13:3

2532	1520	1537	3588	2776	846	5613	4969	1519	2288
καί	εἷς	ἐκ	ὁ	κεφαλή	αὐτός	ὡς	σφάζω	εἰς	θάνατος
καὶ	μίαν	ἐκ	τῶν	κεφαλῶν	αὐτοῦ	ὡς	ἐσφαγμένην	εἰς	θάνατον,
CC	APCAFS	PG	DGFP	NGFP	NPGN3S	CS	VPRPAFS	PA	NAMS
그리고	한 사람이	중의	그	머리 된 자들	그의	같더니	생명이 없는 죽은 자와	향하여	사망을

2532	3588	4127	3588	2288	846	2323	2532
καί	ὁ	πληγή	ὁ	θάνατος	αὐτός	θεραπεύω	καί
καὶ	ἡ	πληγὴ	τοῦ	θανάτου	αὐτοῦ	ἐθεραπεύθη.	καὶ
CC	DNFS	NNFS	DGMS	NGMS	NPGN3S	VIAP3S	CC
그러나	그	상처가	그	사망의	자신의	나아지게 되어	그래서

2296	3650	3588	1093	3694	3588	2342
θαυμάζω	ὅλος	ὁ	γῆ	ὀπίσω	ὁ	θηρίον
ἐθαυμάσθη	ὅλη	ἡ	γῆ	ὀπίσω	τοῦ	θηρίου
VIAP3S	ANFS	DNFS	NNFS	PG	DGNS	NGNS
기이히 여겨졌습니다	온 세상	그	사람들이	뒤에 있는	그	짐승의

서기관인 머리된 자들인 중에 한 사람이 사망을 향하여 생명이 없는 죽은 자와 같더니 그러나 자신의 사망의 상처가 나아지게 되어 대제사장인 짐승의 뒤에 있는 온 세상 사람들이 기이히 여겼습니다

13:4

2532	4352	3588	1404	3754	1325	3588	1849	3588
καί	προσκυνέω	ὁ	δράκων	ὅτι	δίδωμι	ὁ	ἐξουσία	ὁ
καὶ	προσεκύνησαν	τῷ	δράκοντι,	ὅτι	ἔδωκεν	τὴν	ἐξουσίαν	τῷ
CC	VIAA3P	DDMS	NDMS	CS	VIAA3S	DAFS	NAFS	DDNS
그래서	그들이 예배를 드렸으며	그	용에게	때문에	용이 주었기	그	권세를	그

2342	2532	4352	3588	2342	3004	5101	3664
θηρίον	καί	προσκυνέω	ὁ	θηρίον	λέγω	τίς	ὅμοιος
θηρίῳ,	καὶ	προσεκύνησαν	τῷ	θηρίῳ	λέγοντες,	Τίς	ὅμοιος
NDNS	CC	VIAA3P	DDNS	NDNS	VPPANMP	APTNMS	ANMS
짐승에게	또	그들이 예배를 드렸으며	그	짐승에게	말하고 있습니다	누가	같은 자이냐

3588	2342	2532	5101	1410	4170	3326	846
ὁ	θηρίον	καί	τίς	δύναμαι	πολεμέω	μετά	αὐτός
τῷ	θηρίῳ	καὶ	τίς	δύναται	πολεμῆσαι	μετ’	αὐτοῦ
DDNS	NDNS	CC	APTNMS	VIPN3S	VNAA	PG	NPGN3S
그	짐승과	그리고	누가	능력이 있느냐	싸울 수 있는	에게	짐승과

용이 짐승에게 권세를 주었기 때문에 그들이 용에게 또 짐승에게도 예배를 드렸으며 누가 감히 짐승과 같은 자이냐 그리고 누가 감히 짐승과 함께 싸울 수 있는 능력이 있느냐 하고 말하고 있습니다

13:5

2532	1325	846	4750	2980	3173	2532	988	2532
καί	δίδωμι	αὐτός	στόμα	λαλέω	μέγας	καί	βλασφημία	καί
Καὶ	ἐδόθη	αὐτῷ	στόμα	λαλοῦν	μεγάλα	καὶ	βλασφημίας	καὶ
CC	VIAP3S	NPDN3S	NNNS	VPPANNS	APANP	CC	NAFP	CC
그리고	주어졌으며	짐승에게	입이	말하게 하는	큰소리로	그리고	하나님의 말씀을 반대하여	그래서

1325	846	1849	4160	3376	5062	2532	1417
δίδωμι	αὐτός	ἐξουσία	ποιέω	μήν	τεσσαράκοντα	καί	δύο
ἐδόθη	αὐτῷ	ἐξουσία	ποιῆσαι	μῆνας	τεσσεράκοντα	καὶ	δύο.
VIAP3S	NPDN3S	NNFS	VNAA	NAMP	ACAMP	CC	ACAMP
주어졌습니다	짐승에게	권세가	행사할 수 있는	달을	마흔	그리고	두

하나님의 말씀을 반대하여 큰소리로 말하게 하는 입이 짐승에게 주어졌으며 마흔 두 달을 행사할 수 있는 권세가 짐승에게 주어졌습니다

	2532	455	3588	4750	846	1519	988	4314	3588	2316
	καί	ἀνοίγω	ὁ	στόμα	αὐτός	εἰς	βλασφημία	πρός	ὁ	θεός
13:6	καὶ	ἤνοιξεν	τὸ	στόμα	αὐτοῦ	εἰς	βλασφημίας	πρὸς	τὸν	θεὸν
	CC	VIAA3S	DANS	NANS	NPGN3S	PA	NAFP	PA	DAMS	NAMS
	그리고	짐승이 열었으며	그	입을	자신의	위하여	반대를	향하여	그	하나님을

987	3588	3686	846	2532	3588	4633	846	3588
βλασφημέω	ὁ	ὄνομα	αὐτός	καί	ὁ	σκηνή	αὐτός	ὁ
βλασφημῆσαι	τὸ	ὄνομα	αὐτοῦ	καὶ	τὴν	σκηνὴν	αὐτοῦ,	τοὺς
VNAA	DANS	NANS	NPGM3S	CC	DAFS	NAFS	NPGM3S	DAMP
반대 하기 위하여	그	이름을	하나님의	그리고	그	장막을	하나님의	그

1722	3588	3772	4637
ἐν	ὁ	οὐρανός	σκηνόω
ἐν	τῷ	οὐρανῷ	σκηνοῦντας.
PD	DDMS	NDMS	VPPAAMP
있는	그	하늘 안에	거하고 있는 자들에게

짐승이 하나님을 향하여 반대를 위하여 하늘 안에 거하고 있는 자들에게 하나님의 이름과 하나님의 장막을 반대하기 위하여 자신의 입을 열었으며

	2532	1325	846	4160	4171	3326	3588	40	2532	3528
	καί	δίδωμι	αὐτός	ποιέω	πόλεμος	μετά	ὁ	ἅγιος	καί	νικάω
13:7	καὶ	ἐδόθη	αὐτῷ	ποιῆσαι	πόλεμον	μετὰ	τῶν	ἁγίων	καὶ	νικῆσαι
	CC	VIAP3S	NPDN3S	VNAA	NAMS	PG	DGMP	APGMP	CC	VNAA
	그리고	주어졌고	짐승에게	하여	싸움을	함께	그	성도들과	그리고	이기도록하는것이

846	2532	1325	846	1849	1909	3956	5443	2532	2992
αὐτός	καί	δίδωμι	αὐτός	ἐξουσία	ἐπί	πᾶς	φυλή	καί	λαός
αὐτούς,	καὶ	ἐδόθη	αὐτῷ	ἐξουσία	ἐπὶ	πᾶσαν	φυλὴν	καὶ	λαὸν
NPAM3P	CC	VIAP3S	NPDN3S	NNFS	PA	AAFS	NAFS	CC	NAMS
성도들을	또한	주어졌습니다	짐승에게	권세가	다스리는	모든	족속을	그리고	백성과

2532	1100	2532	1484
καί	γλῶσσα	καί	ἔθνος
καὶ	γλῶσσαν	καὶ	ἔθνος.
CC	NAFS	CC	NANS
그리고	방언을	그리고	민족을

성도들과 함께 싸움을 하여 성도들을 이기도록 하는 것이 짐승에게 주어졌고 또한 모든 족속과 백성과 방언을 그리고 민족을 다스리는 권세가 짐승에게 주어졌습니다

13:8

2532	4352	846	3956	3588	2730	1909	3588
καί	προσκυνέω	αὐτός	πᾶς	ὁ	κατοικέω	ἐπί	ὁ
καὶ	προσκυνήσουσιν	αὐτὸν	πάντες	οἱ	κατοικοῦντες	ἐπὶ	τῆς
CC	VIFA3P	NPAM3S	ANMP	DNMP	VPPANMP	PG	DGFS
그래서	예배를 드릴 것입니다	짐승에게	모든 사람들이	그	거하고 있는	위에	그

1093	3739	3756	1125	3588	3686	846	1722	3588	975	3588
γῆ	ὅς	οὐ	γράφω	ὁ	ὄνομα	αὐτός	ἐν	ὁ	βιβλίον	ὁ
γῆς,	οὗ	οὐ	γέγραπται	τὸ	ὄνομα	αὐτοῦ	ἐν	τῷ	βιβλίῳ	τῆς
NGFS	APRGMS	QN	VIRP3S	DNNS	NNNS	NPGM3S	PD	DDNS	NDNS	DGFS
땅	그의	못한	기록되지	그	이름이	자신의	안에	그	책에	그

2222	3588	721	3588	4969	575	2602	2889
ζωή	ὁ	ἀρνίον	ὁ	σφάζω	ἀπό	καταβολή	κόσμος
ζωῆς	τοῦ	ἀρνίου	τοῦ	ἐσφαγμένου	ἀπὸ	καταβολῆς	κόσμου.
NGFS	DGNS	NGNS	DGNS	VPRPGNS	PG	NGFS	NGMS
생명의	그	어린양의	그	십자가에서 죽임을 당한	부터	예수님이 오신 때로	세상에

예수님이 세상에 오신 때로부터 십자가에서 죽임을 당한 어린양의 생명책에 자신의 이름이 기록되지 못한 땅위에 거하고 있는 모든 사람들이 짐승에게 예배를 드릴 것입니다

13:9

1488	5100	2192	3775	191
εἰ	τὶς	ἔχω	οὖς	ἀκούω
Εἴ	τις	ἔχει	οὖς	ἀκουσάτω.
CS	APINMS	VIPA3S	NANS	VMAA3S
만일	자는	가지고 있는	귀를	들을 수 있도록 하라

하나님의 말씀을 들을 귀를 가지고 있는 자는 하나님의 말씀을 들을 수 있도록 하라

13:10

1488	5100	1519	161	1519	161	5217	1488	5100
εἰ	τὶς	εἰς	αἰχμαλωσία	εἰς	αἰχμαλωσία	ὑπάγω	εἰ	τὶς
εἴ	τις	εἰς	αἰχμαλωσίαν,	εἰς	αἰχμαλωσίαν	ὑπάγει·	εἴ	τις
CS	APINMS	PA	NAFS	PA	NAFS	VIPA3S	CS	APINMS
만일	자는	향하여	포로로 사로잡는 자를 있는	향하여	포로로 사로잡는 자에게	들어가는것이며	만일	자는

1722	3162	615	846	1722	3162	615
ἐν	μάχαιρα	ἀποκτείνω	αὐτός	ἐν	μάχαιρα	ἀποκτείνω
ἐν	μαχαίρῃ	ἀποκτανθῆναι	αὐτὸν	ἐν	μαχαίρῃ	ἀποκτανθῆναι.
PD	NDFS	VNAP	NPAM3S	PD	NDFS	VNAP
안에	검으로	생명을 없어지게 하는	자신에게도	안에	검으로	생명이 없어지게 하는 것이다

5602	1510	3588	5281	2532	3588	4102	3588	40
ὧδε	εἰμί	ὁ	ὑπομονή	καί	ὁ	πίστις	ὁ	ἅγιος
Ὧδέ	ἐστιν	ἡ	ὑπομονὴ	καὶ	ἡ	πίστις	τῶν	ἁγίων.
AB	VIPA3S	DNFS	NNFS	CC	DNFS	NNFS	DGMP	APGMP
여기	이다	그	그리스도안에있는것이	역시	그	믿음이다	그	성도들의

포로로 사로잡는 자를 향하여 있는 자는 포로로 사로잡는 자를 향하여 들어가는 것이며 만일 검으로 생명을 없어지게 하는 자는 자신에게도 검으로 생명이 없어지게 하는 것이다 여기 그리스도 안에 있는 것이 성도들의 믿음이다

	2532	1492	243	2342	305	1537	3588	1093	2532	2192
	καί	εἰδῶ	ἄλλος	θηρίον	ἀναβαίνω	ἐκ	ὁ	γῆ	καί	ἔχω
13:11	Καὶ	εἶδον	ἄλλο	θηρίον	ἀναβαῖνον	ἐκ	τῆς	γῆς,	καὶ	εἶχεν
	CC	VIAA1S	AANS	NANS	VPPAANS	PG	DGFS	NGFS	CC	VIIA3S
	그리고	내가 보니	다른	짐승을	올라오고 있는	부터	그	땅에서	그리고	가지고 있고

2768	1417	3664	721	2532	2980	5613	1404
κέρας	δύο	ὅμοιος	ἀρνίον	καί	λαλέω	ὡς	δράκων
κέρατα	δύο	ὅμοια	ἀρνίῳ	καὶ	ἐλάλει	ὡς	δράκων.
NANP	ACANP	AANP	NDNS	CC	VIIA3S	CS	NNMS
뿔을	두	같은	어린양	그리고	말하고있습니다	같이	용과

땅에서부터 올라오고 있는 다른 짐승을 내가 보니 어린 양 같은 두 뿔을 가지고 있고 용과 같이 말하고 있습니다

	2532	3588	1849	3588	4413	2342	3956	4160	1799
	καί	ὁ	ἐξουσία	ὁ	πρῶτος	θηρίον	πᾶς	ποιέω	ἐνώπιον
13:12	καὶ	τὴν	ἐξουσίαν	τοῦ	πρώτου	θηρίου	πᾶσαν	ποιεῖ	ἐνώπιον
	CC	DAFS	NAFS	DGNS	AOGNS	NGNS	AAFS	VIPA3S	PG
	그리고	그	권세를	그	첫째	짐승의	모든	행사하게하며	앞에서

846	2532	4160	3588	1093	2532	3588	1722	846	2730
αὐτός	καί	ποιέω	ὁ	γῆ	καί	ὁ	ἐν	αὐτός	κατοικέω
αὐτοῦ,	καὶ	ποιεῖ	τὴν	γῆν	καὶ	τοὺς	ἐν	αὐτῇ	κατοικοῦντας
NPGN3S	CC	VIPA3S	DAFS	NAFS	CC	DAMP	PD	NPDF3S	VPPAAMP
자신의	그리고	행사하고있다	그	세상을	그리고	그	안에	짐승	거하고 있는 자들에게

2443	4352	3588	2342	3588	4413	3739	2323
ἵνα	προσκυνέω	ὁ	θηρίον	ὁ	πρῶτος	ὅς	θεραπεύω
ἵνα	προσκυνήσουσιν	τὸ	θηρίον	τὸ	πρῶτον,	οὗ	ἐθεραπεύθη
CC	VIFA3P	DANS	NANS	DANS	AOANS	APRGNS	VIAP3S
위하여	예배를 드릴 수 있도록 하기	그	짐승에게	그	첫째	그는	나아지게 된

3588	4127	3588	2288	846
ὁ	πληγή	ὁ	θάνατος	αὐτός
ἡ	πληγὴ	τοῦ	θανάτου	αὐτοῦ.
DNFS	NNFS	DGMS	NGMS	NPGN3S
그	상처가	그	사망의	자신의

첫째 짐승의 모든 권세를 자신의 앞에서 행사하게 하며 자신의 사망의 상처가 나아지게 된 첫째 짐승에게 예배를 드릴 수 있도록 하기 위하여 세상 사람에게 또 짐승 안에 거하고 있는 자들에게 행사를 하고 있으며

	2532	4160	4592	3173	2443	2532	4442	4160	1537	3588	3772
	καί	ποιέω	σημεῖον	μέγας	ἵνα	καί	πῦρ	ποιέω	ἐκ	ὁ	οὐρανός
13:13	καὶ	ποιεῖ	σημεῖα	μεγάλα,	ἵνα	καὶ	πῦρ	ποιῇ	ἐκ	τοῦ	οὐρανοῦ
	CC	VIPA3S	NANP	AANP	CC	AB	NANS	VSPA3S	PG	DGMS	NGMS
	있고	행사하고	표적들을	큰	위하여	또	불이	하기	부터	그	하늘에서

2597	1519	3588	1093	1799	3588	444
καταβαίνω	εἰς	ὁ	γῆ	ἐνώπιον	ὁ	ἄνθρωπος
καταβαίνειν	**εἰς**	**τὴν**	**γῆν**	**ἐνώπιον**	**τῶν**	**ἀνθρώπων,**
VNPA	PA	DAFS	NAFS	PG	DGMP	NGMP
내려오도록	향하여	그	땅으로	앞에	그	사람들의

사람들의 앞에 하늘로부터 땅으로 불이 내려오도록 하기 위하여 큰 표적들을 행사하고 있고

13:14

2532	4105	3588	2730	1909	3588	1093	1223	3588	4592
καί	πλανάω	ὁ	κατοικέω	ἐπί	ὁ	γῆ	διά	ὁ	σημεῖον
καὶ	**πλανᾷ**	**τοὺς**	**κατοικοῦντας**	**ἐπὶ**	**τῆς**	**γῆς**	**διὰ**	**τὰ**	**σημεῖα**
CH	VIPA3S	DAMP	VPPAAMP	PG	DGFS	NGFS	PA	DANP	NANP
그리고	미혹하고있으며	그	거하고 있는 자들을	위에	그	땅	통하여	그	표적들을

3739	1325	846	4160	1799	3588	2342	3004	3588
ὅς	δίδωμι	αὐτός	ποιέω	ἐνώπιον	ὁ	θηρίον	λέγω	ὁ
ἃ	**ἐδόθη**	**αὐτῷ**	**ποιῆσαι**	**ἐνώπιον**	**τοῦ**	**θηρίου,**	**λέγων**	**τοῖς**
APRNNP	VIAP3S	NPDN3S	VNAA	PG	DGNS	NGNS	VPPANMS	DDMP
것을	주어진	자신에게	행사하여	앞에서	그	짐승의	말하고 있다	그

2730	1909	3588	1093	4160	1504	3588	2342	3739
κατοικέω	ἐπί	ὁ	γῆ	ποιέω	εἰκών	ὁ	θηρίον	ὅς
κατοικοῦσιν	**ἐπὶ**	**τῆς**	**γῆς**	**ποιῆσαι**	**εἰκόνα**	**τῷ**	**θηρίῳ,**	**ὅς**
VPPADMP	PG	DGFS	NGFS	VNAA	NAFS	DDNS	NDNS	APRNMS
거하고 있는 자들에게	에	그	땅	만들 것을	대신 일하는 자를	그	짐승에게	그는

2192	3588	4127	3588	3162	2532	2198
ἔχω	ὁ	πληγή	ὁ	μάχαιρα	καί	ζάω
ἔχει	**τὴν**	**πληγὴν**	**τῆς**	**μαχαίρης**	**καὶ**	**ἔζησεν.**
VIPA3S	DAFS	NAFS	DGFS	NGFS	CC	VIAA3S
가지고있다가	그	상처를	그	검의	다시	살아난 짐승이

자신에게 주어진 표적들을 통하여 짐승 앞에서 행사하여 땅위에 거하고 있는 자들을 미혹하고 있으며 검의 상처를 가지고 있다가 다시 살아난 짐승이 땅에 거하고 있는 자들은 짐승에게 짐승의 일을 대행하는 자를 만들 것을 말하고 있습니다

13:15

2532	1325	846	1325	4151	3588	1504	3588	2342	2443	2532
καί	δίδωμι	αὐτός	δίδωμι	πνεῦμα	ὁ	εἰκών	ὁ	θηρίον	ἵνα	καί
καὶ	**ἐδόθη**	**αὐτῷ**	**δοῦναι**	**πνεῦμα**	**τῇ**	**εἰκόνι**	**τοῦ**	**θηρίου,**	**ἵνα**	**καὶ**
CC	VIAP3S	NPDN3S	VNAA	NANS	DDFS	NDFS	DGNS	NGNS	CH	AB
그리고	받게되었습니다	그에게	주어서	영을	에게도	일을대행하는자	그	짐승의	위하여	또한

2980	3588	1504	3588	2342	2532	4160	2443	3745	1437	3361
λαλέω	ὁ	εἰκών	ὁ	θηρίον	καί	ποιέω	ἵνα	ὅσος	ἐάν	μή
λαλήσῃ	**ή**	**εἰκὼν**	**τοῦ**	**θηρίου**	**καὶ**	**ποιήσῃ**	**ἵνα**	**ὅσοι**	**ἐὰν**	**μὴ**
VSAA3S	DNFS	NNFS	DGNS	NGNS	CC	VSAA3S	CC	APRNMP	QV	QN
짐승의말을하게하고		일을대행하는자도	그	짐승의	그래서	권세를행사하기	위하여	자들은	만일	않는

4352 3588 1504 3588 2342 615
προσκυνέω ὁ εἰκών ὁ θηρίον ἀποκτείνω
προσκυνήσωσιν τῇ εἰκόνι τοῦ θηρίου ἀποκτανθῶσιν.
VSAA3P DDFS NDFS DGNS NGNS VSAP3P
예배를 드리지 그 대행하는자에게 그 짐승의 일을 죽이기

짐승의 일을 대행하는 자에게 예배를 드리지 않는 자들은 죽이기 위하여 짐승의 일을 대행하는 자도 짐승의 말을 하게하고 짐승의 권세를 행사하기 위하여 짐승의 일을 대행하는 자에게 영을 주어 그에게 받게 되었습니다

2532 4160 3956 3588 3398 2532 3588 3173 2532 3588
καί ποιέω πᾶς ὁ μικρός καί ὁ μέγας καί ὁ
13:16 **καὶ ποιεῖ πάντας, τοὺς μικροὺς καὶ τοὺς μεγάλους, καὶ τοὺς**
CC VIPA3S APAMP DAMP APAMP CC DAMP APAMP CC DAMP
또한 행사하고있으며 모든 사람들에게 그 작은 자들이나 또 그 큰 자들 또 그

4145 2532 3588 4434 2532 3588 1658 2532 3588
πλούσιος καί ὁ πτωχός καί ὁ ἐλεύθερος καί ὁ
πλουσίους καὶ τοὺς πτωχούς, καὶ τοὺς ἐλευθέρους καὶ τοὺς
APAMP CC DAMP APAMP CC DAMP APAMP CC DAMP
부자들에게 또 그 가난한 자들에게 또 그 자유자들이나 또 그

1401 2443 1325 846 5480 1909 3588 5495 846
δοῦλος ἵνα δίδωμι αὐτός χάραγμα ἐπί ὁ χείρ αὐτός
δούλους, ἵνα δῶσιν αὐτοῖς χάραγμα ἐπὶ τῆς χειρὸς αὐτῶν
NAMP CC VSAA3P NPDM3P NANS PG DGFS NGFS NPGM3P
종들에게 위하여 받게 하기 그들에게 표를 위에 그 손 그들의

3588 1188 2228 1909 3588 3359 846
ὁ δεξιός ἤ ἐπί ὁ μέτωπον αὐτός
τῆς δεξιᾶς ἢ ἐπὶ τὸ μέτωπον αὐτῶν
DGFS AGFS CC PA DANS NANS NPGM3P
그 오른 또 위에 그 이마 그들의

또한 작은 자들이나 큰 자들 모든 사람들에게 또 부자들이나 가난한 자들에게 또 자유자들이나 종들에게 그들의 오른 손위에 그리고 그들의 이마 위에 짐승의 표를 그들에게 받게 하기 위하여 행사하고 있으며

2532 2443 3361 5100 1410 59 2228 4453 1488 3361 3588 2192
καί ἵνα μή τὶς δύναμαι ἀγοράζω ἤ πωλέω εἶ μή ὁ ἔχω
13:17 **καὶ ἵνα μή τις δύνηται ἀγοράσαι ἢ πωλῆσαι εἰ μὴ ὁ ἔχων**
CC CC QN APINMS VSPN3S VNAA CC VNAA CS QN DNMS VPPANMS
그리고 위해서 없도록 누구든지 할수하기입니다 사거나 또 파는 것을 만일 않는 자는 가지고 있지

3588 5480 3588 3686 3588 2342 2228 3588 706 3588
ὁ χάραγμα ὁ ὄνομα ὁ θηρίον ἤ ὁ ἀριθμός ὁ
τὸ χάραγμα τὸ ὄνομα τοῦ θηρίου ἢ τὸν ἀριθμὸν τοῦ
DANS NANS DANS NANS DGNS NGNS CC DAMS NAMS DGNS
그 표를 그 이름인 그 짐승의 또 그 수를 그

3686	846
ὄνομα	αὐτός
ὀνόματος	αὐτοῦ.
NGNS	NPGN3S
이름인	짐승의

누구든지 짐승의 이름인 표를 또 짐승의 이름인 수를 가지고 있지 않는 자는 사거나 파는 것을 할 수 없도록 하기 위해서 입니다

13:18

5602	3588	4678	1510	3588	2192	3563	5585	3588	706
ὧδε	ὁ	σοφία	εἰμί	ὁ	ἔχω	νοῦς	ψηφίζω	ὁ	ἀριθμός
Ὧδε	ἡ	σοφία	ἐστίν.	ὁ	ἔχων	νοῦν	ψηφισάτω	τὸν	ἀριθμὸν
AB	DNFS	NNFS	VIPA3S	DNMS	VPPANMS	NAMS	VMAA3S	DAMS	NAMS
여기	그	지혜이 신분이	있으니	자는	가지고있는	지혜의마음을	알 수 있도록 하라	그	수를

3588	2342	706	1063	444	1510	2532	3588	706
ὁ	θηρίον	ἀριθμός	γάρ	ἄνθρωπος	εἰμί	καί	ὁ	ἀριθμός
τοῦ	θηρίου,	ἀριθμὸς	γὰρ	ἀνθρώπου	ἐστίν,	καὶ	ὁ	ἀριθμὸς
DGNS	NGNS	NNMS	CS	NGMS	VIPA3S	CC	DNMS	NNMS
그	짐승의 말인	수가	왜냐하면	사람에게	있기 때문에	그러므로	그	수가

846	1812	1835	1803
αὐτός	ἑξακόσιοι	ἑξήκοντα	ἕξ
αὐτοῦ	ἑξακόσιοι	ἑξήκοντα	ἕξ.
NPGN3S	APCNMP	APCNMP	APCNMP
짐승의 말인	육백	육십	육이다

여기 지혜이신 분이 있으니 지혜의 마음을 가지고 있는 자는 대제사장인 짐승의 말인 그 수를 알 수 있도록 하라 왜냐하면 사람에게 짐승의 말인 수가 있기 때문에 대제사장인 짐승의 입에서 나온 말인 그 수가 육백 육십육이다

14:1

2532	1492	2532	2400	3588	721	2476	1909	3588	3735	4622	2532
καί	εἴδω	καί	ἰδού	ὁ	ἀρνίον	ἵστημι	ἐπί	ὁ	ὄρος	Σιών	καί
Καὶ	εἶδον,	καὶ	ἰδοὺ	τὸ	ἀρνίον	ἑστὸς	ἐπὶ	τὸ	ὄρος	Σιὼν	καὶ
CC	VIAA1S	CC	QS	DNNS	NNNS	VPRANNS	PA	DANS	NANS	NGFS	CC
그리고	내가 봤습니다	역시	보라	그	어린양이	서있었고	위에	그	산	시온	그리고

3326	846	1540	5062	5064	5505	2192
μετά	αὐτός	ἑκατόν	τεσσαράκοντα	τέσσαρες	χιλιάς	ἔχω
μετ’	αὐτοῦ	ἑκατὸν	τεσσεράκοντα	τέσσαρες	χιλιάδες	ἔχουσαι
PG	NPGM3S	ACNFP	ACNFP	ACNFP	NNFP	VPPANFP
함께	자신과	십	사만	사	천이	가지고 있는

3588	3686	846	2532	3588	3686	3588	3962	846	1125
ὁ	ὄνομα	αὐτός	καί	ὁ	ὄνομα	ὁ	πατήρ	αὐτός	γράφω
τὸ	ὄνομα	αὐτοῦ	καὶ	τὸ	ὄνομα	τοῦ	πατρὸς	αὐτοῦ	γεγραμμένον
DANS	NANS	NPGM3S	CC	DANS	NANS	DGMS	NGMS	NPGM3S	VPRPANS
그	이름을	어린 양의	또한	그	이름을	그	아버지의	자신의	기록이 된

1909	3588	3359	846
ἐπί	ὁ	μέτωπον	αὐτός
ἐπὶ	τῶν	μετώπων	αὐτῶν.
PG	DGNP	NGNP	NPGM3P
위에	그	이마	그 자신들의

보라 어린 양의 이름을 가지고 있는 십사만 사천이 어린양과 함께 시온 산위에 어린양이 서 있었고 또한 자신들의 이마위에 기록된 자신의 아버지의 이름을 내가 봤습니다

14:2

2532	191	5456	1537	3588	3772	5613	5456	5204	4183
καί	ἀκούω	φωνή	ἐκ	ὁ	οὐρανός	ὡς	φωνή	ὕδωρ	πολύς
καὶ	ἤκουσα	φωνὴν	ἐκ	τοῦ	οὐρανοῦ	ὡς	φωνὴν	ὑδάτων	πολλῶν
CC	VIAA1S	NAFS	PG	DGMS	NGMS	CS	NAFS	NGNP	AGNP
그리고	내가 들었고	음성을	부터	그	하늘에서	것을	음성 같은	물들의	많은

2532	5613	5456	1027	3173	2532	3588	5456	3739	191	5613
καί	ὡς	φωνή	βροντή	μέγας	καί	ὁ	φωνή	ὅς	ἀκούω	ὡς
καὶ	ὡς	φωνὴν	βροντῆς	μεγάλης,	καὶ	ἡ	φωνὴ	ἣν	ἤκουσα	ὡς
CC	CS	NAFS	NGFS	AGFS	CC	DNFS	NNFS	APRAFS	VIAA1S	CS
그리고	같은	음성을	우레와	큰	그리고	그	음성은	그것을	내가 들었습니다	같은

2790	2789	1722	3588	2788	846
κιθαρῳδός	κιθαρίζω	ἐν	ὁ	κιθάρα	αὐτός
κιθαρῳδῶν	κιθαριζόντων	ἐν	ταῖς	κιθάραις	αὐτῶν.
NGMP	VPPAGMP	PD	DDFP	NDFP	NPGM3P
악기와	연주하고 있는 자들의	로	그	악기로	자신들의

하늘에서부터 많은 물들의 음성 같은 것을 또 큰 우레와 같은 음성을 내가 들었으며 그 음성이 자신들의 악기로 연주하고 있는 자들의 악기와 같은 음성은 내가 들었습니다

14:3

2532	103	5613	5603	2537	1799	3588	2362	2532	1799
καί	ᾄδω	ὡς	ᾠδή	καινός	ἐνώπιον	ὁ	θρόνος	καί	ἐνώπιον
καὶ	ᾄδουσιν	ὡς	ᾠδὴν	καινὴν	ἐνώπιον	τοῦ	θρόνου	καὶ	ἐνώπιον
CC	VIPA3P	CS	NAFS	AAFS	PG	DGMS	NGMS	CC	PG
그리고	그들이 부르니	같이	노래를	새	앞에서	그	보좌	그리고	앞에서

3588	5064	2226	2532	3588	4245	2532	3762	1410
ὁ	τέσσαρες	ζῷον	καί	ὁ	πρεσβύτερος	καί	οὐδείς	δύναμαι
τῶν	τεσσάρων	ζῴων	καὶ	τῶν	πρεσβυτέρων,	καὶ	οὐδεὶς	ἐδύνατο
DGNP	ACGNP	NGNP	CC	DGMP	APGMP	CC	APCNMS	VIIN3S
그	네	선지자들과	그리고	그	장로들	그리고	아무도없다	능력이있는자는

3129	3588	5603	1488	3361	3588	1540	5062	5064
μανθάνω	ὁ	ᾠδή	εἶ	μή	ὁ	ἑκατόν	τεσσαράκοντα	τέσσαρες
μαθεῖν	τὴν	ᾠδὴν	εἰ	μὴ	αἱ	ἑκατὸν	τεσσεράκοντα	τέσσαρες
VNAA	DAFS	NAFS	CS	QN	DNFP	ACNFP	ACNFP	ACNFP
배울 수 있는	그	노래를	만일	아니면	그	십	사만	사

5505	3588	59	575	3588	1093
χιλιάς	ὁ	ἀγοράζω	ἀπό	ὁ	γῆ
χιλιάδες,	οἱ	ἠγορασμένοι	ἀπὸ	τῆς	γῆς.
NNFP	DNMP	VPRPNMP	PG	DGFS	NGFS
천이	그	값 주고 사진 사람들인	부터	그	땅에서

그들이 보좌 앞에서 또 네 선지자들과 장로들 앞에서 새 노래를 같이 부르니 노래를 배울 수 있는 능력이 있는 자는 땅에서부터 값 주고 사진 사람들인 십사만 사천이 아니면 아무도 없습니다

	3778	1510	3739	3326	1135	3756	3435	3933
	οὗτος	εἰμί	ὅς	μετά	γυνή	οὐ	μολύνω	παρθένος
14:4	οὗτοί	εἰσιν	οἵ	μετὰ	γυναικῶν	οὐκ	ἐμολύνθησαν,	παρθένοι
	APDNMP	VIPA3P	APRNMP	PG	NGFP	QN	VIAP3P	NNMP
	이 사람들은	이다	자들	함께	음녀인 여자들과	않았	더럽혀지지 습니다	처녀들로 때문에

1063	1510	3778	3588	190	3588	721	3699	302	5217
γάρ	εἰμί	οὗτος	ὁ	ἀκολουθέω	ὁ	ἀρνίον	ὅπου	ἄν	ὑπάγω
γάρ	εἰσιν,	οὗτοι	οἱ	ἀκολουθοῦντες	τῷ	ἀρνίῳ	ὅπου	ἂν	ὑπάγῃ.
CS	VIPA3P	APDNMP	DNMP	VPPANMP	DDNS	NDNS	CS	QV	VSPA3S
왜냐하면	있기	그 자신들은	그	따라가는 자들이며	그	어린양에게	어디로	든지	인도하든지

3778	59	575	3588	444	536	3588	2316	2532
οὗτος	ἀγοράζω	ἀπό	ὁ	ἄνθρωπος	ἀπαρχή	ὁ	θεός	καί
οὗτοι	ἠγοράσθησαν	ἀπὸ	τῶν	ἀνθρώπων	ἀπαρχὴ	τῷ	θεῷ	καὶ
APDNMP	VIAP3P	PG	DGMP	NGMP	NNFS	DDMS	NDMS	CC
그들이	값을 주고사졌기 때문에	부터	그	세상 사람들로	처음 익은 열매입니다	그	하나님에게	또

3588	721
ὁ	ἀρνίον
τῷ	ἀρνίῳ,
DDNS	NDNS
그	어린양에게

이 사람들은 음녀인 여자와 함께 더럽혀지지 않았습니다 왜냐하면 그들은 처녀들로 있기 때문에 그 자신들은 어린 양이 어디로 인도하든지 어린양에게 따라가는 자들이며 세상 사람들로부터 값 주고 사졌기 때문에 하나님에게 또 어린 양에게 처음 익은 열매입니다

	2532	1722	3588	4750	846	3756	2147	5579	299	1510
	καί	ἐν	ὁ	στόμα	αὐτός	οὐ	εὑρίσκω	ψεῦδος	ἄμωμος	εἰμί
14:5	καὶ	ἐν	τῷ	στόματι	αὐτῶν	οὐχ	εὑρέθη	ψεῦδος,	ἄμωμοί	εἰσιν.
	CC	PD	DDNS	NDNS	NPGM3P	QN	VIAP3S	NNNS	ANMP	VIPA3P
	또한	안에	그	입에서	그들의	않는	발견되지	거짓말을 한 것이	진실한 자들	입니다

또한 그들의 입에서 거짓말을 한 것이 발견되지 않는 진실한 자들입니다

	2532	1492	243	32	4072	1722	3321
	καί	εἰδῶ	ἄλλος	ἄγγελος	πέτομαι	ἐν	μεσουράνημα
14:6	Καὶ	εἶδον	ἄλλον	ἄγγελον	πετόμενον	ἐν	μεσουρανήματι,
	CC	VIAA1S	AAMS	NAMS	VPPNAMS	PD	NDNS
	그리고	내가보니	다른	사자를	날아가고 있는	안에	하늘로

2192	2098	166	2097	1909	3588	2521
ἔχω	εὐαγγέλιον	αἰώνιος	εὐαγγελίζω	ἐπί	ὁ	κάθημαι
ἔχοντα	**εὐαγγέλιον**	**αἰώνιον**	**εὐαγγελίσαι**	**ἐπὶ**	**τοὺς**	**καθημένους**
VPPAAMS	NANS	AANS	VNAA	PA	DAMP	VPPNAMP
가지고 있는	기쁜 소식을	영원한	기쁜소식을전하기위하여	에게	그	거하고 있는 사람들

1909	3588	1093	2532	1909	3956	1484	2532	5443	2532	1100	2532
ἐπί	ὁ	γῆ	καί	ἐπί	πᾶς	ἔθνος	καί	φυλή	καί	γλῶσσα	καί
ἐπὶ	**τῆς**	**γῆς**	**καὶ**	**ἐπὶ**	**πᾶν**	**ἔθνος**	**καὶ**	**φυλὴν**	**καὶ**	**γλῶσσαν**	**καὶ**
PG	DGFS	NGFS	CC	PA	AANS	NANS	CC	NAFS	CC	NAFS	CC
위에	그	땅	또	위에	모든	민족과	그리고	족속과	그리고	방언과	그리고

2992
λαός
λαόν,
NAMS
백성에게

땅위에 거하고 있는 자들에게 또 모든 민족과 족속과 방언과 백성에게 기쁜 소식을 전하기 위하여 영원한 기쁜 소식을 가지고 있는 하늘로 날아가고 있는 다른 사자를 내가 보니

14:7

3004	1722	5456	3173	5399	3588	2316	2532	1325	846
λέγω	ἐν	φωνή	μέγας	φοβέω	ὁ	θεός	καί	δίδωμι	αὐτός
λέγων	**ἐν**	**φωνῇ**	**μεγάλῃ,**	**Φοβήθητε**	**τὸν**	**θεὸν**	**καὶ**	**δότε**	**αὐτῷ**
VPPANMS	PD	NDFS	ADFS	VMAP2P	DAMS	NAMS	CC	VMAA2P	NPDM3S
말씀하고있습니다	하고	음성으로	큰	너희는 두려워하라	그	하나님을	그리고	너희는드려라	하나님에게

1391	3754	2064	3588	5610	3588	2920	846	2532	4352
δόξα	ὅτι	ἔρχομαι	ὁ	ὥρα	ὁ	κρίσις	αὐτός	καί	προσκυνέω
δόξαν,	**ὅτι**	**ἦλθεν**	**ἡ**	**ὥρα**	**τῆς**	**κρίσεως**	**αὐτοῦ,**	**καὶ**	**προσκυνήσατε**
NAFS	CS	VIAA3S	DNFS	NNFS	DGFS	NGFS	NPGM3S	CC	VMAA2P
영광을	때문에	왔기	그	때가	그	심판의	하나님의	그리고	너희는 예배를 드려라

3588	4160	3588	3772	2532	3588	1093	2532	2281	2532
ὁ	ποιέω	ὁ	οὐρανός	καί	ὁ	γῆ	καί	θάλασσα	καί
τῷ	**ποιήσαντι**	**τὸν**	**οὐρανὸν**	**καὶ**	**τὴν**	**γῆν**	**καὶ**	**θάλασσαν**	**καὶ**
DDMS	VPAADMS	DAMS	NAMS	CC	DAFS	NAFS	CC	NAFS	CC
그	만드신 이에게	그	하늘과	그리고	그	땅을	그리고	바다를	그리고

4077	5204
πηγή	ὕδωρ
πηγὰς	**ὑδάτων.**
NAFP	NGNP
샘을	물들의

그 사자가 큰 음성으로 너희는 하나님을 두려워하라 하나님의 심판의 때가 왔기 때문에 너희는 하나님에게 영광을 드려라 그리고 너희는 하늘과 땅을 그리고 바다를 그리고 물들의 샘을 만드신 이에게 너희는 예배를 드려라 하고 말씀하고 있습니다

14:8

2532	243	32	1208	190	3004	4098
καί	ἄλλος	ἄγγελος	δεύτερος	ἀκολουθέω	λέγω	πίπτω
Καὶ	ἄλλος	ἄγγελος	δεύτερος	ἠκολούθησεν	λέγων,	Ἔπεσεν
CC	ANMS	NNMS	AONMS	VIAA3S	VPPANMS	VIAA3S
그리고	다른	사자가	둘째	음녀를 따라가서	말씀하고 있다	무너졌도다 하고

4098	897	3588	3173	3739	1537	3588	3631	3588	2372	3588
πίπτω	Βαβυλών	ὁ	μέγας	ὅς	ἐκ	ὁ	οἶνος	ὁ	θυμός	ὁ
ἔπεσεν	Βαβυλὼν	ἡ	μεγάλη	ἥ	ἐκ	τοῦ	οἴνου	τοῦ	θυμοῦ	τῆς
VIAA3S	NNFS	DNFS	ANFS	APRNFS	PG	DGMS	NGMS	DGMS	NGMS	DGFS
무너졌도다	바벨론이	그	큰	그	부터	그	포도주에서	그	진노의	그

4202	846	4222	3956	3588	1484
πορνεία	αὐτός	ποτίζω	πᾶς	ὁ	ἔθνος
πορνείας	αὐτῆς	πεπότικεν	πάντα	τὰ	ἔθνη.
NGFS	NPGF3S	VIRA3S	AANP	DANP	NANP
간음한	그 음녀의	마시게 했기 때문에	모든	그	백성들에게

다른 둘째 사자가 음녀를 따라가서 그 음녀의 간음한 진노의 포도주에서부터 모든 백성들에게 마시게 했기 때문에 큰 성 바벨론이 무너졌도다 무너졌도다 하고 말씀하고 있습니다

14:9

2532	243	32	5154	190	846	3004	1722
καί	ἄλλος	ἄγγελος	τρίτος	ἀκολουθέω	αὐτός	λέγω	ἐν
Καὶ	ἄλλος	ἄγγελος	τρίτος	ἠκολούθησεν	αὐτοῖς	λέγων	ἐν
CC	ANMS	NNMS	AONMS	VIAA3S	NPDM3P	VPPANMS	PD
그리고	다른	사자가	셋째	짐승을 따라가서	그들에게	말씀하고 있다	안에

5456	3173	1488	5100	4352	3588	2342	2532	3588	1504
φωνή	μέγας	εἶ	τὶς	προσκυνέω	ὁ	θηρίον	καί	ὁ	εἰκών
φωνῇ	μεγάλῃ,	Εἴ	τις	προσκυνεῖ	τὸ	θηρίον	καὶ	τὴν	εἰκόνα
NDFS	ADFS	CS	APINMS	VIPA3S	DANS	NANS	CC	DAFS	NAFS
음성으로	큰	만일	자는	예배를 드리고 있는	그	짐승과	그리고	그	대신하는 자에게

846	2532	2983	5480	1909	3588	3359	846	2228	1909
αὐτός	καί	λαμβάνω	χάραγμα	ἐπί	ὁ	μέτωπον	αὐτός	ἤ	ἐπί
αὐτοῦ	καὶ	λαμβάνει	χάραγμα	ἐπὶ	τοῦ	μετώπου	αὐτοῦ	ἢ	ἐπὶ
NPGN3S	CC	VIPA3S	NANS	PG	DGNS	NGNS	NPGM3S	CC	PA
짐승의 일을	그리고	영접하는 것이다	짐승의 표를	위에	그	이마	자신의	또	에

3588	5495	846
ὁ	χείρ	αὐτός
τὴν	χεῖρα	αὐτοῦ,
DAFS	NAFS	NPGM3S
그	손	그자신의

다른 셋째 사자가 짐승을 따라가서 큰 음성으로 짐승과 짐승의 일을 대행하는 자에게 예배를 드리고 있는 자는 자신의 이마위에 또 자신의 손에 짐승의 표를 영접하는 것이다 하고 그들에게 말씀하고 있습니다

2532 846 4095 1537 3588 3631 3588 2372 3588 2316 3588
καί αὐτός πίνω ἐκ ὁ οἶνος ὁ θυμός ὁ θεός ὁ
14:10 καὶ αὐτὸς πίεται ἐκ τοῦ οἴνου τοῦ θυμοῦ τοῦ θεοῦ τοῦ
AB NPNM3S VIFD3S PG DGMS NGMS DGMS NGMS DGMS NGMS DGMS
그리고 그 자신은 마시게될것이며 부터 그 포도주로 그 진노의 그 하나님의 것이

2767 194 1722 3588 4221 3588 3709 846
κεράννυμι ἄκρατος ἐν ὁ ποτήριον ὁ ὀργή αὐτός
κεκερασμένου ἀκράτου ἐν τῷ ποτηρίῳ τῆς ὀργῆς αὐτοῦ
VPRPGMS AGMS PD DDNS NDNS DGFS NGFS NPGM3S
섞여진 것이 없는 안에 그 잔으로 그 진노의 하나님의

2532 928 1722 4442 2532 2303 1799 32
καί βασανίζω ἐν πῦρ καί θεῖον ἐνώπιον ἄγγελος
καὶ βασανισθήσεται ἐν πυρὶ καὶ θείῳ ἐνώπιον ἀγγέλων
CC VIFP3S PD NDNS CC NDNS PG NGMP
그리고 고통을 받게 될 것이다 안에서 불과 그리고 유황 앞에서 하나님의 사자들

40 2532 1799 3588 721
ἅγιος καί ἐνώπιον ὁ ἀρνίον
ἁγίων καὶ ἐνώπιον τοῦ ἀρνίου.
AGMP CC PG DGNS NGNS
거룩한 그리고 앞에서 그 어린양

짐승 자신은 하나님의 진노의 포도주로부터 섞여진 것이 없는 하나님의 진노의 잔으로 마시게 될 것이며 거룩한 하나님의 사자들 앞에서 그리고 어린양 앞에서 불과 유황 안에서 고통을 받게 될 것이다

2532 3588 2586 3588 929 846 1519 165 165
καί ὁ καπνός ὁ βασανισμός αὐτός εἰς αἰών αἰών
14:11 καὶ ὁ καπνὸς τοῦ βασανισμοῦ αὐτῶν εἰς αἰῶνας αἰώνων
CC DNMS NNMS DGMS NGMS NPGM3P PA NAMP NGMP
그리고 그 연기가 그 고통의 그 자신들의 토록 영원히 세세

305 2532 3756 2192 372 2250 2532 3571
ἀναβαίνω καί οὐ ἔχω ἀνάπαυσις ἡμέρα καί νύξ
ἀναβαίνει, καὶ οὐκ ἔχουσιν ἀνάπαυσιν ἡμέρας καὶ νυκτὸς
VIPA3S CC QN VIPA3P NAFS NGFS CC NGFS
올라가고 있으며 또한 못하게 가지지 된다 안식을 낮이나 그리고 밤이나

3588 4352 3588 2342 2532 3588 1504 846 2532 1488
ὁ προσκυνέω ὁ θηρίον καί ὁ εἰκών αὐτός καί εἶ
οἱ προσκυνοῦντες τὸ θηρίον καὶ τὴν εἰκόνα αὐτοῦ καὶ εἴ
DNMP VPPANMP DANS NANS CC DAFS NAFS NPGN3S CC CS
그 예배를 드리고 있는 자들과 그 짐승과 그리고 자에게 일을 대신하는 짐승의 그리고 만일

5100 2983 3588 5480 3588 3686 846
τὶς λαμβάνω ὁ χάραγμα ὁ ὄνομα αὐτός
τις λαμβάνει τὸ χάραγμα τοῦ ὀνόματος αὐτοῦ.
APINMS VIPA3S DANS NANS DGNS NGNS NPGN3S
자는 영접하고 있는 그 짐승의 표를 그 이름으로 자신의

자신들의 고통의 연기가 세세토록 영원히 하나님에게 올라가고 있으며 또한 짐승과 짐승의 일을 대행하는 자에게 예배를 드리고 있는 자들과 자신의 이름으로 짐승의 표를 영접하고 있는 자는 낮이나 밤이나 안식을 가지지 못하게 된다

14:12

5602	3588	5281	3588	40	1510	3588	5083	3588	1785
ὧδε	ὁ	ὑπομονή	ὁ	ἅγιος	εἰμί	ὁ	τηρέω	ὁ	ἐντολή
Ὧδε	ἡ	ὑπομονὴ	τῶν	ἁγίων	ἐστίν,	οἱ	τηροῦντες	τὰς	ἐντολὰς
AB	DNFS	NNFS	DGMP	APGMP	VIPA3S	DNMP	VPPANMP	DAFP	NAFP
여기	그	인내	그	성도의	이다	그	지키고 있는 자들이	그	계명들과

3588	2316	2532	3588	4102	2424
ὁ	θεός	καί	ὁ	πίστις	Ἰησοῦς
τοῦ	θεοῦ	καὶ	τὴν	πίστιν	Ἰησοῦ.
DGMS	NGMS	CC	DAFS	NAFS	NGMS
그	하나님의	그리고	그	믿음을	예수님의

여기 하나님의 계명들을 그리고 예수님의 믿음을 지키고 있는 자들이 성도들의 그 인내이다

14:13

2532	191	5456	1537	3588	3772	3004	1125
καί	ἀκούω	φωνή	ἐκ	ὁ	οὐρανός	λέγω	γράφω
Καὶ	ἤκουσα	φωνῆς	ἐκ	τοῦ	οὐρανοῦ	λεγούσης,	Γράψον·
CC	VIAA1S	NGFS	PG	DGMS	NGMS	VPPAGFS	VMAA2S
그리고	내가 들으니	음성을	부터	그	하늘에서	말씀하고 있는	너는 기록하라

3107	3588	3498	3588	1722	2962	599	575	737
μακάριος	ὁ	νεκρός	ὁ	ἐν	κύριος	ἀποθνῄσκω	ἀπό	ἄρτι
Μακάριοι	οἱ	νεκροὶ	οἱ	ἐν	κυρίῳ	ἀποθνῄσκοντες	ἀπ’	ἄρτι.
ANMP	DNMP	APNMP	DNMP	PD	NDMS	VPPANMP	PG	AB
생명을가지고있는자들이라	그	죽은 자들이	자들이	안에서	주	잠자고 있는	부터	이제

3483	3004	3588	4151	2443	373	1537	3588	2873
ναί	λέγω	ὁ	πνεῦμα	ἵνα	ἀναπαύω	ἐκ	ὁ	κόπος
ναί,	λέγει	τὸ	πνεῦμα,	ἵνα	ἀναπαήσονται	ἐκ	τῶν	κόπων
QS	VIPA3S	DNNS	NNNS	CC	VIFP3P	PG	DGMP	NGMP
예하고	말씀하신다	그	성령이	것이니	안식을 하게 될	부터	그	수고에서

846	3588	1063	2041	846	190	3326	846
αὐτός	ὁ	γάρ	ἔργον	αὐτός	ἀκολουθέω	μετά	αὐτός
αὐτῶν,	τὰ	γὰρ	ἔργα	αὐτῶν	ἀκολουθεῖ	μετ’	αὐτῶν.
NPGM3P	DNNP	CS	NNNP	NPGM3P	VIPA3S	PG	NPGM3P
그 자신들의	그	왜냐하면	일들이	자신들의	따라다니고 있기 때문이다	함께	자신들과

내가 하늘에서부터 말씀하고 있는 음성을 들으니 이제부터 주안에서 잠자고 있는 죽은 자들이 생명을 가지고 있는 자들이라 너는 기록하라 자신들의 수고에서부터 안식을 하게 될 것이니 성령이 예하고 말씀 하신다 왜냐하면 자신들의 하나님의 말씀을 증거 한 그 일들이 자신들과 함께 따라다니고 있기 때문이다

14:14

2532	1492	2532	2400	3507	3022	2532	1909	3588	3507
καί	εἶδῶ	καί	ἰδού	νεφέλη	λευκός	καί	ἐπί	ὁ	νεφέλη
Καὶ	εἶδον,	καὶ	ἰδοὺ	νεφέλη	λευκή,	καὶ	ἐπὶ	τὴν	νεφέλην
CC	VIAA1S	CC	QS	NNFS	ANFS	CC	PA	DAFS	NAFS
그리고	내가 보니	역시	보라	구름이 있고	흰	그리고	위에는	그	구름

2521	3664	5207	444	2192	1909	3588	2776
κάθημαι	ὅμοιος	υἱός	ἄνθρωπος	ἔχω	ἐπί	ὁ	κεφαλή
καθήμενον	ὅμοιον	υἱὸν	ἀνθρώπου,	ἔχων	ἐπὶ	τῆς	κεφαλῆς
VPPNAMS	AAMS	NAMS	NGMS	VPPANMS	PG	DGFS	NGFS
앉아 있으며	같은 이가	자	인	가지고 있고	에는	그	머리

846	4735	5552	2532	1722	3588	5495	846	1407
αὐτός	Στέφανος	χρύσεος	καί	ἐν	ὁ	χείρ	αὐτός	δρέπανον
αὐτοῦ	στέφανον	χρυσοῦν	καὶ	ἐν	τῇ	χειρὶ	αὐτοῦ	δρέπανον
NPGM3S	NAMS	AAMS	CC	PD	DDFS	NDFS	NPGM3S	NANS
그의	면류관을	금	그리고	안에	그	손에는	그의	낫을 가지고 있어

3691
ὀξύς
ὀξύ.
AANS
예리한

보라 내가 보니 흰 구름이 있고 그 구름 위에는 인자 같은 이가 앉아 있으며 그의 머리에는 금 면류관을 가지고 있고 그의 손에는 예리한 낫을 가지고 있어

14:15

2532	243	32	1831	1537	3588	3485	2896	1722	5456
καί	ἄλλος	ἄγγελος	ἐξέρχομαι	ἐκ	ὁ	ναός	κράζω	ἐν	φωνή
καὶ	ἄλλος	ἄγγελος	ἐξῆλθεν	ἐκ	τοῦ	ναοῦ	κράζων	ἐν	φωνῇ
CC	ANMS	NNMS	VIAA3S	PG	DGMS	NGMS	VPPANMS	PD	NDFS
그리고	다른	사자가	나와	에서	그	성전	외치고 있습니다	으로	`음성

3173	3588	2521	1909	3588	3507	3992	3588
μέγας	ὁ	κάθημαι	ἐπί	ὁ	νεφέλη	πέμπω	ὁ
μεγάλῃ	τῷ	καθημένῳ	ἐπὶ	τῆς	νεφέλης,	Πέμψον	τὸ
ADFS	DDMS	VPPNDMS	PG	DGFS	NGFS	VMAA2S	DANS
큰	그	앉아있는 이에게	위에	그	구름	당신은 보내소서	그

1407	4771	2532	2325	3754	2064	3588	5610	2325	3754
δρέπανον	σύ	καί	θερίζω	ὅτι	ἔρχομαι	ὁ	ὥρα	θερίζω	ὅτι
δρέπανόν	σου	καὶ	θέρισον,	ὅτι	ἦλθεν	ἡ	ὥρα	θερίσαι,	ὅτι
NANS	NPG2S	CC	VMAA2S	CS	VIAA3S	DNFS	NNFS	VNAA	CS
추수꾼인 낫을	당신의	소서	당신은 거두어들이	그러니	왔으니	그	때가	거두어들이기위한	때문에

3583	3588	2326	3588	1093
ξηραίνω	ὁ	θερισμός	ὁ	γῆ
ἐξηράνθη	ὁ	θερισμὸς	τῆς	γῆς.
VIAP3S	DNMS	NNMS	DGFS	NGFS
거두어들어야 하기	그	추수자가	그	땅을

다른 사자가 성전에서 나와 구름위에 앉아 있는 이에게 추수자가 땅을 거두어들어야 하기 때문에 거두어들이기 위한 때가 왔으니 당신의 추수꾼인 낫을 보내소서 그래서 당신은 거두어 들이소서 하고 큰 음성으로 외치고 있습니다

2532 906 3588 2521 1909 3588 3507 3588 1407
καί βάλλω ὁ κάθημαι ἐπί ὁ νεφέλη ὁ δρέπανον
14:16 καὶ ἔβαλεν ὁ καθήμενος ἐπὶ τῆς νεφέλης τὸ δρέπανον
CH VIAA3S DNMS VPPNNMS PG DGFS NGFS DANS NANS
그러자 보내서 그 앉아 계신 이가 위에 그 구름 그 낫을

846 1909 3588 1093 2532 2325 3588 1093
αὐτός ἐπί ὁ γῆ καί θερίζω ὁ γῆ
αὐτοῦ ἐπὶ τὴν γῆν καὶ ἐθερίσθη ἡ γῆ.
NPGM3S PA DAFS NAFS CH VIAP3S DNFS NNFS
자신의 으로 그 땅 그리고 거두어 졌습니다 그 땅이

그러자 구름위에 앉아 계시는 이가 땅으로 자신의 추수꾼들인 낫을 보내서 그 땅이 거두어 졌습니다

2532 243 32 1831 1537 3588 3485 3588 1722 3588 3772
καί ἄλλος ἄγγελος ἐξέρχομαι ἐκ ὁ ναός ὁ ἐν ὁ οὐρανός
14:17 Καὶ ἄλλος ἄγγελος ἐξῆλθεν ἐκ τοῦ ναοῦ τοῦ ἐν τῷ οὐρανῷ
CC ANMS NNMS VIAA3S PG DGMS NGMS DGMS PD DDMS NDMS
그리고 다른 사자가 나왔으며 에서 그 성전 그 있는 그 하늘 안에

2192 2532 846 1407 3691
ἔχω καί αὐτός δρέπανον ὀξύς
ἔχων καὶ αὐτὸς δρέπανον ὀξύ.
VPPANMS AB NPNM3S NANS AANS
가지고있습니다 그리고 자신이 낫을 예리한

하늘 안에 있는 다른 사자가 성전에서 나왔으며 그자신이 예리한 낫을 가지고 있습니다

2532 243 32 1831 1537 3588 2379 3588 2192
καί ἄλλος ἄγγελος ἐξέρχομαι ἐκ ὁ θυσιαστήριον ὁ ἔχω
14:18 Καὶ ἄλλος ἄγγελος ἐξῆλθεν ἐκ τοῦ θυσιαστηρίου ὁ ἔχων
CC ANMS NNMS VIAA3S PG DGNS NGNS DNMS VPPANMS
그리고 다른 사자가 나와서 부터 그 제단에서 그 가지고 있는

1849 1909 3588 4442 2532 5455 5456 3173 3588
ἐξουσία ἐπί ὁ πῦρ καί φωνέω φωνή μέγας ὁ
ἐξουσίαν ἐπὶ τοῦ πυρός, καὶ ἐφώνησεν φωνῇ μεγάλῃ τῷ
NAFS PG DGNS NGNS CC VIAA3S NDFS ADFS DDMS
권세를 있는 그 불 위에 그리고 불려 음성으로 큰 이에게

2192 3588 1407 3588 3691 3004 3992 4771 3588 1407
ἔχω ὁ δρέπανον ὁ ὀξύς λέγω πέμπω σύ ὁ δρέπανον
ἔχοντι τὸ δρέπανον τὸ ὀξὺ λέγων, Πέμψον σου τὸ δρέπανον
VPPADMS DANS NANS DANS AANS VPPANMS VMAA2S NPG2S DANS NANS
가지고 있는 그 낫을 그 예리한 말씀하고 있다 당신은 보내소서 당신의 그 낫을

3588 3691 2532 5166 3588 1009 3588 288 3588 1093
ὁ ὀξύς καί τρυγάω ὁ βότρυς ὁ ἄμπελος ὁ γῆ
τὸ ὀξὺ καὶ τρύγησον τοὺς βότρυας τῆς ἀμπέλου τῆς γῆς,
DANS AANS CC VMAA2S DAMP NAMP DGFS NGFS DGFS NGFS
그 예리한 그리고 당신은 거두어 들이소서 그 송이들을 그 포도 그 땅의

3754	187	3588	4718	846
ὅτι	ἀκμάζω	ὁ	σταφυλή	αὐτός
ὅτι	ἤκμασαν	αἱ	σταφυλαὶ	αὐτῆς.
CS	VIAA3P	DNFP	NNFP	NPGF3S
때문에	다 익었기	그	포도가	자신의

불 위에 있는 권세를 가지고 있는 다른 사자가 제단에서 나와서 예리한 낫을 가지고 있는 이에게 큰 음성으로 불러 당신의 추수꾼인 예리한 낫을 당신은 보내소서 자신의 포도가 다 익었기 때문에 당신은 땅의 포도송이들을 거두어 들이소서하고 말씀하고 있습니다

14:19

2532	906	3588	32	3588	1407	846	1519	3588	1093	2532
καί	βάλλω	ὁ	ἄγγελος	ὁ	δρέπανον	αὐτός	εἰς	ὁ	γῆ	καί
καὶ	ἔβαλεν	ὁ	ἄγγελος	τὸ	δρέπανον	αὐτοῦ	εἰς	τὴν	γῆν	καὶ
CH	VIAA3S	DNMS	NNMS	DANS	NANS	NPGM3S	PA	DAFS	NAFS	CH
그래서	보내	그	사자가	그	낫을	자신의	으로	그	땅	그리고

5166	3588	288	3588	1093	2532	906	1519	3588	3025
τρυγάω	ὁ	ἄμπελος	ὁ	γῆ	καί	βάλλω	εἰς	ὁ	ληνός
ἐτρύγησεν	τὴν	ἄμπελον	τῆς	γῆς	καὶ	ἔβαλεν	εἰς	τὴν	ληνὸν
VIAA3S	DAFS	NAFS	DGFS	NGFS	CC	VIAA3S	PA	DAFS	NAFS
거두어들여	그	포도를	그	땅의	그리고	넣었더니	에	그	포도를짜는틀

3588	2372	3588	2316	3588	3173
ὁ	θυμός	ὁ	θεός	ὁ	μέγας
τοῦ	θυμοῦ	τοῦ	θεοῦ	τὸν	μέγαν.
DGMS	NGMS	DGMS	NGMS	DAMS	AAMS
그	진노의	그	하나님의	그	큰

사자가 추수꾼들인 자신의 낫을 땅으로 보내서 땅의 포도를 거두어들여 하나님의 진노의 큰 포도를 짜는 틀에 넣었더니

14:20

2532	3961	3588	3025	1855	3588	4172	2532	1831	129
καί	πατέω	ὁ	ληνός	ἔξωθεν	ὁ	πόλις	καί	ἐξέρχομαι	αἷμα
καὶ	ἐπατήθη	ἡ	ληνὸς	ἔξωθεν	τῆς	πόλεως	καὶ	ἐξῆλθεν	αἷμα
CC	VIAP3S	DNFS	NNFS	PG	DGFS	NGFS	CH	VIAA3S	NNNS
그래서	밟혀지니	틀이	포도를 짜는	밖에서	그	성	그런데	나갔습니다	피가

1537	3588	3025	891	3588	5469	3588	2462	575	4712
ἐκ	ὁ	ληνός	ἄχρι	ὁ	χαλινός	ὁ	ἵππος	ἀπό	στάδιον
ἐκ	τῆς	ληνοῦ	ἄχρι	τῶν	χαλινῶν	τῶν	ἵππων	ἀπὸ	σταδίων
PG	DGFS	NGFS	PG	DGMP	NGMP	DGMP	NGMP	PG	NGMP
부터	에서	포도를 짜는틀	까지	그	재갈에	그	말들의	있는	스타디온에

5507	1812
χίλιοι	ἑξακόσιοι
χιλίων	ἑξακοσίων.
ACGMP	ACGMP
일천	육백

성 밖에서 포도를 짜는 틀이 밟혀지니 포도를 짜는 틀에서부터 피가 일천 육백 스타디온에 있는 말들의 재갈에까지 나갔습니다.

	2532	1492	243	4592	1722	3588	3772	3173	2532	2298
	καί	εἰδῶ	ἄλλος	σημεῖον	ἐν	ὁ	οὐρανός	μέγας	καί	θαυμαστός
15:1	Καὶ	εἶδον	ἄλλο	σημεῖον	ἐν	τῷ	οὐρανῷ	μέγα	καὶ	θαυμαστόν,
	CC	VIAA1S	AANS	NANS	PD	DDMS	NDMS	AANS	CC	AANS
	그리고	내가 보니	다른	표적이신	있는	그	하늘 안에	크고	그리고	기이한

32	2033	2192	4127	2033	3588	2078	3754	1722
ἄγγελος	ἑπτά	ἔχω	πληγή	ἑπτά	ὁ	ἔσχατος	ὅτι	ἐν
ἀγγέλους	ἑπτὰ	ἔχοντας	πληγὰς	ἑπτὰ	τὰς	ἐσχάτας,	ὅτι	ἐν
NAMP	ACAMP	VPPAAMP	NAFP	ACAFP	DAFP	AAFP	CS	PD
사자들을	일곱	가지고 있는	재앙을	일곱	그	마지막	때문에	에서

846	5055	3588	2372	3588	2316
αὐτός	τελέω	ὁ	θυμός	ὁ	θεός
αὐταῖς	ἐτελέσθη	ὁ	θυμὸς	τοῦ	θεοῦ.
NPDF3P	VIAP3S	DNMS	NNMS	DGMS	NGMS
이일들	끝이 났기	그	진노가	그	하나님의

하나님의 진노가 이일들에서 끝났기 때문에 하늘 안에 있는 크고 기이한 다른 표적이신 마지막 일곱 재앙을 가지고 있는 일곱 사자를 내가 보니

	2532	1492	5613	2281	5193	3396	4442	2532	3588
	καί	εἰδῶ	ὡς	θάλασσα	ὑάλινος	μίγνυμι	πῦρ	καί	ὁ
15:2	Καὶ	εἶδον	ὡς	θάλασσαν	ὑαλίνην	μεμιγμένην	πυρὶ	καὶ	τοὺς
	CC	VIAA1S	CS	NAFS	AAFS	VPRPAFS	NDNS	CC	DAMP
	그런데	내가 보니	것을	바다 같은	유리	섞여져 있는	불로	그리고	그

3528	1537	3588	2342	2532	1537	3588	1504	846	2532	1537
νικάω	ἐκ	ὁ	θηρίον	καί	ἐκ	ὁ	εἰκών	αὐτός	καί	ἐκ
νικῶντας	ἐκ	τοῦ	θηρίου	καὶ	ἐκ	τῆς	εἰκόνος	αὐτοῦ	καὶ	ἐκ
VPPAAMP	PG	DGNS	NGNS	CC	PG	DGFS	NGFS	NPGN3S	CC	PG
이기고 있는 자들과	부터	그	짐승으로	또	부터	그	대행하는 자로	짐승의 일은	그리고	부터

3588	706	3588	3686	846	2476	1909	3588
ὁ	ἀριθμός	ὁ	ὄνομα	αὐτός	ἵστημι	ἐπί	ὁ
τοῦ	ἀριθμοῦ	τοῦ	ὀνόματος	αὐτοῦ	ἑστῶτας	ἐπὶ	τὴν
DGMS	NGMS	DGNS	NGNS	NPGN3S	VPRAAMP	PA	DAFS
그	수에서	그	이름인	짐승의	서서	위에	그

2281	3588	5193	2192	2788	3588	2316
θάλασσα	ὁ	ὑάλινος	ἔχω	κιθάρα	ὁ	θεός
θάλασσαν	τὴν	ὑαλίνην	ἔχοντας	κιθάρας	τοῦ	θεοῦ.
NAFS	DAFS	AAFS	VPPAAMP	NAFP	DGMS	NGMS
바다	그	유리의	가지고 있는	악기들을	그	하나님의

불로 섞여져 있는 유리 바다 같은 것을 그리고 짐승으로부터 또 짐승의 일을 대행하는 자로부터 그리고 짐승의 이름인 그 수에서부터 이기고 있는 자들을 또 유리바다 위에 서서 하나님의 악기들을 가지고 있는 자들을 내가 봤더니

15:3

2532	103	3588	5603	3475	3588	1401	3588	2316	2532	3588
καί	ᾄδω	ὁ	ᾠδή	Μωσεῦς	ὁ	δοῦλος	ὁ	θεός	καί	ὁ
καὶ	ᾄδουσιν	τὴν	ᾠδὴν	Μωϋσέως	τοῦ	δούλου	τοῦ	θεοῦ	καὶ	τὴν
CC	VIPA3P	DAFS	NAFS	NGMS	DGMS	NGMS	DGMS	NGMS	CC	DAFS
있으며	그들이 부르고	그	노래와	모세의	그	종	그	하나님의	그리고	그

5603	3588	721	3004	3173	2532	2298	3588	2041
ᾠδή	ὁ	ἀρνίον	λέγω	μέγας	καί	θαυμαστός	ὁ	ἔργον
ᾠδὴν	τοῦ	ἀρνίου	λέγοντες,	Μεγάλα	καὶ	θαυμαστὰ	τὰ	ἔργα
NAFS	DGNS	NGNS	VPPANMP	ANNP	CC	ANNP	DNNP	NNNP
노래를	그	어린양의	말하고 있습니다	크고	또	기이한 일이며	그	일들은

4771	2962	3588	2316	3588	3841	1342	2532	228	3588
σύ	κύριος	ὁ	θεός	ὁ	παντοκράτωρ	δίκαιος	καί	ἀληθινός	ὁ
σου,	κύριε	ὁ	θεὸς	ὁ	παντοκράτωρ·	δίκαιαι	καὶ	ἀληθιναὶ	αἱ
NPG2S	NVMS	DVMS	NVMS	DVMS	NVMS	ANFP	CC	ANFP	DNFP
주의	주	그	하나님이여	그	전능하신	의로운 하나님을	그리고	알게하는길입니다	그

3598	4771	3588	935	3588	1484
ὁδός	σύ	ὁ	βασιλεύς	ὁ	ἔθνος
ὁδοί	σου,	ὁ	βασιλεὺς	τῶν	ἐθνῶν·
NNFP	NPG2S	DVMS	NVMS	DGNP	NGNP
길들은	주의	그	왕이시여 하고	이	백성의

그들이 하나님의 종 모세의 노래와 어린 양의 노래를 부르고 있으며 전능하신 주 하나님이여 주의 일들은 크고 기이한 일이며 주의 그 길은 의로운 하나님을 알게 하는 길입니다 이 백성의 왕이시여 하고 말하고 있습니다

15:4

5101	3756	3361	5399	2962	2532	1392	3588	3686	4771	3754
τίς	οὐ	μή	φοβέω	κύριος	καί	δοξάζω	ὁ	ὄνομα	σύ	ὅτι
τίς	οὐ	μὴ	φοβηθῇ,	κύριε,	καὶ	δοξάσει	τὸ	ὄνομά	σου	ὅτι
APTNMS	QN	QN	VSAP3S	NVMS	CC	VIFA3S	DANS	NANS		CS
누가	않고	않겠습	주를 두려워하지	주여	그리고	영광을드리지니까	그	이름으로	주의	때문에

3441	3741	3754	3956	3588	1484	2240	2532	4352
μόνος	ὅσιος	ὅτι	πᾶς	ὁ	ἔθνος	ἥκω	καί	προσκυνέω
μόνος	ὅσιος,	ὅτι	πάντα	τὰ	ἔθνη	ἥξουσιν	καὶ	προσκυνήσουσιν
ANMS	ANMS	CS	ANNP	DNNP	NNNP	VIFA3P	CC	VIFA3P
오직 주만	거룩한 분이기	것이며	모든	그	백성들이	도착할 것이며	또	그들이 예배드릴 것이며

1799	4771	3754	3588	1345	4771	5319
ἐνώπιον	σύ	ὅτι	ὁ	δικαίωμα	σύ	φανερόω
ἐνώπιόν	σου,	ὅτι	τὰ	δικαιώματά	σου	ἐφανερώθησαν.
PG	NPG2S	CS	DNNP	NNNP	NPG2S	VIAP3P
앞에	주	때문에	그	의로운 일들이	주의	나타났기

주의 의로운 일들이 나타났기 때문에 모든 백성들이 주 앞에 도착 할 것이며 그들이 예배를 드릴 것이며 오직 주 만 거룩하신 분이기에 주여 누가 주를 두려워하지 않고 주의 이름으로 영광을 드리지 않겠나이까.

15:5

2532	3326	3778	1492	2532	455	3588	3485	3588	4633	3588
καί	μετά	οὗτος	εἰδῶ	καί	ἀνοίγω	ὁ	ναός	ὁ	σκηνή	ὁ
Καὶ	μετὰ	ταῦτα	εἶδον,	καὶ	ἠνοίγη	ὁ	ναὸς	τῆς	σκηνῆς	τοῦ
CC	PA	APDANP	VIAA1S	CC	VIAP3S	DNMS	NNMS	DGFS	NGFS	DGNS
그리고	후에	이일들	내가 보니	역시	열려졌습니다	그	성전이	그	장막의	그

3142	1722	3588	3772
μαρτύριον	ἐν	ὁ	οὐρανός
μαρτυρίου	ἐν	τῷ	οὐρανῷ,
NGNS	PD	DDMS	NDMS
증거	있는	그	하늘 안에

이일들 후에 내가 보니 하늘 안에 있는 증거 장막의 성전이 열려졌으며

15:6

2532	1831	3588	2033	32	3588	2192	3588	2033	4127
καί	ἐξέρχομαι	ὁ	ἑπτά	ἄγγελος	ὁ	ἔχω	ὁ	ἑπτά	πληγή
καὶ	ἐξῆλθον	οἱ	ἑπτὰ	ἄγγελοι	οἱ	ἔχοντες	τὰς	ἑπτὰ	πληγὰς
CC	VIAA3P	DNMP	ACNMP	NNMP	DNMP	VPPANMP	DAFP	ACAFP	NAFP
그리고	나왔습니다	그	일곱	사자들이	그	가지고 있는	그	일곱	재앙들을

1537	3588	3485	1746	3043	2513	2986	2532
ἐκ	ὁ	ναός	ἐνδύω	λίνον	καθαρός	λαμπρός	καί
ἐκ	τοῦ	ναοῦ	ἐνδεδυμένοι	λίνον	καθαρὸν	λαμπρὸν	καὶ
PG	DGMS	NGMS	VPRMNMP	NANS	AANS	AANS	CC
에서	그	성전	옷을 입고	세마포	깨끗한	흰	그리고

4024	4012	3588	4738	2223	5552
περιζώννυμι	περί	ὁ	στῆθος	ζώνη	χρύσεος
περιεζωσμένοι	περὶ	τὰ	στήθη	ζώνας	χρυσᾶς.
VPRMNMP	PA	DANP	NANP	NAFP	AAFP
띠고	에	그	가슴에	띠를	금

깨끗한 흰 세마포 옷을 입고 가슴에 금띠를 띠고 성전에서 일곱 재앙을 가지고 있는 일곱 사자가 나왔습니다

15:7

2532	1520	1537	3588	5064	2226	1325	3588	2033
καί	εἷς	ἐκ	ὁ	τέσσαρες	ζῷον	δίδωμι	ὁ	ἑπτά
καὶ	ἕν	ἐκ	τῶν	τεσσάρων	ζῴων	ἔδωκεν	τοῖς	ἑπτὰ
CC	APCNNS	PG	DGNP	ACGNP	NGNP	VIAA3S	DDMP	ACDMP
그리고	한 사람이	중에	그	네	선지자들	주었습니다	그	일곱

32	2033	5357	5552	1073	3588	2372	3588	2316
ἄγγελος	ἑπτά	φιάλη	χρύσεος	γέμω	ὁ	θυμός	ὁ	θεός
ἀγγέλοις	ἑπτὰ	φιάλας	χρυσᾶς	γεμούσας	τοῦ	θυμοῦ	τοῦ	θεοῦ
NDMP	ACAFP	NAFP	AAFP	VPPAAFP	DGMS	NGMS	DGMS	NGMS
사자에게	일곱	대접을	금	가득하게 담겨있는	그	진노가	그	하나님의

3588	2198	1519	3588	165	3588	165
ὁ	ζάω	εἰς	ὁ	αἰών	ὁ	αἰών
τοῦ	ζῶντος	εἰς	τοὺς	αἰῶνας	τῶν	αἰώνων.
DGMS	VPPAGMS	PA	DAMP	NAMP	DGMP	NGMP
그	살아계시는	히	그	영원	히	세세토록

네 선지자들 중에 한 사람이 영원히 세세토록 살아계시는 하나님의 진노가 가득하게 담겨 있는 일곱 금 대접을 일곱 사자에게 주었으며

15:8

2532	1072	3588	3485	2586	1537	3588	1391	3588	2316	2532
καί	γεμίζω	ὁ	ναός	καπνός	ἐκ	ὁ	δόξα	ὁ	θεός	καί
καὶ	ἐγεμίσθη	ὁ	ναὸς	καπνοῦ	ἐκ	τῆς	δόξης	τοῦ	θεοῦ	καὶ
CC	VIAP3S	DNMS	NNMS	NGMS	PG	DGFS	NGFS	DGMS	NGMS	CC
그러나	가득 차게 되어	그	성전에	연기가	부터	그	영광에서	그	하나님의	그리고

1537	3588	1411	846	2532	3762	1410	1525	1519
ἐκ	ὁ	δύναμις	αὐτός	καί	οὐδείς	δύναμαι	εἰσέρχομαι	εἰς
ἐκ	τῆς	δυνάμεως	αὐτοῦ,	καὶ	οὐδεὶς	ἐδύνατο	εἰσελθεῖν	εἰς
PG	DGFS	NGFS	NPGM3S	CH	APCNMS	VIIN3S	VNAA	PA
부터	그	능력에서	그의	'그리고	한사람도없습니다	능력이	들어갈 수 있는	으로

3588	3485	891	5055	3588	2033	4127	3588	2033
ὁ	ναός	ἄχρι	τελέω	ὁ	ἑπτά	πληγή	ὁ	ἑπτά
τὸν	ναὸν	ἄχρι	τελεσθῶσιν	αἱ	ἑπτὰ	πληγαὶ	τῶν	ἑπτὰ
DAMS	NAMS	CS	VSAP3P	DNFP	ACNFP	NNFP	DGMP	ACGMP
그	성전	까지는	끝이 나기	그	일곱	재앙들이	그	일곱

32
ἄγγελος
ἀγγέλων.
NGMP
사자들의

그러나 하나님의 영광에서부터 또 하나님의 능력에서부터 성전에 연기가 가득 차게 되어 일곱 사자들의 일곱 재앙이 끝나기까지는 성전으로 들어갈 수 있는 능력이 한사람도 없습니다

16:1

2532	191	3173	5456	1537	3588	3485	3004	3588
καί	ἀκούω	μέγας	φωνή	ἐκ	ὁ	ναός	λέγω	ὁ
Καὶ	ἤκουσα	μεγάλης	φωνῆς	ἐκ	τοῦ	ναοῦ	λεγούσης	τοῖς
CC	VIAA1S	AGFS	NGFS	PG	DGMS	NGMS	VPPAGFS	DDMP
그래서	내가 들었습니다	큰	음성을	에서	그	성전	말씀하고 있는	그

2033	32	5217	2532	1632	3588	2033	5357	3588
ἑπτά	ἄγγελος	ὑπάγω	καί	ἐκχέω	ὁ	ἑπτά	φιάλη	ὁ
ἑπτὰ	ἀγγέλοις,	Ὑπάγετε	καὶ	ἐκχέετε	τὰς	ἑπτὰ	φιάλας	τοῦ
ACDMP	NDMP	VMPA2P	CC	VMPA2P	DAFP	ACAFP	NAFP	DGMS
일곱	사자들에게	너희는 가서	그리고	너희는 쏟아라	그	일곱	대접을	그

2372	3588	2316	1519	3588	1093
θυμός	ὁ	θεός	εἰς	ὁ	γῆ
θυμοῦ	τοῦ	θεοῦ	εἰς	τὴν	γῆν.
NGMS	DGMS	NGMS	PA	DAFS	NAFS
진노의	그	하나님의	에	그	땅

너희는 가서 하나님의 진노의 일곱 대접을 땅에 쏟으라 하고 성전에서 일곱 사자에게 말씀하고 있는 큰 음성을 내가 들었습니다

16:2

2532	565	3588	4413	2532	1632	3588	5357	846
καί	ἀπέρχομαι	ὁ	πρῶτος	καί	ἐκχέω	ὁ	φιάλη	αὐτός
Καὶ	ἀπῆλθεν	ὁ	πρῶτος	καὶ	ἐξέχεεν	τὴν	φιάλην	αὐτοῦ
CH	VIAA3S	DNMS	APONMS	CC	VIAA3S	DAFS	NAFS	NPGM3S
그래서	나가서	그	첫째 사자가	역시	쏟으니	그	대접을	자신의

1519	3588	1093	2532	1096	1668	2556	2532	4190	1909	3588
εἰς	ὁ	γῆ	καί	γίνομαι	ἕλκος	κακός	καί	πονηρός	ἐπί	ὁ
εἰς	τὴν	γῆν,	καὶ	ἐγένετο	ἕλκος	κακὸν	καὶ	πονηρὸν	ἐπὶ	τοὺς
PA	DAFS	NAFS	CH	VIAD3S	NNNS	ANNS	CC	ANNS	PA	DAMP
향하여	그	땅에	그러자	되었습니다	상처가	악하고	그리고	독한	에게	그

444	3588	2192	3588	5480	3588	2342	2532	3588
ἄνθρωπος	ὁ	ἔχω	ὁ	χάραγμα	ὁ	θηρίον	καί	ὁ
ἀνθρώπους	τοὺς	ἔχοντας	τὸ	χάραγμα	τοῦ	θηρίου	καὶ	τοὺς
NAMP	DAMP	VPPAAMP	DANS	NANS	DGNS	NGNS	CC	DAMP
사람들	그	가지고 있는	그	표를	그	짐승의	그리고	그

4352	3588	1504	846
προσκυνέω	ὁ	εἰκών	αὐτός
προσκυνοῦντας	τῇ	εἰκόνι	αὐτοῦ.
VPPAAMP	DDFS	NDFS	NPGN3S
예배를 드리고 있는 자들에게는	자에게	대행하는	짐승의 일을

첫째 사자가 나가서 자신의 대접을 땅에 쏟으니 대제사장인 짐승의 표를 가지고 있는 사람들에게 또 짐승의 일을 대행하는 자에게 예배를 드리고 있는 자들에게는 악하고 독한 상처가 되었습니다

16:3

2532	3588	1208	1632	3588	5357	846	1519	3588
καί	ὁ	δεύτερος	ἐκχέω	ὁ	φιάλη	αὐτός	εἰς	ὁ
Καὶ	ὁ	δεύτερος	ἐξέχεεν	τὴν	φιάλην	αὐτοῦ	εἰς	τὴν
CC	DNMS	APONMS	VIAA3S	DAFS	NAFS	NPGM3S	PA	DAFS
그리고	그	둘째사자가	쏟으니	그	대접을	자신의	에	그

2281	2532	1096	129	5613	3498	2532	3956	5590	2222
θάλασσα	καί	γίνομαι	αἷμα	ὡς	νεκρός	καί	πᾶς	ψυχή	ζωή
θάλασσαν,	καὶ	ἐγένετο	αἷμα	ὡς	νεκροῦ,	καὶ	πᾶσα	ψυχὴ	ζωῆς
NAFS	CH	VIAD3S	NNNS	CS	APGMS	CC	ANFS	NNFS	NGFS
바다라는 자에게	그러자	되었으며	피	같은	죽은 자와	그리고	모든	영혼은	생명의

599	3588	1722	3588	2281
ἀποθνῄσκω	ὁ	ἐν	ὁ	θάλασσα
ἀπέθανεν	τὰ	ἐν	τῇ	θαλάσσῃ.
VIAA3S	DNNP	PD	DDFS	NDFS
죽은자가되었습니다	그	있는	그	바다 안에

둘째 사자가 바다라는 거짓선지자에게 자신의 대접을 쏟으니 그러자 죽은 자와 같은 피가 되었으며 거짓선지자인 바다 안에 있는 모든 생명의 영혼은 생명이 없는 죽은 자들이 되었습니다.

16:4

2532	3588	5154	1632	3588	5357	846	1519	3588
καί	ὁ	τρίτος	ἐκχέω	ὁ	φιάλη	αὐτός	εἰς	ὁ
Καὶ	ὁ	τρίτος	ἐξέχεεν	τὴν	φιάλην	αὐτοῦ	εἰς	τοὺς
CC	DNMS	APONMS	VIAA3S	DAFS	NAFS	NPGM3S	PA	DAMP
그리고	그	셋째 사자가	쏟으니	그	대접을	자신의	에	그

4215	2532	3588	4077	3588	5204	2532	1096	129
ποταμός	καί	ὁ	πηγή	ὁ	ὕδωρ	καί	γίνομαι	αἷμα
ποταμοὺς	καὶ	τὰς	πηγὰς	τῶν	ὑδάτων,	καὶ	ἐγένετο	αἷμα.
NAMP	CC	DAFP	NAFP	DGNP	NGNP	CH	VIAD3S	NNNS
강들과	그러자	그	샘에	그	물들의	그러자	되었습니다	피가

셋째 사자가 강들과 물들의 샘에 자신의 대접을 쏟으니 그러자 죽은 자와 같은 피가 되었습니다

16:5

2532	191	3588	32	3588	5204	3004	1342
καί	ἀκούω	ὁ	ἄγγελος	ὁ	ὕδωρ	λέγω	δίκαιος
καὶ	ἤκουσα	τοῦ	ἀγγέλου	τῶν	ὑδάτων	λέγοντος,	Δίκαιος
CC	VIAA1S	DGMS	NGMS	DGNP	NGNP	VPPAGMS	ANMS
그리고	내가 들었습니다	그	사자가	그	물들의	말씀하고 있는 것을	의로운 분이며

1510	3588	1510	2532	3588	1510	3588	3741	3754	3778	2919
εἰμί	ὁ	εἰμί	καί	ὁ	εἰμί	ὁ	ὅσιος	ὅτι	οὗτος	κρίνω
εἶ,	ὁ	ὢν	καὶ	ὁ	ἦν,	ὁ	ὅσιος,	ὅτι	ταῦτα	ἔκρινας,
VIPA2S	DVMS	VPPAVM2S	CC	DVMS	VIIA3S	DVMS	APVMS	CS	APDANP	VIAA2S
당신은	있는	당신은 살아	또한	계시는	영원히	분이여	거룩한 분이	하여	이 일들을	당신이 심판

16:6

3754	129	40	2532	4396	1632	2532	129	846
ὅτι	αἷμα	ἅγιος	καί	προφήτης	ἐκχέω	καί	αἷμα	αὐτός
ὅτι	αἷμα	ἁγίων	καὶ	προφητῶν	ἐξέχεαν	καὶ	αἷμα	αὐτοῖς
CS	NANS	APGMP	CC	NGMP	VIAA3P	CC	NANS	NPDM3P
때문에	피를	성도들과	그리고	선지자들의	그들이 흘리게 했기	그래서	피를	그들에게

1325	4095	514	1510
δίδωμι	πίνω	ἄξιος	εἰμί
δέδωκας	πιεῖν,	ἄξιοί	εἰσιν.
VIRA2S	VNAA	ANMP	VIPA3P
주는 것이	마시도록	합당한 일	입니다

그러나 당신은 의로운 분이며 살아 있는 영원히 계시는 거룩한 분이시여 당신은 또한 그들이 성도들과 선지자들의 피를 흘리게 했기 때문에 당신이 이일들을 심판하여 그들에게 피를 마시도록 주는 것이 합당한 일입니다 하고 물들의 사자가 말씀하고 있는 것을 내가 들었으며

16:7

2532	191	3588	2379	3004	3483	2962	3588	2316
καί	ἀκούω	ὁ	θυσιαστήριον	λέγω	ναί	κύριος	ὁ	θεός
καὶ	ἤκουσα	τοῦ	θυσιαστηρίου	λέγοντος,	Ναὶ	κύριε	ὁ	θεὸς
CC	VIAA1S	DGNS	NGNS	VPPAGNS	QS	NVMS	DVMS	NVMS
그러자	내가 들어습니다	그	제단에서	말씀하고 있는 것을	예	주	그	하나님이여

3588	3841	228	2532	1342	3588	2920	4771
ὁ	παντοκράτωρ	ἀληθινός	καί	δίκαιος	ὁ	κρίσις	σύ
ὁ	παντοκράτωρ,	ἀληθιναὶ	καὶ	δίκαιαι	αἱ	κρίσεις	σου.
DVMS	NVMS	ANFP	CC	ANFP	DNFP	NNFP	NPG2S
그	전능하신	하나님을 알게 하는	그리고	의로운 일들이다	그	심판들은	당신의

그러자 제단에서 전능하신 주 하나님이여 예 당신의 심판은 하나님을 알게 하는 의로운 일입니다 하고 말씀하고 있는 것을 내가 들었습니다

	2532	3588	5067	1632	3588	5357	846	1909	3588	2246
	καί	ὁ	τέταρτος	ἐκχέω	ὁ	φιάλη	αὐτός	ἐπί	ὁ	ἥλιος
16:8	Καὶ	ὁ	τέταρτος	ἐξέχεεν	τὴν	φιάλην	αὐτοῦ	ἐπὶ	τὸν	ἥλιον,
	CC	DNMS	APONMS	VIAA3S	DAFS	NAFS	NPGM3S	PA	DAMS	NAMS
	그리고	그	넷째 사자가	쏟으니	그	대접을	자신의	있는	그	해위에

2532	1325	846	2739	3588	444	1722	4442
καί	δίδωμι	αὐτός	καυματίζω	ὁ	ἄνθρωπος	ἐν	πῦρ
καὶ	ἐδόθη	αὐτῷ	καυματίσαι	τοὺς	ἀνθρώπους	ἐν	πυρί.
CH	VIAP3S	NPDM3S	VNAA	DAMP	NAMP	PD	NDNS
그러자	주어졌습니다	그 사자에게	심판하는 것이	그	사람들을	안에	불로

넷째 사자가 해위에 있는 자신의 대접을 쏟으니 그러자 그 사자에게 사람들을 불로 심판하는 것이 주어졌습니다

	2532	2739	3588	444	2738	3173	2532
	καί	καυματίζω	ὁ	ἄνθρωπος	καῦμα	μέγας	καί
16:9	καὶ	ἐκαυματίσθησαν	οἱ	ἄνθρωποι	καῦμα	μέγα	καὶ
	CH	VIAP3P	DNMP	NNMP	NANS	AANS	CH
	그러나	심판받아 태워지게 되었지만	그	사람들이	불로	큰	그리고

987	3588	3686	3588	2316	3588	2192	3588
βλασφημέω	ὁ	ὄνομα	ὁ	θεός	ὁ	ἔχω	ὁ
ἐβλασφήμησαν	τὸ	ὄνομα	τοῦ	θεοῦ	τοῦ	ἔχοντος	τὴν
VIAA3P	DANS	NANS	DGMS	NGMS	DGMS	VPPAGMS	DAFS
그들이 받아들이지 않았으며	그	이름에	그	하나님의	그	가지고 있는	그

1849	1909	3588	4127	3778	2532	3756	3340
ἐξουσία	ἐπί	ὁ	πληγή	οὗτος	καί	οὐ	μετανοέω
ἐξουσίαν	ἐπὶ	τὰς	πληγὰς	ταύτας	καὶ	οὐ	μετενόησαν
NAFS	PA	DAFP	NAFP	ADAFP	CC	QN	VIAA3P
권세를	행사하는	그	재앙들을	이러한	그러나	않았	회개하지 습니다

1325	846	1391
δίδωμι	αὐτός	δόξα
δοῦναι	αὐτῷ	δόξαν.
VNAA	NPDM3S	NAFS
드리기 위하여	하나님에게	영광을

사람들이 큰 불로 심판받아 태워지게 되었지만 그들이 이러한 재앙들을 행사하는 권세를 가지고 있는 하나님의 이름을 받아들이지 않았으며 하나님에게 영광을 드리기 위하여 회개하지 않았습니다

	2532	3588	3991	1632	3588	5357	846	1909	3588	2362
	καί	ὁ	πέμπτος	ἐκχέω	ὁ	φιάλη	αὐτός	ἐπί	ὁ	θρόνος
16:10	Καὶ	ὁ	πέμπτος	ἐξέχεεν	τὴν	φιάλην	αὐτοῦ	ἐπὶ	τὸν	θρόνον
	CC	DNMS	APONMS	VIAA3S	DAFS	NAFS	NPGM3S	PA	DAMS	NAMS
	그리고	그	다섯째 사자가	쏟으니	그	대접을	자신의	위에	그	보좌

3588	2342	2532	1096	3588	932	846	4656	2532
ὁ	θηρίον	καί	γίνομαι	ὁ	βασιλεία	αὐτός	σκοτόω	καί
τοῦ	**θηρίου,**	**καὶ**	**ἐγένετο**	**ἡ**	**βασιλεία**	**αὐτοῦ**	**ἐσκοτωμένη,**	**καὶ**
DGNS	NGNS	CH	VIAD3S	DNFS	NNFS	NPGN3S	VPRPNFS	CC
그	짐승의	그러자	되어	그	나라가	짐승의	어두워지게	그리고

3145	3588	1100	846	1537	3588	4192
μασσάομαι	ὁ	γλῶσσα	αὐτός	ἐκ	ὁ	πόνος
ἐμασῶντο	**τὰς**	**γλώσσας**	**αὐτῶν**	**ἐκ**	**τοῦ**	**πόνου,**
VIIN3P	DAFP	NAFP	NPGM3P	PG	DGMS	NGMS
그들이 깨물고 있으며	그	혀를	그 자신들의	때문에	그	아픈 것

다섯째 사자가 자신의 대접을 대제사장인 짐승의 보좌위에 쏟으니 그러자 짐승의 나라가 어두워지게 되어 자신들의 아픈 것 때문에 그들이 혀를 깨물고 있으며

16:11

2532	987	3588	2316	3588	3772	1537	3588	4192
καί	βλασφημέω	ὁ	θεός	ὁ	οὐρανός	ἐκ	ὁ	πόνος
καὶ	**ἐβλασφήμησαν**	**τὸν**	**θεὸν**	**τοῦ**	**οὐρανοῦ**	**ἐκ**	**τῶν**	**πόνων**
CC	VIAA3P	DAMS	NAMS	DGMS	NGMS	PG	DGMP	NGMP
그리고	그들이 원망하였으며	그	하나님을	그	하늘의	부터	그	아픈 것으로

846	2532	1537	3588	1668	846	2532	3756	3340	1537	3588
αὐτός	καί	ἐκ	ὁ	ἕλκος	αὐτός	καί	οὐ	μετανοέω	ἐκ	ὁ
αὐτῶν	**καὶ**	**ἐκ**	**τῶν**	**ἑλκῶν**	**αὐτῶν**	**καὶ**	**οὐ**	**μετενόησαν**	**ἐκ**	**τῶν**
NPGM3P	CC	PG	DGNP	NGNP	NPGM3P	CC	QN	VIAA3P	PG	DGNP
자신들의	그리고	부터	그	상처로	자신들의	그리고	않았	회개하지 습니다	부터	그

2041	846
ἔργον	αὐτός
ἔργων	**αὐτῶν.**
NGNP	NPGM3P
일들에서	자신들의

자신들의 아픈 것으로부터 또 자신들의 상처로부터 그들이 하늘의 하나님을 원망하였으며 자신들의 일들에서부터 회개하지 않았습니다

16:12

2532	3588	1623	1632	3588	5357	846	1909	3588	4215
καί	ὁ	ἕκτος	ἐκχέω	ὁ	φιάλη	αὐτός	ἐπί	ὁ	ποταμός
Καὶ	**ὁ**	**ἕκτος**	**ἐξέχεεν**	**τὴν**	**φιάλην**	**αὐτοῦ**	**ἐπὶ**	**τὸν**	**ποταμὸν**
CC	DNMS	APONMS	VIAA3S	DAFS	NAFS	NPGM3S	PA	DAMS	NAMS
그리고	그	여섯째 사자가	쏟으니	그	대접을	자신의	위에	그	강

3588	3173	3588	2166	2532	3583	3588	5204	846	2443
ὁ	μέγας	ὁ	Εὐφράτης	καί	ξηραίνω	ὁ	ὕδωρ	αὐτός	ἵνα
τὸν	**μέγαν**	**τὸν**	**Εὐφράτην,**	**καὶ**	**ἐξηράνθη**	**τὸ**	**ὕδωρ**	**αὐτοῦ,**	**ἵνα**
DAMS	AAMS	DAMS	NAMS	CH	VIAP3S	DNNS	NNNS	NPGM3S	CH
그	큰	그	유프라데의	그러자	말라지게되었습니다	그	강물이	유프라데의	위하여

2090	3588	3598	3588	935	3588	575	395	2246
ἑτοιμάζω	ὁ	ὁδός	ὁ	βασιλεύς	ὁ	ἀπό	ἀνατολή	ἥλιος
ἑτοιμασθῇ	ἡ	ὁδὸς	τῶν	βασιλέων	τῶν	ἀπὸ	ἀνατολῆς	ἡλίου.
VSAP3S	DNFS	NNFS	DGMP	NGMP	DGMP	PG	NGFS	NGMS
준비되기	그	길이	그	왕들의	그	부터	뜨는 곳으로	해가

여섯째 사자가 자신의 대접을 유프라데의 큰 강 위에 쏟으니 그러자 해가 뜨는 곳으로부터 왕들의 길이 준비되기 위하여 유프라데의 강물이 말라지게 되었습니다

16:13

2532	1492	1537	3588	4750	3588	1404	2532	1537	3588
καί	εἰδῶ	ἐκ	ὁ	στόμα	ὁ	δράκων	καί	ἐκ	ὁ
Καὶ	εἶδον	ἐκ	τοῦ	στόματος	τοῦ	δράκοντος	καὶ	ἐκ	τοῦ
CC	VIAA1S	PG	DGNS	NGNS	DGMS	NGMS	CC	PG	DGNS
그리고	내가봤습니다	부터	그	입에서	그	용의	또	부터	그

4750	3588	2342	2532	1537	3588	4750	3588
στόμα	ὁ	θηρίον	καί	ἐκ	ὁ	στόμα	ὁ
στόματος	τοῦ	θηρίου	καὶ	ἐκ	τοῦ	στόματος	τοῦ
NGNS	DGNS	NGNS	CC	PG	DGNS	NGNS	DGMS
입에서	그	짐승의	또	부터	그	입에서 나오는	그

5578	4151	5140	169	5613	944
ψευδοπροφήτης	πνεῦμα	τρεῖς	ἀκάθαρτος	ὡς	βάτραχος
ψευδοπροφήτου	πνεύματα	τρία	ἀκάθαρτα	ὡς	βάτραχοι·
NGMS	NANP	ACANP	AANP	CS	NNMP
거짓선지자의	영들을	세	더러운	같은	개구리들

내가 용의 입에서부터 또 짐승의 입에서부터 그리고 거짓선지자의 입에서부터 나오는 개구리들 같은 더러운 세 영들을 봤는데

16:14

1510	1063	4151	1140	4160	4592	3739
εἰμί	γάρ	πνεῦμα	δαιμόνιον	ποιέω	σημεῖον	ὅς
εἰσὶν	γὰρ	πνεύματα	δαιμονίων	ποιοῦντα	σημεῖα,	ἅ
VIPA3P	CS	NNNP	NGNP	VPPANNP	NANP	APRNNP
그들이입니다	왜냐하면	영들이기 때문	귀신의	행사하고 있는	표적들을	것은

1607	1909	3588	935	3588	3625	3650
ἐκπορεύομαι	ἐπί	ὁ	βασιλεύς	ὁ	οἰκουμένη	ὅλος
ἐκπορεύεται	ἐπὶ	τοὺς	βασιλεῖς	τῆς	οἰκουμένης	ὅλης
VIPN3S	PA	DAMP	NAMP	DGFS	NGFS	AGFS
가서	에	그	왕들에게	그	세상의	온

4863	846	1519	3588	4171	3588	2250	3588	3173
συνάγω	αὐτός	εἰς	ὁ	πόλεμος	ὁ	ἡμέρα	ὁ	μέγας
συναγαγεῖν	αὐτοὺς	εἰς	τὸν	πόλεμον	τῆς	ἡμέρας	τῆς	μεγάλης
VNAA	NPAM3P	PA	DAMS	NAMS	DGFS	NGFS	DGFS	AGFS
모으고 위하여	왕들을	위하여	그	싸움을 하기	그	날에	그	큰

3588 2316 3588 3841
ὁ θεός ὁ παντοκράτωρ
τοῦ θεοῦ τοῦ παντοκράτορος.
DGMS NGMS DGMS NGMS
그 하나님의 그 전능하신

왜냐하면 그들이 전능하신 하나님의 큰 날에 싸움을 하기 위하여 온 세상의 왕들에게 가서 그 왕들을 모으기 위하여 표적들을 행사하고 있는 귀신의 영들이기 때문입니다

2400 2064 5613 2812 3107 3588 1127 2532
ἰδού ἔρχομαι ὡς κλέπτης μακάριος ὁ γρηγορεύω καί
16:15 Ἰδοὺ ἔρχομαι ὡς κλέπτης. μακάριος ὁ γρηγορῶν καὶ
QS VIPN1S CS NNMS ANMS DNMS VPPANMS CC
보라 내가 오고 있다 같이 도적 말씀을가지고있는자이다 자는 깨어있는 그리고

5083 3588 2440 846 2443 3361 1131 4043 2532
τηρέω ὁ ἱμάτιον αὐτός ἵνα μή γυμνός περιπατέω καί
τηρῶν τὰ ἱμάτια αὐτοῦ, ἵνα μὴ γυμνὸς περιπατῇ καὶ
VPPANMS DANP NANP NPGM3S CS QN ANMS VSPA3S CC
지키고있는자와 그 옷을 자신의 위하여 않기 벌거벗고 다니지 그리고

991 3588 808 846
βλέπω ὁ ἀσχημοσύνη αὐτός
βλέπωσιν τὴν ἀσχημοσύνην αὐτοῦ.
VSPA3P DAFS NAFS NPGM3S
보여 그 부끄러움을 자신의

보라 내가 도적같이 오고 있다 자신의 부끄러움을 보여 벌고 벗고 다니지 않기 위하여 자신의 옷을 지키고 있는 자와 깨어 있는 자는 생명의 말씀을 가지고 있는 자이다

2532 4863 846 1519 3588 5117 3588 2564
καί συνάγω αὐτός εἰς ὁ τόπος ὁ καλέω
16:16 καὶ συνήγαγεν αὐτοὺς εἰς τὸν τόπον τὸν καλούμενον
CC VIAA3S NPAM3P PA DAMS NAMS DAMS VPPPAMS
그러나 그가 함께 모았습니다 그들을 로 그 처소 그 하는

1447 717
Ἑβραϊστί Ἁρμαγεδδών
Ἑβραϊστὶ Ἁρμαγεδών.
AB NANS
히브리어로 아마게돈이라

그러나 그가 히브리어로 아마겟돈이라 하는 처소로 왕들을 함께 모았습니다

2532 3588 1442 1632 3588 5357 846 1909 3588 109
καί ὁ ἕβδομος ἐκχέω ὁ φιάλη αὐτός ἐπί ὁ ἀήρ
16:17 Καὶ ὁ ἕβδομος ἐξέχεεν τὴν φιάλην αὐτοῦ ἐπὶ τὸν ἀέρα,
CC DNMS APONMS VIAA3S DAFS NAFS NPGM3S PA DAMS NAMS
그리고 그 일곱째 사자가 쏟으니 그 대접을 자신의 위에 그 공중에

2532	1831	5456	3173	1537	3588	3485	575	3588	2362
καί	ἐξέρχομαι	φωνή	μέγας	ἐκ	ὁ	ναός	ἀπό	ὁ	θρόνος
καὶ	ἐξῆλθεν	φωνὴ	μεγάλη	ἐκ	τοῦ	ναοῦ	ἀπὸ	τοῦ	θρόνου
CH	VIAA3S	NNFS	ANFS	PG	DGMS	NGMS	PG	DGMS	NGMS
그러자	나왔습니다	음성이	큰	에서	그	성전	부터	그	보좌의

3004	1096
λέγω	γίνομαι
λέγουσα,	Γέγονεν.
VPPANFS	VIRA3S
말씀하고 있는	이제 되었다 하고

일곱째 사자가 자신의 대접을 공중에 쏟으니 그러자 보좌로부터 이제 되었다 하고 말씀하고 있는 큰 음성이 성전에서 나왔으며

16:18

2532	1096	796	2532	5456	2532	1027	2532	4578
καί	γίνομαι	ἀστραπή	καί	φωνή	καί	βροντή	καί	σεισμός
καὶ	ἐγένοντο	ἀστραπαὶ	καὶ	φωναὶ	καὶ	βρονταὶ	καὶ	σεισμὸς
CH	VIAD3P	NNFP	CC	NNFP	CC	NNFP	CC	NNMS
그러나	그들이 되었으니	번개들이 된 자들이	자들이	음성들이 된	그리고	우레들이된자들이	그래서	지진이

1096	3173	3634	3756	1096	575	3739	444
γίνομαι	μέγας	οἷος	οὐ	γίνομαι	ἀπό	ὅς	ἄνθρωπος
ἐγένετο	μέγας,	οἷος	οὐκ	ἐγένετο	ἀφ'	οὗ	ἄνθρωπος
VIAD3S	ANMS	APRNMS	QN	VIAD3S	PG	APRGMS	NNMS
일어나게 되어	큰	이렇게	없었다	일어나게 된 적이	에게도	어떤	사람

1096	1909	3588	1093	5082	4578	3779	3173
γίνομαι	ἐπί	ὁ	γῆ	τηλικοῦτος	σεισμός	οὕτω	μέγας
ἐγένετο	ἐπὶ	τῆς	γῆς	τηλικοῦτος	σεισμὸς	οὕτω	μέγας.
VIAD3S	PG	DGFS	NGFS	ADNMS	NNMS	AB	ANMS
일어나게 되어	위에서	그	땅	크게	지진이	이와 같이	큰

그러자 큰 지진이 일어나게 되어 번개들이 된 자들이 또 음성들이 된 자들이 또 우레들이 된 자들이 되었으니 땅위에서 이와 같이 큰 지진이 크게 일어나게 되어 어떤 사람에게도 이렇게 지진이 일어나게 된 적이 없었습니다

16:19

2532	1096	3588	4172	3588	3173	1519	5140	3313	2532	3588	4172
καί	γίνομαι	ὁ	πόλις	ὁ	μέγας	εἰς	τρεῖς	μέρος	καί	ὁ	πόλις
καὶ	ἐγένετο	ἡ	πόλις	ἡ	μεγάλη	εἰς	τρία	μέρη	καὶ	αἱ	πόλεις
CH	VIAD3S	DNFS	NNFS	DNFS	ANFS	PA	ACANP	NANP	CC	DNFP	NNFP
그리고	나누어지게 되어	그	성이	그	큰	로	세	지체로	그리고	그	성이

3588	1484	4098	2532	897	3588	3173	3415	1799
ὁ	ἔθνος	πίπτω	καί	Βαβυλών	ὁ	μέγας	μνάομαι	ἐνώπιον
τῶν	ἐθνῶν	ἔπεσαν.	καὶ	Βαβυλὼν	ἡ	μεγάλη	ἐμνήσθη	ἐνώπιον
DGNP	NGNP	VIAA3P	CC	NNFS	DNFS	ANFS	VIAP3S	PG
그	백성들의	무너졌으며	그리고	바벨론이	그	큰 성	기억이 되었으며	앞에서

3588	2316	1325	846	3588	4221	3588	3631	3588	2372	3588
ὁ	θεός	δίδωμι	αὐτός	ὁ	ποτήριον	ὁ	οἶνος	ὁ	θυμός	ὁ
τοῦ	θεοῦ	δοῦναι	αὐτῇ	τὸ	ποτήριον	τοῦ	οἴνου	τοῦ	θυμοῦ	τῆς
DGMS	NGMS	VNAA	NPDF3S	DANS	NANS	DGMS	NGMS	DGMS	NGMS	DGFS
그	하나님의	받기 위하여	음녀에게	그	잔을	그	포도주의	그	진노의	그

3709	846
ὀργή	αὐτός
ὀργῆς	αὐτοῦ.
NGFS	NPGM3S
진노한	하나님의

큰 성이 세 지체로 나누어지게 되어 백성들의 성이 무너졌으며 큰 성 바벨론이 하나님의 진노한 진노의 포도주의 잔을 음녀에게 받기 위하여 하나님 앞에서 기억이 되었습니다

16:20

2532	3956	3520	5343	2532	3735	3756	2147
καί	πᾶς	νῆσος	φεύγω	καί	ὄρος	οὐ	εὑρίσκω
καὶ	πᾶσα	νῆσος	ἔφυγεν	καὶ	ὄρη	οὐχ	εὑρέθησαν.
CC	ANFS	NNFS	VIAA3S	CC	NNNP	QN	VIAP3P
그래서	모든	섬이	도망을 갔으며	또	산들도	않았	발견되지 습니다

그래서 거짓선지자에게 속해있는 자들인 모든 섬이 도망을 갔으며 또 서기관들의 직분인 산들도 발견되지 않았습니다

16:21

2532	5464	3173	5613	5006	2597	1537	3588
καί	χάλαζα	μέγας	ὡς	ταλαντιαῖος	καταβαίνω	ἐκ	ὁ
καὶ	χάλαζα	μεγάλη	ὡς	ταλαντιαία	καταβαίνει	ἐκ	τοῦ
CC	NNFS	ANFS	AB	ANFS	VIPA3S	PG	DGMS
그런데	우박이	큰	되는	한달란트나	내리고 있어	부터	그

3772	1909	3588	444	2532	987	3588	444
οὐρανός	ἐπί	ὁ	ἄνθρωπος	καί	βλασφημέω	ὁ	ἄνθρωπος
οὐρανοῦ	ἐπὶ	τοὺς	ἀνθρώπους,	καὶ	ἐβλασφήμησαν	οἱ	ἄνθρωποι
NGMS	PA	DAMP	NAMP	CH	VIAA3P	DNMP	NNMP
하늘에서	위에	그	사람들	그래서	원망 하였습니다	그	사람들이

3588	2316	1537	3588	4127	3588	5464	3754	3173	1510
ὁ	θεός	ἐκ	ὁ	πληγή	ὁ	χάλαζα	ὅτι	μέγας	εἰμί
τὸν	θεὸν	ἐκ	τῆς	πληγῆς	τῆς	χαλάζης,	ὅτι	μεγάλη	ἐστὶν
DAMS	NAMS	PG	DGFS	NGFS	DGFS	NGFS	CS	ANFS	VIPA3S
그	하나님을	부터	그	재앙에서	그	우박의	때문에	크기	이다

3588	4127	846	4970
ὁ	πληγή	αὐτός	σφόδρα
ἡ	πληγὴ	αὐτῆς	σφόδρα.
DNFS	NNFS	NPGF3S	AB
그	재앙	자신의	너무

그런데 한 달란트나 되는 큰 우박이 하늘에서부터 사람들 위에 내리고 있어 자신의 재앙이 너무 크기 때문에 우박의 재앙에서부터 사람들이 하나님을 원망하였습니다.

17:1

2532	2064	1520	1537	3588	2033	32	3588	2192	3588	2033
καί	ἔρχομαι	εἷς	ἐκ	ὁ	ἑπτά	ἄγγελος	ὁ	ἔχω	ὁ	ἑπτά
Καὶ	ἦλθεν	εἷς	ἐκ	τῶν	ἑπτὰ	ἀγγέλων	τῶν	ἐχόντων	τὰς	ἑπτὰ
CC	VIAA3S	APCNMS	PG	DGMP	ACGMP	NGMP	DGMP	VPPAGMP	DAFP	ACAFP
그리고	와서	한분이	중에	그	일곱	사자들	그	가지고 있는	그	일곱

5357	2532	2980	3326	1473	3004	1204	1166	4771	3588
φιάλη	καί	λαλέω	μετά	ἐγώ	λέγω	δεῦρο	δείκνυω	σύ	ὁ
φιάλας	καὶ	ἐλάλησεν	μετ'	ἐμοῦ	λέγων,	Δεῦρο,	δείξω	σοι	τὸ
NAFP	CC	VIAA3S	PG	NPG1S	VPPANMS	AB	VIFA1S	NPD2S	DANS
대접들을	그리고	말하여	한테	나	말하고있습니다	너는나에게오라	내가보여줄것이다	너에게	그

2917	3588	4204	3588	3173	3588	2521	1909	5204
κρίμα	ὁ	πόρνη	ὁ	μέγας	ὁ	κάθημαι	ἐπί	ὕδωρ
κρίμα	τῆς	πόρνης	τῆς	μεγάλης	τῆς	καθημένης	ἐπὶ	ὑδάτων
NANS	DGFS	NGFS	DGFS	AGFS	DGFS	VPPNGFS	PG	NGNP
심판을	그	음녀의	그	큰	그	앉아있는	위에	물들

4183
πολύς
πολλῶν,
AGNP
많은

일곱 대접을 가지고 있는 일곱 사자들 중에 한분이 와서 나한테 말하여 너는 나에게 오라 내가 많은 물들 위에 앉아 있는 큰 음녀의 심판을 너에게 보여 줄 것이다 하고 말씀하고 있습니다

17:2

3326	3739	4203	3588	935	3588	1093	2532
μετά	ὅς	πορνεύω	ὁ	βασιλεύς	ὁ	γῆ	καί
μεθ'	ἧς	ἐπόρνευσαν	οἱ	βασιλεῖς	τῆς	γῆς	καὶ
PG	APRGFS	VIAA3P	DNMP	NNMP	DGFS	NGFS	CC
함께	그의	그들이 간음을 하였고	그	왕들이	그	땅의	또한

3182	3588	2730	3588	1093	1537	3588	3631	3588
μεθύσκω	ὁ	κατοικέω	ὁ	γῆ	ἐκ	ὁ	οἶνος	ὁ
ἐμεθύσθησαν	οἱ	κατοικοῦντες	τὴν	γῆν	ἐκ	τοῦ	οἴνου	τῆς
VIAP3P	DNMP	VPPANMP	DAFS	NAFS	PG	DGMS	NGMS	DGFS
그들이 취하게 되었습니다	그	거하고 있는 자들도	그	땅에	부터	그	포도주로	그

4202	846
πορνεία	αὐτός
πορνείας	αὐτῆς
NGFS	NPGF3S
간음하는	음녀의

땅의 왕들이 음녀와 함께 간음을 하였고 또한 땅에 거하고 있는 자들도 음녀의 간음하는 포도주로부터 그들이 취하게 되었습니다

17:3

2532	667	1473	1519	2048	1722	4151	2532	1492
καί	ἀποφέρω	ἐγώ	εἰς	ἔρημος	ἐν	πνεῦμα	καί	εἰδῶ
καὶ	ἀπήνεγκέν	με	εἰς	ἔρημον	ἐν	πνεύματι.	καὶ	εἶδον
CC	VIAA3S	NPA1S	PA	APAFS	PD	NDNS	CC	VIAA1S
그리고	그사자가데리고갔으며	나를	로	광야	있는	성령 안에	그리고	내가 보니

1135	2521	1909	2342	2847	1073	3686
γυνή	κάθημαι	ἐπί	θηρίον	κόκκινος	γέμω	ὄνομα
γυναῖκα	καθημένην	ἐπὶ	θηρίον	κόκκινον,	γέμοντα	ὀνόματα
NAFS	VPPNAFS	PA	NANS	AANS	VPPAANP	NANP
한 여자를	타고 있는	위에	짐승	붉은	가득하게 가지고 있는	이름들을

988	988	2192	2776	2033	2532	2768
βλασφημία	βλασφημία	ἔχω	κεφαλή	ἑπτά	καί	κέρας
βλασφημίας,	βλασφημίας,	ἔχων	κεφαλὰς	ἑπτὰ	καὶ	κέρατα
NGFS	NGFS	VPPANMS	NAFP	ACAFP	CC	NANP
거짓 증거하는	거짓 증거하는	가지고 있는	머리된 자들과	일곱 명의	또	뿔이 된 자들을

1176
δέκα
δέκα.
ACANP
열 명의

그 사자가 성령 안에 있는 나를 광야로 데리고 갔으며 일곱 명의 서기관들인 머리된 자들과 열 명의 장로들인 뿔이 된 자들을 가지고 있는 붉은 짐승 위에 타고 있는 거짓증거 하는 이름들을 가득하게 가지고 있는 한 여자를 내가 보니

17:4

2532	3588	1135	1510	4016	4210	2532	2847	2532
καί	ὁ	γυνή	εἰμί	περιβάλλω	πορφυροῦς	καί	κόκκινος	καί
καὶ	ἡ	γυνὴ	ἦν	περιβεβλημένη	πορφυροῦν	καὶ	κόκκινον	καὶ
CC	DNFS	NNFS	VIIA3S	VPRMNFS	APANS	CC	APANS	CC
그리고	그	여자는	있으며	옷을 입고	자주색과	그리고	붉은색	그리고

5558	5553	2532	3037	5093	2532	3135	2192
χρυσόω	χρυσίον	καί	λίθος	τίμιος	καί	μαργαρίτης	ἔχω
κεχρυσωμένη	χρυσίῳ	καὶ	λίθῳ	τιμίῳ	καὶ	μαργαρίταις,	ἔχουσα
VPRPNFS	NDNS	CC	NDMS	ADMS	CC	NDMP	VPPANFS
꾸며져 있고	금과	그리고	보	석과	그리고	진주들로	가지고 있으며

4221	5552	1722	3588	5495	846	1073	946
ποτήριον	χρύσεος	ἐν	ὁ	χείρ	αὐτός	γέμω	βδέλυγμα
ποτήριον	χρυσοῦν	ἐν	τῇ	χειρὶ	αὐτῆς	γέμον	βδελυγμάτων
NANS	AANS	PD	DDFS	NDFS	NPGF3S	VPPAANS	NGNP
잔을	금	안에	그	손에는	그녀의	가득하게 있는	가증한 것들이

2532	3588	169	3588	4202	846
καί	ὁ	ἀκάθαρτος	ὁ	πορνεία	αὐτός
καὶ	τὰ	ἀκάθαρτα	τῆς	πορνείας	αὐτῆς
CC	DANP	APANP	DGFS	NGFS	NPGF3S
그리고	그	더러운 것들을	그	음행의	그 여자의

그 여자는 자주색과 붉은색 옷을 입고 있으며 금과 보석과 진주들로 꾸며져 있고 그녀의 손에는 가증한 것들이 가득하게 있는 금잔을 또 여자의 음행의 더러운 것들을 가지고 있으며

17:5

2532	1909	3588	3359	846	3686	1125	3466
καί	ἐπί	ὁ	μέτωπον	αὐτός	ὄνομα	γράφω	μυστήριον
καὶ	**ἐπὶ**	**τὸ**	**μέτωπον**	**αὐτῆς**	**ὄνομα**	**γεγραμμένον,**	**μυστήριον,**
CC	PA	DANS	NANS	NPGF3S	NNNS	VPRPNNS	NNNS
그리고	위에	그	이마에	그 음녀의	이름이	기록이 되어져 있는	비밀이며

897	3588	3173	3588	3384	3588	4204	2532	3588
Βαβυλών	ὁ	μέγας	ὁ	μήτηρ	ὁ	πόρνη	καί	ὁ
Βαβυλὼν	**ἡ**	**μεγάλη,**	**ἡ**	**μήτηρ**	**τῶν**	**πορνῶν**	**καὶ**	**τῶν**
NNFS	DNFS	ANFS	DNFS	NNFS	DGFP	NGFP	CC	DGNP
바벨론의	그	큰 성	그	어미입니다	그	음녀들의	또한	그

946	3588	1093
βδέλυγμα	ὁ	γῆ
βδελυγμάτων	**τῆς**	**γῆς.**
NGNP	DGFS	NGFS
가증한 자들	이	땅의

음녀의 이마에 기록이 되어져 있는 이름이 큰 성 바벨론의 비밀이며 이 땅의 가증한 자들 음녀들의 어미입니다

17:6

2532	1492	3588	1135	3184	1537	3588	129	3588
καί	εἰδῶ	ὁ	γυνή	μεθύω	ἐκ	ὁ	αἷμα	ὁ
καὶ	**εἶδον**	**τὴν**	**γυναῖκα**	**μεθύουσαν**	**ἐκ**	**τοῦ**	**αἵματος**	**τῶν**
CC	VIAA1S	DAFS	NAFS	VPPAAFS	PG	DGNS	NGNS	DGMP
또	내가 보고	그	여자를	취하여 있는	부터	그	피에	그

40	2532	1537	3588	129	3588	3144	2424	2532
ἅγιος	καί	ἐκ	ὁ	αἷμα	ὁ	μάρτυς	’Ιησοῦς	καί
ἁγίων	**καὶ**	**ἐκ**	**τοῦ**	**αἵματος**	**τῶν**	**μαρτύρων**	**’Ιησοῦ.**	**Καὶ**
APGMP	CC	PG	DGNS	NGNS	DGMP	NGMP	NGMS	CH
성도들의	또	에서	그	피	그	증인들의	예수님의	그래서

2296	1492	846	2295	3173
θαυμάζω	εἰδῶ	αὐτός	θαῦμα	μέγας
ἐθαύμασα	**ἰδὼν**	**αὐτὴν**	**θαῦμα**	**μέγα.**
VIAA1S	VPAANM1S	NPAF3S	NANS	AANS
기이하게 여겼습니다	내가 보고	그 여자를	기이한	대단히

내가 음녀인 그 여자를 보니 성도들의 피에 그리고 예수님의 증인들의 피에 취하여 있는 대단히 기이한 그 여자를 보고 내가 기이하게 겼습니다

17:7

2532	4483	1473	3588	32	1223	5101	2296	1473	4483
καί	ῥέω	ἐγώ	ὁ	ἄγγελος	διά	τίς	θαυμάζω	ἐγώ	ῥέω
καὶ	**εἶπέν**	**μοι**	**ὁ**	**ἄγγελος,**	**Διὰ**	**τί**	**ἐθαύμασας**	**ἐγὼ**	**ἐρῶ**
CH	VIAA3S	NPD1S	DNMS	NNMS	PA	APTANS	VIAA2S	NPN1S	VIFA1S
그러자	말씀하여	나에게	그	사자가	때문에	무엇	너는 기이하게 여기느냐	내가	말할것이다

4771	3588	3466	3588	1135	2532	3588	2342	3588
σύ	ὁ	μυστήριον	ὁ	γυνή	καί	ὁ	θηρίον	ὁ
σοι	**τὸ**	**μυστήριον**	**τῆς**	**γυναικὸς**	**καὶ**	**τοῦ**	**θηρίου**	**τοῦ**
NPD2S	DANS	NANS	DGFS	NGFS	CC	DGNS	NGNS	DGNS
너에게	그	비밀을	그	여자의	그리고	그	짐승을	그

941	846	3588	2192	3588	2033	2776	2532	3588
βαστάζω	αὐτός	ὁ	ἔχω	ὁ	ἑπτά	κεφαλή	καί	ὁ
βαστάζοντος	**αὐτὴν**	**τοῦ**	**ἔχοντος**	**τὰς**	**ἑπτὰ**	**κεφαλὰς**	**καὶ**	**τὰ**
VPPAGNS	NPAF3S	DGNS	VPPAGNS	DAFP	ACAFP	NAFP	CC	DANP
타고 있는	여자를	그	가지고 있는	그	일곱	머리된 자들과	그리고	그

1176	2768
δέκα	κέρας
δέκα	**κέρατα.**
ACANP	NANP
열 명의	뿔이 된 자들을

그러자 그 사자가 나에게 말씀하여 너는 무엇 때문에 기이하게 여기느냐 내가 일곱 명의 서기관들인 머리된 자들과 열 명의 장로들인 뿔이 된 자들을 가지고 있는 대제사장인 짐승을 타고 있는 여자를 너에게 그 여자의 비밀을 내가 말할 것이다

17:8

3588	2342	3739	1492	1510	2532	3756	1510	2532	3195	305
ὁ	θηρίον	ὅς	εἰδῶ	εἰμί	καί	οὐ	εἰμί	καί	μέλλω	ἀναβαίνω
τὸ	**θηρίον**	**ὃ**	**εἶδες**	**ἦν**	**καὶ**	**οὐκ**	**ἔστιν**	**καὶ**	**μέλλει**	**ἀναβαίνειν**
DNNS	NNNS	APRANS	VIAA2S	VIIA3S	CC	QN	VIPA3S	CC	VIPA3S	VNPA
그	짐승은	그를	네가 본	있었지만	그러나	없어	졌는데	그러나	반드시	올라와서

1537	3588	12	2532	1519	684	5217	2532	2296
ἐκ	ὁ	ἄβυσσος	καί	εἰς	ἀπώλεια	ὑπάγω	καί	θαυμάζω
ἐκ	**τῆς**	**ἀβύσσου**	**καὶ**	**εἰς**	**ἀπώλειαν**	**ὑπάγει,**	**καὶ**	**θαυμασθήσονται**
PG	DGFS	NGFS	CC	PA	NAFS	VIPA3S	CC	VIFP3P
에서	그	무저갱	그리고	으로	멸망	그는들어가고있다	그러나	기이히 여기게 될 것이다

3588	2730	1909	3588	1093	3739	3756	1125	3588	3686
ὁ	κατοικέω	ἐπί	ὁ	γῆ	ὅς	οὐ	γράφω	ὁ	ὄνομα
οἱ	**κατοικοῦντες**	**ἐπὶ**	**τῆς**	**γῆς,**	**ὧν**	**οὐ**	**γέγραπται**	**τὸ**	**ὄνομα**
DNMP	VPPANMP	PG	DGFS	NGFS	APRGMP	QN	VIRP3S	DNNS	NNNS
그	거하고 있는 자들이	에	그	땅	그들이	못한	기록이 되어있지	그	이름이

1909	3588	975	3588	2222	575	2602	2889
ἐπί	ὁ	βιβλίον	ὁ	ζωή	ἀπό	καταβολή	κόσμος
ἐπὶ	**τὸ**	**βιβλίον**	**τῆς**	**ζωῆς**	**ἀπὸ**	**καταβολῆς**	**κόσμου,**
PA	DANS	NANS	DGFS	NGFS	PG	NGFS	NGMS
에	그	책에	그	생명의	부터	예수님이 오신 후	세상에

991	3588	2342	3754	1510	2532	3756	1510	2532	3918
βλέπω	ὁ	θηρίον	ὅτι	εἰμί	καί	οὐ	εἰμί	καί	πάρειμι
βλεπόντων	**τὸ**	**θηρίον**	**ὅτι**	**ἦν**	**καὶ**	**οὐκ**	**ἔστιν**	**καὶ**	**παρέσται**
VPPAGMP	DANS	NANS	CC	VIIA3S	CC	QN	VIPA3S	CC	VIFD3S
보고 있는 자들과	그	짐승을	될	있었지만	그러나	없어지게	되었는데	그러나	직분을가진자로나오게

네가 본 대제사장인 짐승은 전에는 그 직분이 있었지만 그러나 지금은 그 직분이 없어졌는데 반드시 무저갱에서 올라와서 그 직분을 행사하고 있기 때문에 그는 멸망으로 들어가고 있다 짐승의 직분이 전에는 있었지만 그러나 지금은 그 직분이 없어지게 되었는데 직분을 가진 자로 나오게 될 그 짐승을 보고 있는 자들과 예수님이 세상에 오신 후부터 생명책에 이름이 기록이 되지 못한 땅에 거하고 있는 자들이 기이히 여기게 될 것이다

17:9

5602	3588	3563	3588	2192	4678	3588	2033	2776	2033	3735
ὧδε	ὁ	νοῦς	ὁ	ἔχω	σοφία	ὁ	ἑπτά	κεφαλή	ἑπτά	ὄρος
ὧδε	**ὁ**	**νοῦς**	**ὁ**	**ἔχων**	**σοφίαν.**	**αἱ**	**ἑπτὰ**	**κεφαλαὶ**	**ἑπτὰ**	**ὄρη**
AB	DNMS	NNMS	DNMS	VPPANMS	NAFS	DNFP	ACNFP	NNFP	ACNNP	NNNP
여기	그	마음이 있다	그	가지고 있는	지혜를	그	일곱명의	머리된 자들은	일곱	산들

1510	3699	3588	1135	2521	1909	846	2532	935	2033
εἰμί	ὅπου	ὁ	γυνή	κάθημαι	ἐπί	αὐτός	καί	βασιλεύς	ἑπτά
εἰσίν,	**ὅπου**	**ἡ**	**γυνὴ**	**κάθηται**	**ἐπ᾽**	**αὐτῶν.**	**καὶ**	**βασιλεῖς**	**ἑπτά**
VIPA3P	ABR	DNFS	NNFS	VIPN3S	PG	NPGN3P	CC	NNMP	ACNMP
이며	어느곳이든지	그	여자가	앉아 있고	위에	그들	그리고	왕들	일곱

1510
εἰμί
εἰσιν·
VIPA3P
그들이 이다

여기 지혜를 가지고 있는 마음이 있다 일곱 명의 서기관들인 머리된 자들은 일곱 산들이며 음녀인 그 여자가 어느 곳이든지 그들 위에 앉아 있고 그들이 일곱 왕들이다

17:10

3588	4002	4098	3588	1520	1510	3588	243	3768	2064	2532
ὁ	πέντε	πίπτω	ὁ	εἷς	εἰμί	ὁ	ἄλλος	οὔπω	ἔρχομαι	καί
οἱ	**πέντε**	**ἔπεσαν,**	**ὁ**	**εἷς**	**ἔστιν,**	**ὁ**	**ἄλλος**	**οὔπω**	**ἦλθεν,**	**καὶ**
DNMP	APCNMP	VIAA3P	DNMS	APCNMS	VIPA3S	DNMS	APNMS	AB	VIAA3S	CC
그	다섯은	그들이 넘어갔고	직분을	하나는	가지고 있고	그	다른 하나는	아직 않았	오지 지만	그러나

3752	2064	3641	846	1163	3306
ὅταν	ἔρχομαι	ὀλίγος	αὐτός	δεῖ	μένω
ὅταν	**ἔλθῃ**	**ὀλίγον**	**αὐτὸν**	**δεῖ**	**μεῖναι.**
CS	VSAA3S	AB	NPAM3S	VIPA3S	VNAA
때는	그가 왔을	잔간 동안	그 자신의	있어야한다	반드시일을하고

서기관들 중 다섯은 음녀에게 넘어갔고 하나는 직분을 가지고 있고 다른 하나는 아직 그리스도에게 오지 않았지만 그러나 그가 그리스도에게 왔을 때는 잔간동안 반드시 그 자신의 일을 하고 있어야 한다

	2532	3588	2342	3739	1510	2532	3756	1510	2532	846	3590	1510
	καί	ὁ	θηρίον	ὅς	εἰμί	καί	οὐ	εἰμί	καί	αὐτός	ὄγδοος	εἰμί
17:11	**καὶ**	**τὸ**	**θηρίον**	**ὃ**	**ἦν**	**καὶ**	**οὐκ**	**ἔστιν**	**καὶ**	**αὐτὸς**	**ὄγδοός**	**ἐστιν**
	CC	DNNS	NNNS	APRNNS	VIIA3S	CC	QN	VIPA3S	AB	NPNM3S	AONMS	VIPA3S
	그리고	그	짐승이	직분이	있었다	그러나	없는데	직분이	또한	자신은	여덟 번째로	있다고하지만

2532	1537	3588	2033	1510	2532	1519	684	5217
καί	ἐκ	ὁ	ἑπτά	εἰμί	καί	εἰς	ἀπώλεια	ὑπάγω
καὶ	**ἐκ**	**τῶν**	**ἑπτά**	**ἐστιν,**	**καὶ**	**εἰς**	**ἀπώλειαν**	**ὑπάγει.**
CC	PG	DGMP	APCGMP	VIPA3S	CC	PA	NAFS	VIPA3S
그러나	속해	그	일곱 중에	있으니	그리고	으로	멸망	들어가고 있다

대제사장인 짐승이 전에는 그 직분이 있었지만 그러나 지금은 그 직분이 없는데 그러나 자신은 여덟 번째로 있다고 하지만 그러나 일곱 중에 속해 있으니 그는 멸망으로 들어가고 있다

	2532	3588	1176	2768	3739	1492	1176	935	1510
	καί	ὁ	δέκα	κέρας	ὅς	εἰδῶ	δέκα	βασιλεύς	εἰμί
17:12	**καὶ**	**τὰ**	**δέκα**	**κέρατα**	**ἃ**	**εἶδες**	**δέκα**	**βασιλεῖς**	**εἰσιν,**
	CC	DNNP	ACNNP	NNNP	APRANP	VIAA2S	ACNMP	NNMP	VIPA3P
	그리고	그	열 명의	뿔이 된 자들	그들을	내가 보니	열 명의	왕들	그들이 이며

3748	932	3768	2983	235	1849	5613	935
ὅστις	βασιλεία	οὔπω	λαμβάνω	ἀλλά	ἐξουσία	ὡς	βασιλεύς
οἵτινες	**βασιλείαν**	**οὔπω**	**ἔλαβον,**	**ἀλλὰ**	**ἐξουσίαν**	**ὡς**	**βασιλεῖς**
APRNMP	NAFS	AB	VIAA3P	CH	NAFS	CS	NNMP
그들은	나라를	아직 못	받지 했으나	오히려	권세를	같이	왕들과

1520	5610	2983	3326	3588	2342
εἷς	ὥρα	λαμβάνω	μετά	ὁ	θηρίον
μίαν	**ὥραν**	**λαμβάνουσιν**	**μετὰ**	**τοῦ**	**θηρίου.**
ACAFS	NAFS	VIPA3P	PG	DGNS	NGNS
잠시	동안	가지고 있고	함께	그	짐승과

열 명의 장로들인 뿔이 된 자들 그들을 내가 보니 그들이 열 명의 왕들이며 그들은 아직 나라를 받지 못했으나 오히려 왕들과 같이 잠시 동안 대제사장인 짐승과 함께 권세를 가지고 있고

	3778	1520	1106	2192	2532	3588	1411	2532	1849
	οὗτος	εἷς	γνώμη	ἔχω	καί	ὁ	δύναμις	καί	ἐξουσία
17:13	**οὗτοι**	**μίαν**	**γνώμην**	**ἔχουσιν**	**καὶ**	**τὴν**	**δύναμιν**	**καὶ**	**ἐξουσίαν**
	APDNMP	ACAFS	NAFS	VIPA3P	CC	DAFS	NAFS	CC	NAFS
	그 자신들이	한가지	뜻을	가지고 있어	그래서	그	능력과	그리고	권한을

846	3588	2342	1325
αὐτός	ὁ	θηρίον	δίδωμι
αὐτῶν	**τῷ**	**θηρίῳ**	**διδόασιν.**
NPGM3P	DDNS	NDNS	VIPA3P
그들의	그	짐승에게	넘겨주고 있으며

그 자신들이 한 가지 뜻을 가지고 있어 자신들의 능력과 권한을 대제사장인 짐승에게 넘겨주고 있으며

3778 3326 3588 721 4170 2532 3588 721 3528
οὗτος μετά ὁ ἀρνίον πολεμέω καί ὁ ἀρνίον νικάω
17:14 οὗτοι μετὰ τοῦ ἀρνίου πολεμήσουσιν καὶ τὸ ἀρνίον νικήσει
APDNMP PG DGNS NGNS VIFA3P CH DNNS NNNS VIFA3S
그자신들이 함께 그 어린양과 싸움을 할 것이지만 그러나 그 어린양은 이길 것이며

846 3754 2962 2962 1510 2532 935 935 2532 3588
αὐτός ὅτι κύριος κύριος εἰμί καί βασιλεύς βασιλεύς καί ὁ
αὐτούς, ὅτι κύριος κυρίων ἐστὶν καὶ βασιλεὺς βασιλέων καὶ οἱ
NPAM3P CS NNMS NGMP VIPA3S CC NNMS NGMP CC DNMP
그들을 때문에 주이며 만주의 이시기 그리고 왕 만왕의 그리고 자들은

3326 846 2822 2532 1588 2532 4103
μετά αὐτός κλητός καί ἐκλεκτός καί πιστός
μετ' αὐτοῦ κλητοὶ καὶ ἐκλεκτοὶ καὶ πιστοί.
PG NPGM3S ANMP CC ANMP CC ANMP
함께있는 어린양과 부르심을받은자들이며 또 택하심을받은자들이고 그리고 믿음을가진자들이다

그 자신들이 어린 양과 함께 싸움을 할 것이지만 그러나 어린 양은 만주의 주이며 만왕의 왕이시기 때문에 그들을 이길 것이며 어린양과 함께 있는 자들은 하나님의 부르심을 받은 자들이며 하나님의 택하심을 받은 자들이고 또 하나님의 믿음을 가지고 있는 자들입니다

2532 3004 1473 3588 5204 3739 1492 3757 3588 4204 2521
καί λέγω ἐγώ ὁ ὕδωρ ὅς εἰδῶ οὗ ὁ πόρνη κάθημαι
17:15 Καὶ λέγει μοι, Τὰ ὕδατα ἃ εἶδες οὗ ἡ πόρνη κάθηται,
CC VIPA3S NPD1S DNNP NNNP APRANP VIAA2S ABR DNFS NNFS VIPN3S
그리고 그가 말씀하여 나에게 그 물들은 그들을 네가 본 거기에 그 음녀가 앉아있는

2992 2532 3793 1510 2532 1484 2532 1100
λαός καί ὄχλος εἰμί καί ἔθνος καί γλῶσσα
λαοὶ καὶ ὄχλοι εἰσὶν καὶ ἔθνη καὶ γλῶσσαι.
NNMP CC NNMP VIPA3P CC NNNP CC NNFP
백성들과 또 무리들 이며 그리고 족속들이고 또 방언들이다

사자가 나에게 말씀하여 네가 본 그 물들은 음녀가 앉아 있는 백성들과 무리들이며 그리고 족속들이고 또 방언들이다

2532 3588 1176 2768 3739 1492 2532 3588 2342 3778
καί ὁ δέκα κέρας ὅς εἰδῶ καί ὁ θηρίον οὗτος
17:16 καὶ τὰ δέκα κέρατα ἃ εἶδες καὶ τὸ θηρίον οὗτοι
CC DNNP ACNNP NNNP APRANP VIAA2S CC DNNS NNNS APDNMP
그리고 그 열 명의 뿔이 된 자들과 것을 네가 본 그리고 그 짐승은 그들이

3404 3588 4204 2532 2049 4160 846
μισέω ὁ πόρνη καί ἐρημόω ποιέω αὐτός
μισήσουσιν τὴν πόρνην καὶ ἠρημωμένην ποιήσουσιν αὐτὴν
VIFA3P DAFS NAFS CH VPRPAFS VIFA3P NPAF3S
미워할 것이고 그 음녀를 그리고 멸망하도록 그들이 만들 것이며 그 음녀를

2532	1131	2532	3588	4561	846	5315	2532	846
καί	γυμνός	καί	ὁ	σάρξ	αὐτός	ἐσθίω	καί	αὐτός
καὶ	γυμνὴν	καὶ	τὰς	σάρκας	αὐτῆς	φάγονται	καὶ	αὐτὴν
CC	AAFS	CC	DAFP	NAFP	NPGF3S	VIFD3P	CC	NPAF3S
그리고	벌거벗겨서	그리고	그	음녀의 살들을	그 음녀의	먹게 될 것이며	그리고	그 음녀를

2618	1722	4442
κατακαίω	ἐν	πῦρ
κατακαύσουσιν	ἐν	πυρί.
VIFA3P	PD	NDNS
그들이 심판을 할 것이다	안에	불로

네가 본 열 명의 장로들인 뿔이 된 자들과 대제사장인 짐승은 그들이 음녀를 미워할 것이고 그들이 음녀를 멸망하도록 만들 것이며 음녀를 벌거벗겨서 그들이 음녀의 살들을 먹게 될 것이며 그들이 음녀를 불로 태워서 심판할 것이다

17:17

3588	1063	2316	1325	1519	3588	2588	846	4160	3588
ὁ	γάρ	θεός	δίδωμι	εἰς	ὁ	καρδία	αὐτός	ποιέω	ὁ
ὁ	γὰρ	θεὸς	ἔδωκεν	εἰς	τὰς	καρδίας	αὐτῶν	ποιῆσαι	τὴν
DNMS	CS	NNMS	VIAA3S	PA	DAFP	NAFP	NPGM3P	VNAA	DAFS
그	왜냐하면	하나님이	주었기때문이다	에게	그	마음을	그 자신들의	행사할 수 있는	그

1106	846	2532	4160	1520	1106	2532	1325	3588
γνώμη	αὐτός	καί	ποιέω	εἷς	γνώμη	καί	δίδωμι	ὁ
γνώμην	αὐτοῦ	καὶ	ποιῆσαι	μίαν	γνώμην	καὶ	δοῦναι	τὴν
NAFS	NPGM3S	CC	VNAA	ACAFS	NAFS	CC	VNAA	DAFS
뜻을	자신의	그래서	이룰 수 있도록	한가지	뜻을	그리고	주신 것은	그

932	846	3588	2342	891	5055	3588	3056
βασιλεία	αὐτός	ὁ	θηρίον	ἄχρι	τελέω	ὁ	λόγος
βασιλείαν	αὐτῶν	τῷ	θηρίῳ	ἄχρι	τελεσθήσονται	οἱ	λόγοι
NAFS	NPGM3P	DDNS	NDNS	CS	VIFP3P	DNMP	NNMP
나라를	그들의	그	짐승에게	때까지	완전히 이루질	그	말씀들이

3588	2316
ὁ	θεός
τοῦ	θεοῦ.
DGMS	NGMS
그	하나님의

왜냐하면 하나님의 그 말씀들이 완전히 이루어질 때까지 대제사장인 짐승에게 그들의 나라를 주신 것은 한 가지 뜻을 이룰 수 있도록 자신의 뜻을 행사 할 수 있는 자신들의 마음을 하나님이 주었기 때문이다

17:18

2532	3588	1135	3739	1492	1510	3588	4172	3588	3173	3588	2192
καί	ὁ	γυνή	ὅς	εἰδῶ	εἰμί	ὁ	πόλις	ὁ	μέγας	ὁ	ἔχω
καὶ	ἡ	γυνὴ	ἣν	εἶδες	ἔστιν	ἡ	πόλις	ἡ	μεγάλη	ἡ	ἔχουσα
CS	DNFS	NNFS	APRAFS	VIAA2S	VIPA3S	DNFS	NNFS	DNFS	ANFS	DNFS	VPPANFS
그리고	그	여자는	그를	네가 봤던	이다	그	성	그	큰	그	가지고 있는

932 1909 3588 935 3588 1093
βασιλεία ἐπί ὁ βασιλεύς ὁ γῆ
βασιλείαν ἐπὶ τῶν βασιλέων τῆς γῆς.
NAFS PG DGMP NGMP DGFS NGFS
나라를 위에 그 왕들의 이 땅의

네가 봤던 그 여자는 이 땅의 왕들 위에 나라를 가지고 있는 큰 성이다

3326 3778 1492 243 32 2597 1537 3588
μετά οὗτος εἰδῶ ἄλλος ἄγγελος καταβαίνω ἐκ ὁ
18:1 **Μετὰ ταῦτα εἶδον ἄλλον ἄγγελον καταβαίνοντα ἐκ τοῦ**
PA APDANP VIAA1S AAMS NAMS VPPAAMS PG DGMS
후에 이일들 내가 보니 다른 사자가 내려오고 있는 에서 그

3772 2192 1849 3173 2532 3588 1093 5461 1537
οὐρανός ἔχω ἐξουσία μέγας καί ὁ γῆ φωτίζω ἐκ
οὐρανοῦ ἔχοντα ἐξουσίαν μεγάλην, καὶ ἡ γῆ ἐφωτίσθη ἐκ
NGMS VPPAAMS NAFS AAFS CH DNFS NNFS VIAP3S PG
하늘 가지고 있는 권세를 큰 그리고 그 땅이 빛이 비춰게 되었으며 부터

3588 1391 846
ὁ δόξα αὐτός
τῆς δόξης αὐτοῦ.
DGFS NGFS NPGM3S
그 영광에서 자신의

이일들 후에 하늘에서 내려오고 있는 큰 권세를 가지고 있는 다른 사자를 내가 보니 자신의 영광에서부터 땅이 환하게 빛을 비춰게 되었으며

2532 2896 1722 2478 5456 3004 4098 4098
καί κράζω ἐν ἰσχυρός φωνή λέγω πίπτω πίπτω
18:2 **καὶ ἔκραξεν ἐν ἰσχυρᾷ φωνῇ λέγων, Ἔπεσεν ἔπεσεν**
CC VIAA3S PD ADFS NDFS VPPANMS VIAA3S VIAA3S
그래서 그사자가크게외쳐 안에 힘찬 음성으로 말씀하고 있으며 무너졌도다 무너졌도다하고

897 3588 3173 2532 1096 2732 1140
Βαβυλών ὁ μέγας καί γίνομαι κατοικητήριον δαιμόνιον
Βαβυλὼν ἡ μεγάλη, καὶ ἐγένετο κατοικητήριον δαιμονίων
NNFS DNFS ANFS CC VIAD3S NNNS NGNP
바벨론 그 성 그리고 되었으며 처소가 귀신들의

2532 5438 3956 4151 169 2532 5438
καί φυλακή πᾶς πνεῦμα ἀκάθαρτος καί φυλακή
καὶ φυλακὴ παντὸς πνεύματος ἀκαθάρτου καὶ φυλακὴ
CC NNFS AGNS NGNS AGNS CC NNFS
그리고 갇혀있는 곳이며 모든 영들의 더러운 또 갇혀있는 곳이고

3956 3732 169 2532 5438 3956 2342
πᾶς ὄρνεον ἀκάθαρτος καί φυλακή πᾶς θηρίον
παντὸς ὀρνέου ἀκαθάρτου καὶ φυλακὴ παντὸς θηρίου
AGNS NGNS AGNS CC NNFS AGNS NGNS
모든 새의 더러운 그리고 갇혀있는 곳이다 모든 짐승이

169	2532	3404
ἀκάθαρτος	καί	μισέω
ἀκαθάρτου	καὶ	μεμισημένου,
AGNS	CC	VPRPGNS
더러운	그리고	하나님을 미워하게 된

그 사자가 바벨론 성이 무너졌도다 무너졌도다 하고 힘찬 음성으로 크게 외쳐 그 성이 귀신들의 처소가 되었으며 모든 더러운 영들의 갇혀 있는 곳이며 또 모든 더러운 새의 갇혀 있는 곳이고 또 하나님을 미워하게 된 모든 더러운 짐승이 갇혀 있는 곳이다 하고 말씀하고 있습니다

18:3

3754	1537	3588	3631	3588	2372	3588	4202	846	4095
ὅτι	ἐκ	ὁ	οἶνος	ὁ	θυμός	ὁ	πορνεία	αὐτός	πίνω
ὅτι	ἐκ	τοῦ	οἴνου	τοῦ	θυμοῦ	τῆς	πορνείας	αὐτῆς	πέπωκαν
CS	PG	DGMS	NGMS	DGMS	NGMS	DGFS	NGFS	NPGF3S	VIRA3P
때문에	부터	그	포도주에서	그	진노의	그	간음한	그 음녀의	마셨기

3956	3588	1484	2532	3588	935	3588	1093	3326	846
πᾶς	ὁ	ἔθνος	καί	ὁ	βασιλεύς	ὁ	γῆ	μετά	αὐτός
πάντα	τὰ	ἔθνη	καὶ	οἱ	βασιλεῖς	τῆς	γῆς	μετ᾽	αὐτῆς
ANNP	DNNP	NNNP	CC	DNMP	NNMP	DGFS	NGFS	PG	NPGF3S
모든	그	백성들이	그리고	그	왕들이	그	땅의	함께	음녀와

4203	2532	3588	1713	3588	1093	1537	3588	1411	3588
πορνεύω	καί	ὁ	ἔμπορος	ὁ	γῆ	ἐκ	ὁ	δύναμις	ὁ
ἐπόρνευσαν	καὶ	οἱ	ἔμποροι	τῆς	γῆς	ἐκ	τῆς	δυνάμεως	τοῦ
VIAA3P	CC	DNMP	NNMP	DGFS	NGFS	PG	DGFS	NGFS	DGNS
간음을 하였고	그리고	그	장사꾼들도	그	땅의	부터	그	능력에서	그

4764	846	4147
στρῆνος	αὐτός	πλουτέω
στρήνους	αὐτῆς	ἐπλούτησαν.
NGNS	NPGF3S	VIAA3P
거짓 증거한 말씀의	그 음녀의	부자들이 되었습니다

그 음녀의 간음한 진노의 포도주에서부터 모든 백성들이 마셨기 때문에 땅의 왕들이 음녀와 함께 간음을 하였고 땅의 장사꾼들도 음녀의 거짓 증거한 말씀의 능력에서부터 부자들이 되었습니다

18:4

2532	191	243	5456	1537	3588	3772	3004
καί	ἀκούω	ἄλλος	φωνή	ἐκ	ὁ	οὐρανός	λέγω
Καὶ	ἤκουσα	ἄλλην	φωνὴν	ἐκ	τοῦ	οὐρανοῦ	λέγουσαν,
CC	VIAA1S	AAFS	NAFS	PG	DGMS	NGMS	VPPAAFS
그리고	내가 들으니	다른	음성을	부터	그	하늘에서	말씀하고 있습니다

1831	3588	2992	1473	1537	846	2443	3361	4790	3588
ἐξέρχομαι	ὁ	λαός	ἐγώ	ἐκ	αὐτός	ἵνα	μή	συγκοινωνέω	ὁ
Ἐξέλθατε	ὁ	λαός	μου	ἐξ	αὐτῆς	ἵνα	μὴ	συγκοινωνήσητε	ταῖς
VMAA2P	DVMS	NVMS	NPG1S	PG	NPGF3S	CS	QN	VSAA2P	DDFP
너희는거기서나오너라	그	백성들아	나의	부터	그 음녀로	위하여	않기	너희가 함께 참여하지	그

266 846 2532 1537 3588 4127 846 2443 3361 2983
ἁμαρτία αὐτός καί ἐκ ὁ πληγή αὐτός ἵνα μή λαμβάνω
ἁμαρτίαις αὐτῆς, καὶ ἐκ τῶν πληγῶν αὐτῆς ἵνα μὴ λάβητε,
NDFP NPGF3S CC PG DGFP NGFP NPGF3S CS QN VSAA2P
죄들에 그 음녀의 그리고 속해서 그 재앙들에 그 음녀의 위하여 않기 너희가 재앙을 받지

내가 하늘에서부터 다른 음성을 들으니 나의 백성들아 너희는 음녀의 그 재앙들에 속하여 너희가 재앙을 받지 않기 위하여 또 음녀의 그 죄들에 너희가 함께 참여하지 않기 위하여 너희는 그 음녀로부터 거기서 나오너라 하고 말씀하고 있습니다

3754 2853 846 3588 266 891 3588 3772 2532
ὅτι κολλάω αὐτός ὁ ἁμαρτία ἄχρι ὁ οὐρανός καί
18:5 **ὅτι ἐκολλήθησαν αὐτῆς αἱ ἁμαρτίαι ἄχρι τοῦ οὐρανοῦ καὶ**
CS VIAP3P NPGF3S DNFP NNFP PG DGMS NGMS CC
때문에 사무쳤기 그 음녀의 그 죄들이 까지 그 하늘에 그래서

3421 3588 2316 3588 92 846
μνημονεύω ὁ θεός ὁ ἀδίκημα αὐτός
ἐμνημόνευσεν ὁ θεὸς τὰ ἀδικήματα αὐτῆς.
VIAA3S DNMS NNMS DANP NANP NPGF3S
기억하게 되었습니다 그 하나님께서 그 불의한 일들을 그음녀의

그 음녀의 죄들이 하늘에까지 사무쳤기 때문에 음녀의 불의한 일들을 하나님께서 기억하게 되었습니다

591 846 5613 2532 846 591 2532 1363 3588
ἀποδίδωμι αὐτός ὡς καί αὐτός ἀποδίδωμι καί διπλόω ὁ
18:6 **ἀπόδοτε αὐτῇ ὡς καὶ αὐτὴ ἀπέδωκεν καὶ διπλώσατε τὰ**
VMAA2P NPDF3S CS AB NPNF3S VIAA3S CC VMAA2P DANP
너희는갚아주어라 그 음녀에게 같이 도 그 음녀가 너희에게 주었던 것과 그리고 너희가 갚아주어라 그

1362 2596 3588 2041 846 1722 3588 4221 3739 2767
διπλοῦς κατά ὁ ἔργον αὐτός ἐν ὁ ποτήριον ὅς κεράννυμι
διπλᾶ κατὰ τὰ ἔργα αὐτῆς, ἐν τῷ ποτηρίῳ ᾧ ἐκέρασεν
APANP PA DANP NANP NPGF3S PD DDNS NDNS APRDNS VIAA3S
갑절을 행한 대로 그 일들을 그 음녀의 안에 그 잔에 그 그가 섞었던

2767 846 1362
κεράννυμι αὐτός διπλοῦς
κεράσατε αὐτῇ διπλοῦν,
VMAA2P NPDF3S APANS
너희는 섞어 주어라 음녀에게 갑절로 더

너희는 음녀가 너희에게 주었던 것과 같이 음녀에게 도로 갚아 주어라 또한 음녀의 그 일들을 행한 대로 너희가 갑절을 갚아 주어라 그가 섞었던 잔에 너희는 음녀에게 갑절로 더 섞어주어라

3745 1392 846 2532 4763 5118 1325
ὅσος δοξάζω αὐτός καί στρηνιάω τοσοῦτος δίδωμι
18:7 **ὅσα ἐδόξασεν αὐτὴν καὶ ἐστρηνίασεν, τοσοῦτον δότε**
APRANP VIAA3S NPAF3S CC VIAA3S ADAMS VMAA2P
얼마나 그음녀가영화롭게했는지 자신을 그리고 그음녀가거짓말로증거했는지 음녀가 했던 것만큼 너희는갚아주어라

846 929 2532 3997 3754 1722 3588 2588 846
αὐτός βασανισμός καί πένθος ὅτι ἐν ὁ καρδία αὐτός
αὐτῇ βασανισμὸν καὶ πένθος. ὅτι ἐν τῇ καρδίᾳ αὐτῆς
NPDF3S NAMS CC NANS CS PD DDFS NDFS NPGF3S
그 음녀에게 고통과 그리고 애통으로 때문에 있는 그 마음 안에 그 음녀의

3004 3754 2521 938 2532 5503 3756 1510 2532 3997
λέγω ὅτι κάθημαι βασίλισσα καί χήρα οὐ εἰμί καί πένθος
λέγει ὅτι Κάθημαι βασίλισσα καὶ χήρα οὐκ εἰμὶ καὶ πένθος
VIPA3S CC VIPN1S NNFS CC ANFS QN VIPA1S CC NANS
말하고있기 때문에 나는자리에앉아있는 여왕이기 그리고 과부가 아니 이고 또 애통을

3756 3361 1492
οὐ μή εἰδῶ
οὐ μὴ ἴδω.
QN QN VSAA1S
결코 못한다 나는알지하고

그 음녀가 나는 자리에 앉아 있는 여왕이기 때문에 과부가 아니고 또 나는 애통을 결코 알지 못한다 하고 그 음녀의 마음 안에 있는 것을 말하고 있기 때문에 그 음녀가 얼마나 자신을 영화롭게 했는지 또 얼마나 하나님을 거짓말로 증거 했는지 너희는 음녀가 했던 것만큼 그 음녀에게 고통과 애통으로 갚아주어라

1223 3778 1722 1520 2250 2240 3588 4127 846 2288
διά οὗτος ἐν εἷς ἡμέρα ἥκω ὁ πληγή αὐτός θάνατος
18:8 διὰ τοῦτο ἐν μιᾷ ἡμέρᾳ ἥξουσιν αἱ πληγαὶ αὐτῆς, θάνατος
PA APDANS PD ACDFS NDFS VIFA3P DNFP NNFP NPGF3S NNMS
때문에 이것 안에 한 날에 오게 될 것이며 그 재앙들이 그 음녀의 사망과

2532 3997 2532 3042 2532 1722 4442 2618 3754
καί πένθος καί λιμός καί ἐν πῦρ κατακαίω ὅτι
καὶ πένθος καὶ λιμός, καὶ ἐν πυρὶ κατακαυθήσεται, ὅτι
CC NNNS CC NNFS CC PD NDNS VIFP3S CS
그리고 애통과 그리고 기근이 그리고 안에서 불로 심판받아 태워지게 될 것이다 때문에

2478 2962 3588 2316 3588 2919 846
ἰσχυρός κύριος ὁ θεός ὁ κρίνω αὐτός
ἰσχυρὸς κύριος ὁ θεὸς ὁ κρίνας αὐτήν.
ANMS NNMS DNMS NNMS DNMS VPAANMS NPAF3S
능력의 주 그 하나님이 그 심판하였기 그 음녀를

이것 때문에 한 날에 음녀의 재앙들이 사망과 애통과 기근이 오게 될 것이며 능력의 주 하나님이 그 음녀를 심판하였기 때문에 불로 심판받아 태워지게 될 것이다

2532 2799 2532 2875 1909 846 3588 935 3588
καί κλαίω καί κόπτω ἐπί αὐτός ὁ βασιλεύς ὁ
18:9 Καὶ κλαύσουσιν καὶ κόψονται ἐπ' αὐτὴν οἱ βασιλεῖς τῆς
CH VIFA3P CC VIFM3P PA NPAF3S DNMP NNMP DGFS
그래서 그들이 울게 될 것이며 그리고 가슴을 치게 될것이다 때문에 그 음녀 그 왕들이 그

1093	3588	3326	846	4203	2532	4763	3752
γῆ	ὁ	μετά	αὐτός	πορνεύω	καί	στρηνιάω	ὅταν
γῆς	οἱ	μετ'	αὐτῆς	πορνεύσαντες	καὶ	στρηνιάσαντες,	ὅταν
NGFS	DNMP	PG	NPGF3S	VPAANMP	CC	VPAANMP	CS
땅의	그	함께	그 음녀와	간음을 하였고	그리고	음녀의 거짓말에 속았던	때에

991	3588	2586	3588	4451	846
βλέπω	ὁ	καπνός	ὁ	πύρωσις	αὐτός
βλέπωσιν	τὸν	καπνὸν	τῆς	πυρώσεως	αὐτῆς,
VSPA3P	DAMS	NAMS	DGFS	NGFS	NPGF3S
그들이 보고 있을	그	연기를	그	심판으로 불에 타고 있는	그 음녀의

음녀의 심판으로 불에 타고 있는 연기를 그들이 보고 있을 때에 땅의 왕들이 음녀와 함께 간음을 하였고 또 음녀의 거짓말에 속았던 그 음녀 때문에 그들이 울게 될 것이며 가슴을 치게 될 것이다

18:10

575	3113	2476	1223	3588	5401	3588	929
ἀπό	μακρόθεν	ἵστημι	διά	ὁ	φόβος	ὁ	βασανισμός
ἀπὸ	μακρόθεν	ἑστηκότες	διὰ	τὸν	φόβον	τοῦ	βασανισμοῦ
PG	AB	VPRANMP	PA	DAMS	NAMS	DGMS	NGMS
부터	멀리로	서서	때문에	그	두려움	그	고통의

846	3004	3759	3759	3588	4172	3588	3173
αὐτός	λέγω	οὐαί	οὐαί	ὁ	πόλις	ὁ	μέγας
αὐτῆς	λέγοντες,	Οὐαὶ	οὐαί,	ἡ	πόλις	ἡ	μεγάλη,
NPGF3S	VPPANMP	QS	QS	DNFS	NNFS	DNFS	ANFS
그 음녀의	말하고 있으며	화가 있다	화가 있다	그	성	그	큰

897	3588	4172	3588	2478	3754	1520	5610	2064	3588	2920
Βαβυλών	ὁ	πόλις	ὁ	ἰσχυρός	ὅτι	εἷς	ὥρα	ἔρχομαι	ὁ	κρίσις
Βαβυλὼν	ἡ	πόλις	ἡ	ἰσχυρά,	ὅτι	μιᾷ	ὥρᾳ	ἦλθεν	ἡ	κρίσις
NNFS	DNFS	NNFS	DNFS	ANFS	CS	ACDFS	NDFS	VIAA3S	DNFS	NNFS
바벨론이	그	성	그	견고한	때문에	일	시에	왔기	그	심판이

4771
σύ
σου.
NPG2S
너의

음녀의 그 고통의 두려움 때문에 그들이 멀리로부터 서서 너의 심판이 일시에 왔기 때문에 견고한 큰 성 바벨론이 화가 있다 화가 있다 하고 말하고 있으며

18:11

2532	3588	1713	3588	1093	2799	2532	3996	1909	846
καί	ὁ	ἔμπορος	ὁ	γῆ	κλαίω	καί	πενθέω	ἐπί	αὐτός
Καὶ	οἱ	ἔμποροι	τῆς	γῆς	κλαίουσιν	καὶ	πενθοῦσιν	ἐπ'	αὐτήν,
CC	DNMP	NNMP	DGFS	NGFS	VIPA3P	CC	VIPA3P	PA	NPAF3S
그리고	그	장사군들이	그	땅의	울고 있고	그리고	애통해하고있습니다	인하여	그 음녀로

3754	3588	1117	846	3762	59	3765
ὅτι	ὁ	γόμος	αὐτός	οὐδείς	ἀγοράζω	οὐκέτι
ὅτι	τὸν	γόμον	αὐτῶν	οὐδεὶς	ἀγοράζει	οὐκέτι
CS	DAMS	NAMS	NPGM3P	APCNMS	VIPA3S	AB
때문에	그	상품을	그들의	아무도 없기	사는 사람이	다시는

음녀로 인하여 땅의 장사꾼들이 그들의 상품을 다시는 사는 자가 아무도 없기 때문에 울고 있고 또 애통해 하고 있으며

18:12

1117	5557	2532	696	2532	3037	5093	2532	3135
γόμος	χρυσός	καί	ἄργυρος	καί	λίθος	τίμιος	καί	μαργαρίτης
γόμον	χρυσοῦ	καὶ	ἀργύρου	καὶ	λίθου	τιμίου	καὶ	μαργαριτῶν
NAMS	NGMS	CC	NGMS	CC	NGMS	AGMS	CC	NGMP
상품으로는	금과	그리고	은을	그리고	석으로	보	그리고	진주들로

2532	1039	2532	4209	2532	4596	2532	2847	2532
καί	βύσσινος	καί	πορφύρα	καί	σηρικός	καί	κόκκινος	καί
καὶ	βυσσίνου	καὶ	πορφύρας	καὶ	σιρικοῦ	καὶ	κοκκίνου,	καὶ
CC	APGNS	CC	NGFS	CC	APGNS	CC	APGNS	CC
그리고	세마포로	그리고	자주색 옷감으로	그리고	비단으로	그리고	붉은 옷감으로	그리고

3956	3586	2367	2532	3956	4632	1661	2532	3956
πᾶς	ξύλον	θύϊνος	καί	πᾶς	σκεῦος	ἐλεφάντινος	καί	πᾶς
πᾶν	ξύλον	θύϊνον	καὶ	πᾶν	σκεῦος	ἐλεφάντινον	καὶ	πᾶν
AANS	NANS	AANS	CC	AANS	NANS	AANS	CC	AANS
모든	목으로	향	그리고	모든	그릇을	상아	그리고	모든

4632	1537	3586	5093	2532	5475	2532	4604	2532
σκεῦος	ἐκ	ξύλον	τίμιος	καί	χαλκός	καί	σίδηρος	καί
σκεῦος	ἐκ	ξύλου	τιμιωτάτου	καὶ	χαλκοῦ	καὶ	σιδήρου	καὶ
NANS	PG	NGNS	ASGNS	CC	NGMS	CC	NGMS	CC
그릇을	로	나무로	값진	그리고	동으로	그리고	철로	그리고

3139
μάρμαρος
μαρμάρου,
NGMS
옥석으로

음녀의 상품으로는 금과 은을 그리고 보석과 또 진주들을 그리고 세마포를 그리고 자주색 옷감을 그리고 비단을 그리고 붉은 옷감을 그리고 모든 향 목을 그리고 모든 상아 그릇을 또 값진 나무로 만든 모든 그릇을 그리고 동을 그리고 철을 그리고 옥석을

18:13

2532	2792	2532	299	2532	2368	2532	3464	2532
καί	κιννάμωμον	καί	ἄμωμος	καί	θυμίαμα	καί	μύρον	καί
καὶ	κιννάμωμον	καὶ	ἄμωμον	καὶ	θυμιάματα	καὶ	μύρον	καὶ
CC	NANS	CC	NANS	CC	NANP	CC	NANS	CC
그리고	계피와	그리고	향료를	그리고	향을	그리고	향유로	그리고

3030 2532 3631 2532 1637 2532 4585 2532 4621 2532
λίβανος καί οἶνος καί ἔλαιον καί σεμίδαλις καί σῖτος καί
λίβανον καὶ οἶνον καὶ ἔλαιον καὶ σεμίδαλιν καὶ σῖτον καὶ
NAMS CC NAMS CC NANS CC NAFS CC NAMS CC
유향으로 그리고 포도주로 그리고 감람유로 그리고 고운밀가루로 그리고 밀로 그리고

2934 2532 4263 2532 2462 2532 4480 2532 4983 2532
κτῆνος καί πρόβατον καί ἵππος καί ῥέδα καί σῶμα καί
κτήνη καὶ πρόβατα, καὶ ἵππων καὶ ῥεδῶν καὶ σωμάτων, καὶ
NANP CC NANP CC NGMP CC NGFP CC NGNP CC
소로 그리고 양으로 그리고 말들로 그리고 수레들로 그리고 몸을 그리고

5590 444
ψυχή ἄνθρωπος
ψυχὰς ἀνθρώπων.
NAFP NGMP
영혼을 사람들의가지고있습니다

계피와 향료를 그리고 향을 그리고 향유를 그리고 유황을 그리고 포도주를 그리고 감람유를 그리고 고운 밀가루를 그리고 밀을 그리고 소들을 그리고 양들을 그리고 말들을 그리고 수레들을 그리고 시체들을 그리고 사람들의 영혼을 가지고 있습니다

2532 3588 3703 4771 3588 1939 3588 5590 565 575
καί ὁ ὀπώρα σύ ὁ ἐπιθυμία ὁ ψυχή ἀπέρχομαι ἀπό
18:14 **καὶ ἡ ὀπώρα σου τῆς ἐπιθυμίας τῆς ψυχῆς ἀπῆλθεν ἀπὸ**
CC DNFS NNFS NPG2S DGFS NGFS DGFS NGFS VIAA3S PG
그러나 그 열매의 때가 너의 그 원하는 그 영혼의 떠났으며 부터

4771 2532 3956 3588 3045 2532 3588 2986 622 575
σύ καί πᾶς ὁ λιπαρός καί ὁ λαμπρός ἀπόλλυμι ἀπό
σοῦ, καὶ πάντα τὰ λιπαρὰ καὶ τὰ λαμπρὰ ἀπώλετο ἀπὸ
NPG2S CC ANNP DNNP APNNP CC DNNP APNNP VIAM3S PG
너로 또한 모든 그 말씀과 그리고 그 비추이는 것들이 없어지게 되어 부터

4771 2532 3765 3756 3361 846 2147
σύ καί οὐκέτι οὐ μή αὐτός εὑρίσκω
σοῦ καὶ οὐκέτι οὐ μὴ αὐτὰ εὑρήσουσιν.
NPG2S CC AB QN QN NPAN3P VIFA3P
너로 그리고 다시는 결코 못하게 그것들을 발견하지 될 것이다

그러나 너의 영혼의 원하는 열매의 때가 너로부터 떠났으며 또한 모든 말씀과 빛을 비추이는 것들이 너로부터 없어지게 되어 다시는 그것들을 결코 발견하지 못하게 될 것이다

3588 1713 3778 3588 4147 575 846 575
ὁ ἔμπορος οὗτος ὁ πλουτέω ἀπό αὐτός ἀπό
18:15 **οἱ ἔμποροι τούτων οἱ πλουτήσαντες ἀπ’ αὐτῆς ἀπὸ**
DNMP NNMP APDGNP DNMP VPAANMP PG NPGF3S PG
그 장사꾼들이 그 상품으로 그 부자들이 된 부터 음녀로 있는 에서

3113	2476	1223	3588	5401	3588	929	846
μακρόθεν	ἵστημι	διά	ὁ	φόβος	ὁ	βασανισμός	αὐτός
μακρόθεν	στήσονται	διὰ	τὸν	φόβον	τοῦ	βασανισμοῦ	αὐτῆς
AB	VIFM3P	PA	DAMS	NAMS	DGMS	NGMS	NPGF3S
멀리	그들이 서있게 될 것이다	때문에	그	두려움	그	고통의	음녀의

2799	2532	3996
κλαίω	καί	πενθέω
κλαίοντες	καὶ	πενθοῦντες
VPPANMP	CC	VPPANMP
울고 있는 자들로	또	애통해 하고 있는 자들로

음녀로부터 있는 상품으로 부자들이 된 장사꾼들이 음녀의 그 고통의 두려움 때문에 울고 있는 자들로 또 애통해 하고 있는 자들로 그들이 음녀로부터 멀리 서있게 될 것이다

	3004	3759	3759	3588	4172	3588	3173	3588	4016
	λέγω	οὐαί	οὐαί	ὁ	πόλις	ὁ	μέγας	ὁ	περιβάλλω
18:16	λέγοντες,	Οὐαὶ	οὐαί,	ἡ	πόλις	ἡ	μεγάλη,	ἡ	περιβεβλημένη
	VPPANMP	QS	QS	DNFS	NVFS	DNFS	AVFS	DNFS	VPRMVFYS
	말하고 있습니다	화가 있다	화가 있다	그	성이	그	큰	그	네가 입고

1039	2532	4210	2532	2847	2532	5558
βύσσινος	καί	πορφυροῦς	καί	κόκκινος	καί	χρυσόω
βύσσινον	καὶ	πορφυροῦν	καὶ	κόκκινον	καὶ	κεχρυσωμένη
APANS	CC	APANS	CC	APANS	CC	VPRPNFYS
세마포로	그리고	자주색과	그리고	붉은 옷을	그리고	너는 꾸며져 있기 때문에

1722	5553	2532	3037	5093	2532	3135
ἐν	χρυσίον	καί	λίθος	τίμιος	καί	μαργαρίτης
ἐν	χρυσίῳ	καὶ	λίθῳ	τιμίῳ	καὶ	μαργαρίτῃ,
PD	NDNS	CC	NDMS	ADMS	CC	NDMS
으로	금과	그리고	석으로	보	그리고	진주로

큰 성이여 네가 세마포로 그리고 자주색과 붉은 옷을 입고 너는 금과 보석으로 그리고 진주로 꾸며져 있기 때문에 화가 있다 화가 있다 하고 말씀하고 있습니다

	3754	1520	5610	2049	3588	5118	4149	2532	3956
	ὅτι	εἷς	ὥρα	ἐρημόω	ὁ	τοσοῦτος	πλοῦτος	καί	πᾶς
18:17	ὅτι	μιᾷ	ὥρᾳ	ἠρημώθη	ὁ	τοσοῦτος	πλοῦτος.	Καὶ	πᾶς
	CS	ACDFS	NDFS	VIAP3S	DNMS	ADNMS	NNMS	CC	ANMS
	때문에	일	시에	멸망이 되었기	그	이러한	부요한 것이	그래서	모든

2942	2532	3956	3588	1909	5117	4126	2532	3492	\2532
κυβερνήτης	καί	πᾶς	ὁ	ἐπί	τόπος	πλέω	καί	ναῦτης	καί
κυβερνήτης	καὶ	πᾶς	ὁ	ἐπὶ	τόπον	πλέων	καὶ	ναῦται	καὶ
NNMS	CC	ANMS	DNMS	PA	NAMS	VPPANMS	CC	NNMP	CC
선장과	그리고	모든	그	위를	처소를	항해하고다니는	그리고	뱃사공들과	그리고

3745	3588	2281	2038	575	3113	2476
ὅσος	ὁ	θάλασσα	ἐργάζομαι	ἀπό	μακρόθεν	ἵστημι
ὅσοι	τὴν	θάλασσαν	ἐργάζονται,	ἀπὸ	μακρόθεν	ἔστησαν
APRNMP	DAFS	NAFS	VIPN3P	PG	AB	VIAA3P
자들이	그	바다에서	일하고 있는	부터	멀리로	그들이 서서

일시에 이러한 부요한 것이 멸망이 되었기 때문에 모든 선장과 모든 처소를 향해하고 다니는 뱃사공들과 바다에서 일하고 있는 자들이 멀리로부터 서서

	2532	2896	991	3588	2586	3588	4451	846
	καί	κράζω	βλέπω	ὁ	καπνός	ὁ	πύρωσις	αὐτός
18:18	καὶ	ἔκραζον	βλέποντες	τὸν	καπνὸν	τῆς	πυρώσεως	αὐτῆς
	CC	VIIA3P	VPPANMP	DAMS	NAMS	DGFS	NGFS	NPGF3S
	그리고	외치고 있으며	보고	그	연기를	그	불붙는	그 성의

3004	5101	3664	3588	4172	3588	3173
λέγω	τίς	ὅμοιος	ὁ	πόλις	ὁ	μέγας
λέγοντες,	Τίς	ὁμοία	τῇ	πόλει	τῇ	μεγάλῃ
VPPANMP	APTNFS	ANFS	DDFS	NDFS	DDFS	ADFS
말하고 있습니다	누구냐	같은 자가	그	성과	그	큰

그 성의 불붙는 연기를 보고 외치고 있으며 이 큰 성과 같은 자가 누구냐 하고 말하고 있습니다

	2532	906	5522	1909	3588	2776	846	2532	2896
	καί	βάλλω	χοῦς	ἐπί	ὁ	κεφαλή	αὐτός	καί	κράζω
18:19	καὶ	ἔβαλον	χοῦν	ἐπὶ	τὰς	κεφαλὰς	αὐτῶν	καὶ	ἔκραζον
	CC	VIAA3P	NAMS	PA	DAFP	NAFP	NPGM3P	CC	VIIA3P
	그리고	그들이 던지며	티끌을	위에	그	머리들	그 자신들의	그리고	외치고 있고

2799	2532	3996	3004	3759	3759	3588	4172
κλαίω	καί	πενθέω	λέγω	οὐαί	οὐαί	ὁ	πόλις
κλαίοντες	καὶ	πενθοῦντες	λέγοντες,	Οὐαὶ	οὐαί,	ἡ	πόλις
VPPANMP	CC	VPPANMP	VPPANMP	QS	QS	DNFS	NNFS
울고 있고 자들과	그리고	애통해 하고 있는 자들이	말하고 있습니다	화가 있다	화가 있다	그	성이

3588	3173	1722	3739	4147	3956	3588	2192	3588
ὁ	μέγας	ἐν	ὅς	πλουτέω	πᾶς	ὁ	ἔχω	ὁ
ἡ	μεγάλη,	ἐν	ᾗ	ἐπλούτησαν	πάντες	οἱ	ἔχοντες	τὰ
DNFS	ANFS	PD	APRDFS	VIAA3P	ANMP	DNMP	VPPANMP	DANP
그	큰	안에	그것으로	그들이 부자가 되었으나	모두가	그	가지고 있는 자들	그

4143	1722	3588	2281	1537	3588	5094	846	3754	1520
πλοῖον	ἐν	ὁ	θάλασσα	ἐκ	ὁ	τιμιότης	αὐτός	ὅτι	εἷς
πλοῖα	ἐν	τῇ	θαλάσσῃ	ἐκ	τῆς	τιμιότητος	αὐτῆς,	ὅτι	μιᾷ
NANP	PD	DDFS	NDFS	PG	DGFS	NGFS	NPGF3S	CS	ACDFS
배들을	안에서	그	바다	부터	그	상품에서	그 음녀의	때문에	일

5610	2049
ὥρα	ἐρημόω
ὥρᾳ	ἠρημώθη.
NDFS	VIAP3S
시에	멸망하게 되었기

음녀의 상품에서부터 바다 안에서 배들을 가지고 있는 자들 모두가 그것으로 그들이 부자가 되었으나 일시에 멸망하게 되었기 때문에 자신들의 머리에 티끌을 던지며 울고 있는 자들과 또 애통해 하고 있는 자들이 외치고 있고 큰 성이 화가 있다 화가 있다 하고 말하고 있습니다

18:20

2165	1909	846	3772	2532	3588	40	2532	3588
εὐφραίνω	ἐπί	αὐτός	οὐρανός	καί	ὁ	ἅγιος	καί	ὁ
Εὐφραίνου	ἐπ'	αὐτῇ,	οὐρανὲ	καὶ	οἱ	ἅγιοι	καὶ	οἱ
VMPP2S	PD	NPDF3S	NVMS	CC	DVMP	APVMP	CC	DVMP
너희는 즐거워하라	인하여	그 음녀로	하늘이여	그러나	그	성도들이여	그리고	그

652	2532	3588	4396	3754	2919	3588	2316	3588	2917
ἀπόστολος	καί	ὁ	προφήτης	ὅτι	κρίνω	ὁ	θεός	ὁ	κρίμα
ἀπόστολοι	καὶ	οἱ	προφῆται,	ὅτι	ἔκρινεν	ὁ	θεὸς	τὸ	κρίμα
NVMP	CC	DVMP	NVMP	CS	VIAA3S	DNMS	NNMS	DANS	NANS
사도들이여	그리고	그	선지자들이여	때문에	심판하였기	그	하나님이	그	심판을

4771	1537	846
σύ	ἐκ	αὐτός
ὑμῶν	ἐξ	αὐτῆς.
NPG2P	PG	NPGF3S
너희의	에게	그 음녀

그러나 하늘이여 성도들이여 사도들이여 선지자들이여 그 음녀에게 너희의 그 심판을 하나님이 심판하였기 때문에 그 음녀로 인하여 너희는 즐거워하라

18:21

2532	142	1520	32	2478	3037	5613	3457	3173	2532
καί	αἴρω	εἷς	ἄγγελος	ἰσχυρός	λίθος	ὡς	μυλικός	μέγας	καί
Καὶ	ἦρεν	εἷς	ἄγγελος	ἰσχυρὸς	λίθον	ὡς	μύλινον	μέγαν	καὶ
CC	VIAA3S	ACNMS	NNMS	ANMS	NAMS	CS	APAMS	AAMS	CC
그런데	들어서	한	사자가	한 힘센	돌을	같은	멧돌	큰	그리고

906	1519	3588	2281	3004	3779	3731
βάλλω	εἰς	ὁ	θάλασσα	λέγω	οὕτω	ὅρμημα
ἔβαλεν	εἰς	τὴν	θάλασσαν	λέγων,	Οὕτως	ὁρμήματι
VIAA3S	PA	DAFS	NAFS	VPPANMS	AB	NDNS
던지고	에	그	바다	말하고있습니다	이와같이	사정없이

906	\897	3588	3173	4172	2532	3756	3361	2147	2089
βάλλω	Βαβυλών	ὁ	μέγας	πόλις	καί	οὐ	μή	εὑρίσκω	ἔτι
βληθήσεται	Βαβυλὼν	ἡ	μεγάλη	πόλις	καὶ	οὐ	μὴ	εὑρεθῇ	ἔτι.
VIFP3S	NNFS	DNFS	ANFS	NNFS	CH	QN	QN	VSAP3S	AB
던져지게 될 것이며	바벨론이	그	큰	성	그리고	결코	않을	발견 되지 것이다	다시는

그런데 한 힘센 사자가 큰 맷돌 같은 돌을 들어 바다에 던지고 큰 성 바벨론이 이와 같이 사정없이 바다에 던져지게 될 것이며 다시는 결코 발견되지 않을 것이다 하고 말씀하고 있습니다

2532 5456 2790 2532 3451 2532 834 2532
καί φωνή κιθαρῳδός καί μουσικός καί αὐλητής καί
18:22 καὶ φωνὴ κιθαρῳδῶν καὶ μουσικῶν καὶ αὐλητῶν καὶ
CC NNFS NGMP CC APGMP CC NGMP CC
또한 음성이 악기를 그리고 연주하는 자들과 그리고 플룻을연주하는자들과 또

4538 3756 3361 191 1722 4771 2089 2532 3956 5079
σαλπιστής οὐ μή ἀκούω ἐν σύ ἔτι καί πᾶς τεχνίτης
σαλπιστῶν οὐ μὴ ἀκουσθῇ ἐν σοὶ ἔτι, καὶ πᾶς τεχνίτης
NGMP QN QN VSAP3S PD NPD2S AB CC ANMS NNMS
나팔 부는 자들의 결코 않으며 들리지 안에 너에게 다시 그리고 모든사람이 일하는

3956 5078 3756 3361 2147 1722 4771 2089 2532 5456 3458
πᾶς τέχνη οὐ μή εὑρίσκω ἐν σύ ἔτι καί φωνή μύλος
πάσης τέχνης οὐ μὴ εὑρεθῇ ἐν σοὶ ἔτι, καὶ φωνὴ μύλου
AGFS NGFS QN QN VSAP3S PD NPD2S AB CC NNFS NGMS
모든 직분에서 결코 않고 발견되지 안에서 너 다시는 그리고 음성이 맷돌가는 자의

3756 3361 191 1722 4771 2089
οὐ μή ἀκούω ἐν σύ ἔτι
οὐ μὴ ἀκουσθῇ ἐν σοὶ ἔτι,
QN QN VSAP3S PD NPD2S AB
결코 않는다 들려지지 안에 너에게 다시는

또한 악기를 연주하는 자들과 플룻을 연주하는 자들과 나팔 부는 자들의 음성이 다시는 너 안에서는 결코 들리지 않으며 모든 직분에서 일하는 모든 사람이 다시는 너에게 결코 발견되지 않고 맷돌 가는 자의 음성이 다시는 너에게 결코 들려지지 않는다

2532 5457 3088 3756 3361 5316 1722 4771 2089 2532 5456 3566
καί φῶς λύχνος οὐ μή φαίνω ἐν σύ ἔτι καί φωνή νυμφίος
18:23 καὶ φῶς λύχνου οὐ μὴ φάνῃ ἐν σοὶ ἔτι, καὶ φωνὴ νυμφίου
CC NNNS NGMS QN QN VSAA3S PD NPD2S AB CC NNFS NGMS
그리고 빛이 등불의 결코 않는다 비치지 안에 너에게 다시는 그래서 음성이 신랑과

2532 3565 3756 3361 191 1722 4771 2089 3754 3588 1713
καί νύμφη οὐ μή ἀκούω ἐν σύ ἔτι ὅτι ὁ ἔμπορος
καὶ νύμφης οὐ μὴ ἀκουσθῇ ἐν σοὶ ἔτι· ὅτι οἱ ἔμποροί
CC NGFS QN QN VSAP3S PD NPD2S AB CS DNMP NNMP
그리고 신부의 결코 않고 들려지지 안에 너에게 다시는 므로 자들이 말을 가지고 있는

4771 1510 3588 3175 3588 1093 3754 1722 3588 5331
σύ εἰμί ὁ μεγιστάνες ὁ γῆ ὅτι ἐν ὁ φαρμακεία
σου ἦσαν οἱ μεγιστᾶνες τῆς γῆς, ὅτι ἐν τῇ φαρμακείᾳ
NPG2S VIIA3P DNMP NNMP DGFS NGFS CS PD DDFS NDFS
너의 이다 그 높은 자들이 이 땅의 때문에 로 그 사람을 속이는 거짓말에

4771 4105 3956 3588 1484
σύ πλανάω πᾶς ὁ ἔθνος
σου ἐπλανήθησαν πάντα τὰ ἔθνη,
NPG2S VIAP3P ANNP DNNP NNNP
너의 미혹되었기 모든 그 백성들이

모든 백성들이 너의 사람을 속이는 거짓말에 미혹되었기 때문에 땅의 높은 자들이 너의 말을 가지고 있는 자들이므로 신랑과 신부의 음성이 다시는 결코 너에게 들려지지 않고 등불의 빛이 다시는 결코 너에게 비치지 않는다

	2532	1722	846	129	4396	2532	40	2147	2532	3956
	καί	ἐν	αὐτός	αἷμα	προφήτης	καί	ἅγιος	εὑρίσκω	καί	πᾶς
18:24	καὶ	ἐν	αὐτῇ	αἷμα	προφητῶν	καὶ	ἁγίων	εὑρέθη	καὶ	πάντων
	CC	PD	NPDF3S	NNNS	NGMP	CC	APGMP	VIAP3S	CC	AGMP
	그리고	에게서	그 음녀	피가	선지자들과	그리고	성도들의	발견되었습니다	그리고	모든

	3588	4969	1909	3588	1093
	ὁ	σφάζω	ἐπί	ὁ	γῆ
	τῶν	ἐσφαγμένων	ἐπὶ	τῆς	γῆς.
	DGMP	VPRPGMP	PG	DGFS	NGFS
	그	죽임을 당한	에서	이	땅

땅에서 죽임을 당한 모든 선지자들과 성도들의 피가 음녀에게서 발견 되었습니다

	3326	3778	191	5613	5456	3173	3793	4183	1722	3588
	μετά	οὗτος	ἀκούω	ὡς	φωνή	μέγας	ὄχλος	πολύς	ἐν	ὁ
19:1	Μετὰ	ταῦτα	ἤκουσα	ὡς	φωνὴν	μεγάλην	ὄχλου	πολλοῦ	ἐν	τῷ
	PA	APDANP	VIAA1S	CS	NAFS	AAFS	NGMS	AGMS	PD	DDMS
	후에	이일들	내가 들으니	같은	음성 것을	큰	무리의	수많은	있는	그

	3772	3004	239	3588	4991	2532	3588	1391	2532
	οὐρανός	λέγω	ἀλληλουϊά	ὁ	σωτηρία	καί	ὁ	δόξα	καί
	οὐρανῷ	λεγόντων,	Ἀλληλουϊά·	ἡ	σωτηρία	καὶ	ἡ	δόξα	καὶ
	NDMS	VPPAGMP	QS	DNFS	NNFS	CC	DNFS	NNFS	CC
	하늘 안에	말하고 있습니다	할렐루야	그	구원과	그리고	그	영광과	그리고

	3588	1411	3588	2316	1473
	ὁ	δύναμις	ὁ	θεός	ἐγώ
	ἡ	δύναμις	τοῦ	θεοῦ	ἡμῶν,
	DNFS	NNFS	DGMS	NGMS	NPG1P
	그	능력이	그	하나님께있다	우리의

이일들 후에 하늘 안에 있는 수많은 무리의 큰 음성 같은 것을 내가 들으니 할렐루야 구원과 영광과 능력이 우리의 하나님께 있다 하고 말하고 있습니다

	3754	228	2532	1342	3588	2920	846	3754	2919	3588
	ὅτι	ἀληθινός	καί	δίκαιος	ὁ	κρίσις	αὐτός	ὅτι	κρίνω	ὁ
19:2	ὅτι	ἀληθιναὶ	καὶ	δίκαιαι	αἱ	κρίσεις	αὐτοῦ·	ὅτι	ἔκρινεν	τὴν
	CS	ANFP	CC	ANFP	DNFP	NNFP	NPGM3S	CS	VIAA3S	DAFS
	때문에	하나님을 알게 하는	그리고	의로운 일들이기	그	심판들은	하나님의	때문에	하나님이심판하여	그

	4204	3588	3173	3748	5351	3588	1093	1722	3588	4202
	πόρνη	ὁ	μέγας	ὅστις	φθείρω	ὁ	γῆ	ἐν	ὁ	πορνεία
	πόρνην	τὴν	μεγάλην	ἥτις	ἔφθειρεν	τὴν	γῆν	ἐν	τῇ	πορνείᾳ
	NAFS	DAFS	AAFS	APRNFS	VIIA3S	DAFS	NAFS	PD	DDFS	NDFS
	음녀를	그	큰	그녀는	멸망시키고 있는	그	땅을	으로	그	간음하는 것

846 2532 1556 3588 129 3588 1401 846 1537
αὐτός καί ἐκδικέω ὁ αἷμα ὁ δοῦλος αὐτός ἐκ
αὐτῆς, καὶ ἐξεδίκησεν τὸ αἷμα τῶν δούλων αὐτοῦ ἐκ
NPGF3S CC VIAA3S DANS NANS DGMP NGMP NPGM3S PG
그 음녀의 그래서 갚아주었습니다 그 피를 그 종들의 자신의 부터

5495 846
χείρ αὐτός
χειρὸς αὐτῆς.
NGFS NPGF3S
손에서 그 음녀의

하나님의 심판은 하나님을 알게 하는 의로운 일들이기 때문에 음녀의 간음하는 것으로 땅을 멸망시키고 있는 큰 음녀를 하나님이 심판하여 음녀의 손에서부터 자신의 종들의 피를 갚아 주었습니다

2532 1208 4483 239 2532 3588 2586 846
καί δεύτερος ῥέω ἀλληλουϊά καί ὁ καπνός αὐτός
19:3 **καὶ δεύτερον εἴρηκαν, ‘Αλληλουϊά· καὶ ὁ καπνὸς αὐτῆς**
CC ABO VIRA3P QS CC DNMS NNMS NPGF3S
그리고 두 번째로 그들이 말했으며 할렐루야 하고 그리고 그 심판받아진연기가 그 음녀의

305 1519 3588 165 3588 165
ἀναβαίνω εἰς ὁ αἰών ὁ αἰών
ἀναβαίνει εἰς τοὺς αἰῶνας τῶν αἰώνων.
VIPA3S PA DAMP NAMP DGMP NGMP
올라가고 있어 히 그 영원 그 세세토록

음녀의 심판받아진 연기가 영원히 세세토록 올라가고 있어 그들이 두 번째로 할렐루야 하고 말했으며

2532 4098 3588 4245 3588 1501 5064 2532 3588
καί πίπτω ὁ πρεσβύτερος ὁ εἴκοσι τέσσαρες καί ὁ
19:4 **καὶ ἔπεσαν οἱ πρεσβύτεροι οἱ εἴκοσι τέσσαρες καὶ τὰ**
CC VIAA3P DNMP APNMP DNMP ACNMP ACNMP CC DNNP
그리고 엎드려 그 장로들과 그 이십 사 그리고 그

5064 2226 2532 4352 3588 2316 3588 2521
τέσσαρες ζῷον καί προσκυνέω ὁ θεός ὁ κάθημαι
τέσσαρα ζῷα καὶ προσεκύνησαν τῷ θεῷ τῷ καθημένῳ
ACNNP NNNP CC VIAA3P DDMS NDMS DDMS VPPNDMS
네 선지자들이 그리고 예배를 드리고 그 하나님에게 그 앉아계시는

1909 3588 2362 3004 281 239
ἐπί ὁ θρόνος λέγω ἀμήν ἀλληλουϊά
ἐπὶ τῷ θρόνῳ λέγοντες, ’Αμὴν ‘Αλληλουϊά.
PD DDMS NDMS VPPANMP QS QS
위에 그 보좌에 말하고 있습니다 아멘 할렐루야하고

이십 사 장로들과 네 선지자들이 엎드려 보좌위에 앉아 계시는 하나님에게 예배를 드리고 아멘 할렐루야 하고 말하고 있습니다

	2532	5456	575	3588	2362	1831	3004	134	3588
	καί	φωνή	ἀπό	ὁ	θρόνος	ἐξέρχομαι	λέγω	αἰνέω	ὁ
19:5	Καὶ	φωνὴ	ἀπὸ	τοῦ	θρόνου	ἐξῆλθεν	λέγουσα,	Αἰνεῖτε	τῷ
	CC	NNFS	PG	DGMS	NGMS	VIAA3S	VPPANFS	VMPA2P	DDMS
	그리고	음성이	부터	그	보좌로	나왔으며	말씀하고 있습니다	너희는 찬송하여라	그

2316	1473	3956	3588	1401	846	2532	3588	5399	846
θεός	ἐγώ	πᾶς	ὁ	δοῦλος	αὐτός	καί	ὁ	φοβέω	αὐτός
θεῷ	ἡμῶν	πάντες	οἱ	δοῦλοι	αὐτοῦ	καὶ	οἱ	φοβούμενοι	αὐτόν,
NDMS	NPG1P	AVMP	DVMP	NVMP	NPGM3S	CC	DVMP	VPPPVM2P	NPAM3S
하나님에게	우리	모든	그	종들아	하나님의	그리고	그	너희 두려워하는 자들아	하나님을

3588	3398	2532	3588	3173
ὁ	μικρός	καί	ὁ	μέγας
οἱ	μικροὶ	καὶ	οἱ	μεγάλοι.
DVMP	APVMP	CC	DVMP	APVMP
이나	작은 자들이나	또	이나	큰 자들아

보좌로부터 음성이 나와 하나님의 모든 종들아 너희 하나님을 두려워하는 자들아 작은 자들이나 큰 자들아 너희는 우리 하나님에게 찬송 하여라 하고 말씀하고 있습니다

	2532	191	5613	5456	3793	4183	2532	5613	5456	5204
	καί	ἀκούω	ὡς	φωνή	ὄχλος	πολύς	καί	ὡς	φωνή	ὕδωρ
19:6	καὶ	ἤκουσα	ὡς	φωνὴν	ὄχλου	πολλοῦ	καὶ	ὡς	φωνὴν	ὑδάτων
	CC	VIAA1S	CS	NAFS	NGMS	AGMS	CC	CS	NAFS	NGNP
	그리고	내가 들으니	것을	음성 같은	무리의	많은	그리고	것을	음성 같은	물들의

4183	2532	5613	5456	1027	2478	3004
πολύς	καί	ὡς	φωνή	βροντή	ἰσχυρός	λέγω
πολλῶν	καὶ	ὡς	φωνὴν	βροντῶν	ἰσχυρῶν	λεγόντων,
AGNP	CC	CS	NAFS	NGFP	AGFP	VPPAGMP
많은	그리고	같은	음성 것을	우레들의	큰	말하고 있습니다

239	3754	936	2962	3588	2316	1473	3588
ἀλληλουϊά	ὅτι	βασιλεύω	κύριος	ὁ	θεός	ἐγώ	ὁ
Ἁλληλουϊά,	ὅτι	ἐβασίλευσεν	κύριος	ὁ	θεὸς	ἡμῶν	ὁ
QS	CS	VIAA3S	NNMS	DNMS	NNMS	NPG1P	DNMS
할렐루야 하고	때문이다	통치하고 다스렸기	주	그	하나님	우리	그

3841
παντοκράτωρ
παντοκράτωρ.
NNMS
전능하신

내가 많은 무리의 음성 같은 것을 또 많은 물들의 음성 같은 것을 그리고 큰 우레들의 음성 같은 것을 들으니 전능하신 우리 주 하나님이 통치하고 다스렸기 때문이다 할렐루야 하고 말하고 있습니다

	5463	2532	21	2532	1325	3588	1391	846
	χαίρω	καί	ἀγαλλιάω	καί	δίδωμι	ὁ	δόξα	αὐτός
19:7	χαίρωμεν	καὶ	ἀγαλλιῶμεν	καὶ	δώσωμεν	τὴν	δόξαν	αὐτῷ,
	VSPA1P	CC	VSPA1P	CC	VSAA1P	DAFS	NAFS	NPDM3S
	우리가 기뻐하고	또	우리는 즐거워하자	또	우리는 드리자	그	영광을	어린 양에게

3754	2064	3588	1062	3588	721	2532	3588	1135	846
ὅτι	ἔρχομαι	ὁ	γάμος	ὁ	ἀρνίον	καί	ὁ	γυνή	αὐτός
ὅτι	ἦλθεν	ὁ	γάμος	τοῦ	ἀρνίου	καὶ	ἡ	γυνὴ	αὐτοῦ
CS	VIAA3S	DNMS	NNMS	DGNS	NGNS	CC	DNFS	NNFS	NPGM3S
때문에	이르렀고	그	혼인이	그	어린 양의	그리고	그	아내가	그의

2090	1438
ἑτοιμάζω	ἑαυτοῦ
ἡτοίμασεν	ἑαυτὴν
VIAA3S	NPAF3S
위하여 준비되었기	자기 자신을

어린 양의 혼인이 이르렀고 그의 아내가 자신을 위하여 준비되었기 때문에 우리는 기뻐하고 또 즐거워하자 우리가 어린 양에게 영광을 드리자

	2532	1325	846	2443	4016	1039	2986
	καί	δίδωμι	αὐτός	ἵνα	περιβάλλω	βύσσινος	λαμπρός
19:8	καὶ	ἐδόθη	αὐτῇ	ἵνα	περιβάληται	βύσσινον	λαμπρὸν
	CC	VIAP3S	NPDF3S	CC	VSAM3S	APANS	AANS
	그리고	주어졌는데	신부에게	것이	입게 하는	세마포를	흰

2513	3588	1063	1039	3588	1345	3588	40
καθαρός	ὁ	γάρ	βύσσινος	ὁ	δικαίωμα	ὁ	ἅγιος
καθαρόν·	τὸ	γὰρ	βύσσινον	τὰ	δικαιώματα	τῶν	ἁγίων
AANS	DNNS	CS	APNNS	DNNP	NNNP	DGMP	APGMP
깨끗한	이	왜냐하면	세마포는	그	의로운 일들입니다	그	성도들의

1510
εἰμί
ἐστίν.
VIPA3S
입니다

깨끗한 흰 세마포를 입게 하는 것이 신부에게 주어졌는데 왜냐하면 이 세마포는 성도들의 의로운 일들이기 때문입니다

	2532	3004	1473	1125	3107	3588	1519	3588	1173	3588
	καί	λέγω	ἐγώ	γράφω	μακάριος	ὁ	εἰς	ὁ	δεῖπνον	ὁ
19:9	Καὶ	λέγει	μοι,	Γράψον·	Μακάριοι	οἱ	εἰς	τὸ	δεῖπνον	τοῦ
	CC	VIPA3S	NPD1S	VMAA2S	ANMP	DNMP	PA	DANS	NANS	DGMS
	그리고	그가말씀합니다	나에게	너는 기록하라	말씀을가지고있는자이다	그	에	그	잔치에	그

1062	3588	721	2564	2532	3004	1473	3778	3588
γάμος	ὁ	ἀρνίον	καλέω	καί	λέγω	ἐγώ	οὗτος	ὁ
γάμου	τοῦ	ἀρνίου	κεκλημένοι.	καὶ	λέγει	μοι,	Οὗτοι	οἱ
NGMS	DGNS	NGNS	VPRPNMP	CC	VIPA3S	NPD1S	ADNMP	DNMP
혼인	그	어린양의	청함을 받아진 자들이	또	그가말씀하시고	나에게	이 사람들이	그

3056	228	3588	2316	1510
λόγος	ἀληθινός	ὁ	θεός	εἰμί
λόγοι	ἀληθινοὶ	τοῦ	θεοῦ	εἰσιν.
NNMP	ANMP	DGMS	NGMS	VIPA3P
말씀이된자들	하나님을 알고 있는	그	하나님의	이다

그 사자가 나에게 이 사람들이 하나님을 알고 있는 하나님의 말씀이 된 자들이다 하고 나에게 말씀하시고 어린양의 혼인 잔치에 청함 받아진 자들이 생명의 말씀을 가지고 있는 자들이니 너는 기록하라 말씀합니다

19:10

2532	4098	1715	3588	4228	846	4352	846
καί	πίπτω	ἔμπροσθεν	ὁ	πούς	αὐτός	προσκυνέω	αὐτός
καὶ	ἔπεσα	ἔμπροσθεν	τῶν	ποδῶν	αὐτοῦ	προσκυνῆσαι	αὐτῷ.
CC	VIAA1S	PG	DGMP	NGMP	NPGM3S	VNAA	NPDM3S
그리고	내가 엎드리자	앞에	그	발	그의	예배를 드리기 위해서	그분에게

2532	3004	1473	3708	3361	4889	4771	1510	2532	3588
καί	λέγω	ἐγώ	ὁράω	μή	σύνδουλος	σύ	εἰμί	καί	ὁ
καὶ	λέγει	μοι,	Ὅρα	μή·	σύνδουλός	σού	εἰμι	καὶ	τῶν
CH	VIPA3S	NPD1S	VMPA2S	QN	NNMS	NPG2S	VIPA1S	CC	DGMP
그러나	그가말씀하여	나에게	너는 하지	말라	같은 종으로	너와	나도 있고	또	그

80	4771	3588	2192	3588	3141	2424	3588	\2316
ἀδελφός	σύ	ὁ	ἔχω	ὁ	μαρτυρία	’Ιησοῦς	ὁ	θεός
ἀδελφῶν	σου	τῶν	ἐχόντων	τὴν	μαρτυρίαν	’Ιησοῦ·	τῷ	θεῷ
NGMP	NPG2S	DGMP	VPPAGMP	DAFS	NAFS	NGMS	DDMS	NDMS
형제들이니	너와 같은	그	가지고 있는	그	증거를	예수의	에게만	하나님

4352	3588	1063	3141	2424	1510	3588	4151
προσκυνέω	ὁ	γάρ	μαρτυρία	’Ιησοῦς	εἰμί	ὁ	πνεῦμα
προσκύνησον.	ἡ	γὰρ	μαρτυρία	’Ιησοῦ	ἐστιν	τὸ	πνεῦμα
VMAA2S	DNFS	CS	NNFS	NGMS	VIPA3S	DNNS	NNNS
너는 예배하라	그	왜냐하면	증거는	예수의	이기 때문이다	그	성령

3588	4394
ὁ	προφητεία
τῆς	προφητείας.
DGFS	NGFS
그	하나님의 말씀을 증거하는

내가 그분에게 예배를 드리기 위하여 그의 발 앞에 엎드리자 그러나 그가 나에게 말씀하여 너는 하지 말라 나도 너와 같은 종으로 있고 예수의 증거를 가지고 있는 너와 같은 형제들이니 너는 하나님에게만 예배하라 왜냐하면 예수의 그 증거는 하나님의 말씀을 증거 하는 성령이기 때문이다

	2532	1492	3588	3772	455	2532	2400	2462	3022
	καί	εἰδῶ	ὁ	οὐρανός	ἀνοίγω	καί	ἰδού	ἵππος	λευκός
19:11	Καὶ	εἶδον	τὸν	οὐρανὸν	ἠνεῳγμένον,	καὶ	ἰδοὺ	ἵππος	λευκός
	CC	VIAA1S	DAMS	NAMS	VPRPAMS	CC	QS	NNMS	ANMS
	그리고	내가 보니	그	하늘을	열려져 있는	그런데	보라	말이 있고	흰

2532	3588	2521	1909	846	2564	4103	2532	228
καί	ὁ	κάθημαι	ἐπί	αὐτός	καλέω	πιστός	καί	ἀληθινός
καὶ	ὁ	καθήμενος	ἐπ’	αὐτὸν	καλούμενος	πιστὸς	καὶ	ἀληθινός,
CC	DNMS	VPPNNMS	PA	NPAM3S	VPPPNMS	ANMS	CC	ANMS
그리고	그	타고 있는 이가	위에	그 말	말씀하고 있으며	믿음이신분이고	또	하나님을알고있는분

2532	1722	1343	2919	2532	4170
καί	ἐν	δικαιοσύνη	κρίνω	καί	πολεμέω
καὶ	ἐν	δικαιοσύνῃ	κρίνει	καὶ	πολεμεῖ.
CC	PD	NDFS	VIPA3S	CC	VIPA3S
그래서	안에서	그분이 의	심판을하고있고	또	그가 싸우고 있습니다

내가 열려져 있는 하늘을 보니 그런데 보라 흰말이 있고 그 말 위에 타고 있는 이가 믿음이신 분이고 또 하나님을 알고 있는 분이라고 말씀하고 있으며 그분이 의안에서 심판을 하고 있고 또 싸우고 있습니다

	3588	1161	3788	846	5613	5395	4442	2532	1909	3588
	ὁ	δέ	ὀφθαλμός	αὐτός	ὡς	φλόξ	πῦρ	καί	ἐπί	ὁ
19:12	οἱ	δὲ	ὀφθαλμοὶ	αὐτοῦ	ὡς	φλὸξ	πυρός,	καὶ	ἐπὶ	τὴν
	DNMP	CC	NNMP	NPGM3S	CS	NNFS	NGNS	CC	PA	DAFS
	그	또한	눈은	그의	같으며	꽃	불의	그리고	에는	그

2776	846	1238	4183	2192	3686	1125
κεφαλή	αὐτός	διάδημα	πολύς	ἔχω	ὄνομα	γράφω
κεφαλὴν	αὐτοῦ	διαδήματα	πολλά,	ἔχων	ὄνομα	γεγραμμένον
NAFS	NPGM3S	NNNP	ANNP	VPPANMS	NANS	VPRPANS
머리	그의	면류관들이 있고	많은	가지고 있는	이름을	기록되어진

3739	3762	1492	1488	3361	846
ὅς	οὐδείς	εἰδῶ	εἰ	μή	αὐτός
ὃ	οὐδεὶς	οἶδεν	εἰ	μὴ	αὐτός,
APRANS	APCNMS	VIRA3S	CS	QN	NPNM3S
이름을	아무도없습니다	알고있는자가	면	아니	자신이

그의 눈은 불 꽃 같고 그의 머리에 많은 면류관들이 있고 기록되어진 이름을 가지고 있는 자신이 아니면 아무도 이름을 알고 있는 자가 없습니다

	2532	4016	2440	911	129	2532	2564
	καί	περιβάλλω	ἱμάτιον	βάπτω	αἷμα	καί	καλέω
19:13	καὶ	περιβεβλημένος	ἱμάτιον	βεβαμμένον	αἵματι,	καὶ	κέκληται
	CC	VPRMNMS	NANS	VPRPANS	NDNS	CC	VIRP3S
	그리고	입었으며	옷을	잠겨진	그가 피에	그래서	불려졌습니다

3588 3686 846 3588 3056 3588 2316
ὁ ὄνομα αὐτός ὁ λόγος ὁ θεός
τὸ ὄνομα αὐτοῦ ὁ λόγος τοῦ θεοῦ.
DNNS NNNS NPGM3S DNMS NNMS DGMS NGMS
그 이름이 그의 그 말씀이라고 그 하나님의

그가 피에 잠겨진 옷을 입었으며 그의 이름이 하나님의 말씀이라고 불러졌습니다.

2532 3588 4753 3588 1722 3588 3772 190 846
καί ὁ στράτευμα ὁ ἐν ὁ οὐρανός ἀκολουθέω αὐτός
19:14 καὶ τὰ στρατεύματα τὰ ἐν τῷ οὐρανῷ ἠκολούθει αὐτῷ
CC DNNP NNNP DNNP PD DDMS NDMS VIIA3S NPDM3S
그리고 그 군대들이 그 있는 그 하늘 안에 뒤를 따라가고 있으며 그분에게

1909 2462 3022 1746 1039 3022 2513
ἐπί ἵππος λευκός ἐνδύω βύσσινος λευκός καθαρός
ἐφ' ἵπποις λευκοῖς, ἐνδεδυμένοι βύσσινον λευκὸν καθαρόν.
PD NDMP ADMP VPRMNMP APANS AANS AANS
타고 말들을 있는 흰 입고 세마포를 흰 깨끗한

하늘 안에 있는 군대들이 깨끗한 흰 세마포를 입고 흰말을 타고 있는 그분에게 따라가며 있으며

2532 1537 3588 4750 846 1607 4501 3691
καί ἐκ ὁ στόμα αὐτός ἐκπορεύομαι ῥομφαία ὀξύς
19:15 καὶ ἐκ τοῦ στόματος αὐτοῦ ἐκπορεύεται ῥομφαία ὀξεῖα,
CC PG DGNS NGNS NPGM3S VIPN3S NNFS ANFS
그리고 부터 그 입에서 자신의 나오고 있으며 검이 예리한

2443 1722 846 3960 3588 1484 2532 846 4165 846
ἵνα ἐν αὐτός πατάσσω ὁ ἔθνος καί αὐτός ποιμαίνω αὐτός
ἵνα ἐν αὐτῇ πατάξῃ τὰ ἔθνη, καὶ αὐτὸς ποιμανεῖ αὐτοὺς
CS PD NPDF3S VSAA3S DANP NANP CC NPNM3S VIFA3S NPAM3P
위해 안에 검으로 다스리기 그 백성들을 그리고 자신이 다스릴 것이며 그들을

1722 4464 4603 2532 846 3961 3588 3025 3588 3631
ἐν ῥάβδος σιδήρεος καί αὐτός πατέω ὁ ληνός ὁ οἶνος
ἐν ῥάβδῳ σιδηρᾷ, καὶ αὐτὸς πατεῖ τὴν ληνὸν τοῦ οἴνου
PD NDFS ADFS CC NPNM3S VIPA3S DAFS NAFS DGMS NGMS
로 지팡이 쇠 그리고 그 자신이 밟고있습니다 그 틀을 그 포도주

3588 3588 3709 3588 2316 3588 3841
ὁ ὁ ὀργή ὁ θεός ὁ παντοκράτωρ
τοῦ τῆς ὀργῆς τοῦ θεοῦ τοῦ παντοκράτορος,
DGMS DGFS NGFS DGMS NGMS DGMS NGMS
그 그 진노의 그 하나님의 그 전능하신

검으로 백성들을 다스리기 위해 자신의 입에서부터 예리한 검이 나오며 자신이 쇠 지팡이로 그들을 다스릴 것이며 그자신이 전능하신 하나님의 진노한 진노의 포도주 틀을 밟고 있습니다

2532 2192 1909 3588 2440 2532 1909 3588 3382 846 3686
καί ἔχω ἐπί ὁ ἱμάτιον καί ἐπί ὁ μηρός αὐτός ὄνομα
19:16 **καὶ ἔχει ἐπὶ τὸ ἱμάτιον καὶ ἐπὶ τὸν μηρὸν αὐτοῦ ὄνομα**
CC VIPA3S PA DANS NANS CC PA DAMS NAMS NPGM3S NANS
그리고 가지고있다 에 그 옷 그리고 에는 그 다리 자신의 이름을

1125 935 935 2532 2962 2962
γράφω βασιλεύς βασιλεύς καί κύριος κύριος
γεγραμμένον· Βασιλεὺς βασιλέων καὶ κύριος κυρίων.
VPRPANS NNMS NGMP CC NNMS NGMP
기록이 된 왕이며 만왕의 그리고 주라고 만주의

자신의 옷에 또 다리에는 만왕의 왕이며 만주의 주라고 기록이 된 자신의 이름을 가지고 있습니다

2532 1492 1520 32 2476 1722 3588 2246 2532 2896 1722
καί εἰδῶ εἷς ἄγγελος ἵστημι ἐν ὁ ἥλιος καί κράζω ἐν
19:17 **Καὶ εἶδον ἕνα ἄγγελον ἑστῶτα ἐν τῷ ἡλίῳ καὶ ἔκραξεν ἐν**
CC VIAA1S ACAMS NAMS VPRAAMS PD DDMS NDMS CC VIAA3S PD
그리고 내가 보니 한 사자를 서있는 안에 그 해 그리고 그 사자가 외쳐 안에

5456 3173 3004 3956 3588 3732 3588 4072
φωνή μέγας λέγω πᾶς ὁ ὄρνεον ὁ πέτομαι
φωνῇ μεγάλῃ λέγων πᾶσιν τοῖς ὀρνέοις τοῖς πετομένοι
NDFS ADFS VPPANMS ADNP DDNP NDNP DDNP VPPNDNP
음성으로 큰 말씀하고있다 모든 그 새들에게 그 날아가고 있는

1722 3321 1204 4863 1519 3588 1173 3588
ἐν μεσουράνημα δεῦρο συνάγω εἰς ὁ δεῖπνον ὁ
ἐν μεσουρανήματι, Δεῦτε συνάχθητε εἰς τὸ δεῖπνο τὸ
PD NDNS AB VMAP2P PA DANS NANS DANS
안에서 하늘 너희는 오라 너희는 함께 모여라 에 그 잔치 그

3173 3588 2316
μέγας ὁ θεός
μέγα τοῦ θεοῦ
AANS DGMS NGMS
큰 그 하나님의

2443 5315 4561 935 2532 4561 5506 2532
ἵνα ἐσθίω σάρξ βασιλεύς καί σάρξ χιλίαρχος καί
19:18 **ἵνα φάγητε σάρκας βασιλέων καὶ σάρκας χιλιάρχων καὶ**
CS VSAA2P NAFP NGMP CC NAFP NGMP CC
위하여 너희는 먹기 살을 왕들의 그리고 살을 천부장들의 그리고

4561 2478 2532 4561 2462 2532 3588 2521 1909
σάρξ ἰσχυρός καί σάρξ ἵππος καί ὁ κάθημαι ἐπί
σάρκας ἰσχυρῶν καὶ σάρκας ἵππων καὶ τῶν καθημένων ἐπ'
NAFP APGMP CC NAFP NGMP CC DGMP VPPNGMP PG
살을 힘 있는 자들의 그리고 살을 말들과 그리고 그 앉아있는 자들의 위에

846	2532	4561	3956	1658	5037	2532	1401	2532
αὐτός	καί	σάρξ	πᾶς	ἐλεύθερος	τέ	καί	δοῦλος	καί
αὐτῶν	**καὶ**	**σάρκας**	**πάντων**	**ἐλευθέρων**	**τε**	**καὶ**	**δούλων**	**καὶ**
NPGM3P	CC	NAFP	APGMP	APGMP	CC	CC	NGMP	CC
그 말들	그리고	살을	모든	자유한 자들과	또한	역시	종들이나	그리고

3398	2532	3173
μικρός	καί	μέγας
μικρῶν	**καὶ**	**μεγάλων.**
APGMP	CC	APGMP
작은 자들이나	또	큰 자들의

내가 해 안에 서 있는 한 사자를 보니 그 사자가 하늘 안에서 날아가고 있는 모든 새들에게 큰 음성으로 외쳐 너희는 여기에 오라 너희가 왕들의 살을 그리고 천부장들의 살을 그리고 힘을 가진 자들의 살을 그리고 말들과 말들 위에 앉아있는 자들의 살을 그리고 모든 자유한 자들과 또한 종들이나 작은 자들이나 또 큰 자들의 살을 먹기 위하여 너희는 하나님의 큰 잔치에 함께 모여라 하고 말씀하고 있습니다

	2532	1492	3588	2342	2532	3588	935	3588	1093	2532	3588
	καί	εἰδῶ	ὁ	θηρίον	καί	ὁ	βασιλεύς	ὁ	γῆ	καί	ὁ
19:19	**Καὶ**	**εἶδον**	**τὸ**	**θηρίον**	**καὶ**	**τοὺς**	**βασιλεῖς**	**τῆς**	**γῆς**	**καὶ**	**τὰ**
	CC	VIAA1S	DANS	NANS	CC	DAMP	NAMP	DGFS	NGFS	CC	DANP
	그런데	내가 보니	그	짐승과	그리고	그	왕들과	그	땅의	그리고	그

4753	846	4863	4160	3588	4171	3326
στράτευμα	αὐτός	συνάγω	ποιέω	ὁ	πόλεμος	μετά
στρατεύματα	**αὐτῶν**	**συνηγμένα**	**ποιῆσαι**	**τὸν**	**πόλεμον**	**μετὰ**
NANP	NPGM3P	VPRPANP	VNAA	DAMS	NAMS	PG
군대들을	그들의	같이 모였습니다	하기 위하여	그	싸움을	같이

3588	2521	1909	3588	2462	2532	3326	3588	4753
ὁ	κάθημαι	ἐπί	ὁ	ἵππος	καί	μετά	ὁ	στράτευμα
τοῦ	**καθημένου**	**ἐπὶ**	**τοῦ**	**ἵππου**	**καὶ**	**μετὰ**	**τοῦ**	**στρατεύματος**
DGMS	VPPNGMS	PG	DGMS	NGMS	CC	PG	DGNS	NGNS
이와	앉아계시는	위에	그	말	그리고	같이	그	군대도

846
αὐτός
αὐτοῦ.
NPGM3S
그의

그런데 짐승과 땅의 왕들과 그들의 군대들을 내가 보니 말위에 앉아 있는 이와 같이 그의 군대도 함께 싸움을 하기 위하여 같이 모였습니다

	2532	4084	3588	2342	2532	3326	846	3588	5578
	καί	πιάζω	ὁ	θηρίον	καί	μετά	αὐτός	ὁ	ψευδοπροφήτης
19:20	**καὶ**	**ἐπιάσθη**	**τὸ**	**θηρίον**	**καὶ**	**μετ᾽**	**αὐτοῦ**	**ὁ**	**ψευδοπροφήτης**
	CC	VIAP3S	DNNS	NNNS	CC	PG	NPGN3S	DNMS	NNMS
	그러나	잡히게 되었고	그	짐승과	그리고	함께	그와	그	거짓 선지자도

3588	4160	3588	4592	1799	846	1722	3739	4105
ὁ	ποιέω	ὁ	σημεῖον	ἐνώπιον	αὐτός	ἐν	ὅς	πλανάω
ὃ	ποιήσας	τὰ	σημεῖα	ἐνώπιον	αὐτοῦ,	ἐν	οἷς	ἐπλάνησεν
DNMS	VPAANMS	DANP	NANP	PG	NPGN3S	PD	APRDNP	VIAA3S
그	행사하였던	그	표적들을	앞에서	짐승의	으로	표적들로	미혹했던

3588	2983	3588	5480	3588	2342	2532	3588
ὁ	λαμβάνω	ὁ	χάραγμα	ὁ	θηρίον	καί	ὁ
τοὺς	λαβόντας	τὸ	χάραγμα	τοῦ	θηρίου	καὶ	τοὺς
DAMP	VPAAAMP	DANS	NANS	DGNS	NGNS	CC	DAMP
그	받았던 자들과	그	표를	그	짐승의	그리고	자들을

4352	3588	1504	846	2198	906	3588
προσκυνέω	ὁ	εἰκών	αὐτός	ζάω	βάλλω	ὁ
προσκυνοῦντας	τῇ	εἰκόνι	αὐτοῦ·	ζῶντες	ἐβλήθησαν	οἱ
VPPAAMP	DDFS	NDFS	NPGN3S	VPPANMP	VIAP3P	DNMP
예배를 드리고 있는	그	대신하는자에게	짐승의 일을	살아있는 채로	던져졌습니다	이

1417	1519	3588	3040	3588	4442	3588	2545	1722	2303
δύο	εἰς	ὁ	λιμήν	ὁ	πῦρ	ὁ	καίω	ἐν	θεῖον
δύο	εἰς	τὴν	λίμνην	τοῦ	πυρὸς	τῆς	καιομένης	ἐν	θείῳ.
APCNMP	PA	DAFS	NAFS	DGNS	NGNS	DGFS	VPPPGFS	PD	NDNS
두 사람은	으로	그	못	그	불	그	불이 타고 있는	안에	유황

그러나 짐승과 짐승의 앞에서 표적들을 행사하였던 거짓 선지자도 그와 함께 잡히게 되었고 짐승의 표를 받았던 자들과 짐승의 일을 대행하는 자에게 예배를 드리고 있는 자들을 표적들로 미혹하였던 이 두 사람은 살아 있는 채로 유황 안에 불이 타고 있는 불 못으로 던져졌습니다.

19:21

2532	3588	3062	615	1722	3588	4501	3588
καί	ὁ	λοιποί	ἀποκτείνω	ἐν	ὁ	ῥομφαία	ὁ
καὶ	οἱ	λοιποὶ	ἀπεκτάνθησαν	ἐν	τῇ	ῥομφαίᾳ	τοῦ
CC	DNMP	APNMP	VIAP3P	PD	DDFS	NDFS	DGMS
또한	자들은	남아있는	생명이 없는 죽은 자가 되었습니다	안에	그	검으로	그

2521	1909	3588	2462	3588	1831	1537	3588	4750
κάθημαι	ἐπί	ὁ	ἵππος	ὁ	ἐξέρχομαι	ἐκ	ὁ	στόμα
καθημένου	ἐπὶ	τοῦ	ἵππου	τῇ	ἐξελθούσῃ	ἐκ	τοῦ	στόματος
VPPNGMS	PG	DGMS	NGMS	DDFS	VPAADFS	PG	DGNS	NGNS
앉아계시는	위에	그	말	그	나오는	부터	그	입에서

846	2532	3956	3588	3732	5526	1537	3588	4561
αὐτός	καί	πᾶς	ὁ	ὄρνεον	χορτάζω	ἐκ	ὁ	σάρξ
αὐτοῦ,	καὶ	πάντα	τὰ	ὄρνεα	ἐχορτάσθησαν	ἐκ	τῶν	σαρκῶν
NPGM3S	CC	ANNP	DNNP	NNNP	VIAP3P	PG	DGFP	NGFP
그의	그리고	모든	그	새들이	배가 불러지게 되었기 때문에	부터	그	살에서

846
αὐτός
αὐτῶν.
NPGM3P
그들의

또한 모든 새들이 그들의 살에서부터 배가 불러지게 되었기 때문에 남아 있는 자들은 말 위에 앉아계시는 그의 입에서부터 나오는 검으로 생명이 없는 죽은 자가 되었습니다

20:1

2532	1492	32	2597	1537	3588	3772	2192
καί	εἰδῶ	ἄγγελος	καταβαίνω	ἐκ	ὁ	οὐρανός	ἔχω
Καὶ	**εἶδον**	**ἄγγελον**	**καταβαίνοντα**	**ἐκ**	**τοῦ**	**οὐρανοῦ**	**ἔχοντα**
CC	VIAA1S	NAMS	VPPAAMS	PG	DGMS	NGMS	VPPAAMS
그리고	내가보니	사자를	내려오고 있는	에서	그	하늘	가지고 있는

3588	2807	3588	12	2532	254	3173	1909	3588	5495
ὁ	κλείς	ὁ	ἄβυσσος	καί	ἅλυσις	μέγας	ἐπί	ὁ	χείρ
τὴν	**κλεῖν**	**τῆς**	**ἀβύσσου**	**καὶ**	**ἅλυσιν**	**μεγάλην**	**ἐπὶ**	**τὴν**	**χεῖρα**
DAFS	NAFS	DGFS	NGFS	CC	NAFS	AAFS	PA	DAFS	NAFS
그	자물쇠와	그	무저갱의	그리고	쇠사슬을	큰	위에	그	손에

846
αὐτός
αὐτοῦ.
NPGM3S
자신의

자신의 손에 무저갱의 자물쇠와 큰 쇠사슬을 가지고 있는 하늘에서 내려오고 있는 사자를 내가 보니

20:2

2532	2902	3588	1404	3588	3789	3588	744	3739
καί	κρατέω	ὁ	δράκων	ὁ	ὄφις	ὁ	ἀρχαῖος	ὅς
καὶ	**ἐκράτησεν**	**τὸν**	**δράκοντα,**	**ὁ**	**ὄφις**	**ὁ**	**ἀρχαῖος,**	**ὅς**
CC	VIAA3S	DAMS	NAMS	DNMS	NNMS	DNMS	ANMS	APRNMS
그런데	그 사자가 잡으니	그	용을	그	뱀이요	그	옛	그가

1510	1228	2532	3588	4567	2532	1210	846	5507	2094
εἰμί	διάβολος	καί	ὁ	Σατανᾶς	καί	δέω	αὐτός	χίλιοι	ἔτος
ἐστιν	**Διάβολος**	**καὶ**	**ὁ**	**Σατανᾶς,**	**καὶ**	**ἔδησεν**	**αὐτὸν**	**χίλια**	**ἔτη**
VIPA3S	APNMS	CC	DNMS	NNMS	CC	VIAA3S	NPAM3S	ACANP	NANP
이며	마귀	그리고	그	사단이라	그래서	결박하였으며	그를	천	년들로

그 사자가 용을 잡으니 옛 뱀이요 그가 마귀이며 사단이라 그를 그리스도의 지체인 천년들로 결박하여

20:3

2532	906	846	1519	3588	12	2532	2808	2532
καί	βάλλω	αὐτός	εἰς	ὁ	ἄβυσσος	καί	κλείω	καί
καὶ	**ἔβαλεν**	**αὐτὸν**	**εἰς**	**τὴν**	**ἄβυσσον**	**καὶ**	**ἔκλεισεν**	**καὶ**
CC	VIAA3S	NPAM3S	PA	DAFS	NAFS	CC	VIAA3S	CC
그리고	던져서	그 용을	안으로	그	무저갱	그리고	문을 닫아버리고	또한

4972	1883	846	2443	3361	4105	2089	3588	1484
σφραγίζω	ἐπάνω	αὐτός	ἵνα	μή	πλανάω	ἔτι	ὁ	ἔθνος
ἐσφράγισεν	**ἐπάνω**	**αὐτοῦ,**	**ἵνα**	**μὴ**	**πλανήσῃ**	**ἔτι**	**τὰ**	**ἔθνη**
VIAA3S	PG	NPGM3S	CS	QN	VSAA3S	AB	DANP	NANP
인봉하였으며	위에서	그를	위해서	못	미혹하지 하게 하기	다시는	그	백성들을

891	5055	3588	5507	2094	3326	3778	1163	3089
ἄχρι	τελέω	ὁ	χίλιοι	ἔτος	μετά	οὗτος	δεῖ	λύω
ἄχρι	**τελεσθῇ**	**τὰ**	**χίλια**	**ἔτη.**	**μετὰ**	**ταῦτα**	**δεῖ**	**λυθῆναι**
CS	VSAP3S	DNNP	ACNNP	NNNP	PA	APDANP	VIPA3S	VNAP
까지	이루어질 때	그	천	년들이	후에	그	반드시	풀려나게 됩니다

846	3398	5550
αὐτός	μικρός	χρόνος
αὐτὸν	**μικρὸν**	**χρόνον.**
NPAM3S	AAMS	NAMS
그가	잠시	동안만

그리스도의 지체인 그 천년들이 이루어질 때까지 다시는 백성들을 미혹하지 못하게 하기 위해서 용을 무저갱 안으로 던져서 문을 닫아 버리고 그 용을 위에서 인봉하였으며 그 후에 잠시 동안 그가 반드시 풀려나게 됩니다

20:4

2532	1492	2362	2532	2523	1909	846	2532	2917
καί	εἰδῶ	θρόνος	καί	καθίζω	ἐπί	αὐτός	καί	κρίμα
Καὶ	**εἶδον**	**θρόνους**	**καὶ**	**ἐκάθισαν**	**ἐπ'**	**αὐτοὺς**	**καὶ**	**κρίμα**
CC	VIAA1S	NAMP	CC	VIAA3P	PA	NPAM3P	CC	NNNS
그리고	내가 봤으며	보좌들을	그리고	그들이 앉은	위에	그들의 보좌	그래서	심판이

1325	846	2532	3588	5590	3588	3990	1223	3588
δίδωμι	αὐτός	καί	ὁ	ψυχή	ὁ	πελεκίζω	διά	ὁ
ἐδόθη	**αὐτοῖς,**	**καὶ**	**τὰς**	**ψυχὰς**	**τῶν**	**πεπελεκισμένων**	**διὰ**	**τὴν**
VIAP3S	NPDM3P	CC	DAFP	NAFP	DGMP	VPRPGMP	PA	DAFS
받아져	그들에게	또한	그	영혼을	그	죽임 당한 자들의	때문에	그

3141	2424	2532	1223	3588	3056	3588	2316	2532	3748	3756
μαρτυρία	Ἰησοῦς	καί	διά	ὁ	λόγος	ὁ	θεός	καί	ὅστις	οὐ
μαρτυρίαν	**Ἰησοῦ**	**καὶ**	**διὰ**	**τὸν**	**λόγον**	**τοῦ**	**θεοῦ**	**καὶ**	**οἵτινες**	**οὐ**
NAFS	NGMS	CC	PA	DAMS	NAMS	DGMS	NGMS	CC	APRNMP	QN
증거	예수님의	그리고	때문에	그	말씀	그	하나님의	또한	자들과	않은

4352	3588	2342	3761	3588	1504	846	2532	3756
προσκυνέω	ὁ	θηρίον	οὐδέ	ὁ	εἰκών	αὐτός	καί	οὐ
προσεκύνησαν	**τὸ**	**θηρίον**	**οὐδὲ**	**τὴν**	**εἰκόνα**	**αὐτοῦ**	**καὶ**	**οὐκ**
VIAA3P	DANS	NANS	CC	DAFS	NAFS	NPGN3S	CC	QN
예배를 하지	그	짐승에게	않은	그	대행하는 자에게	짐승의 일을	그리고	않았던

2983	3588	5480	1909	3588	3359	2532	1909	3588	5495
λαμβάνω	ὁ	χάραγμα	ἐπί	ὁ	μέτωπον	καί	ἐπί	ὁ	χείρ
ἔλαβον	**τὸ**	**χάραγμα**	**ἐπὶ**	**τὸ**	**μέτωπον**	**καὶ**	**ἐπὶ**	**τὴν**	**χεῖρα**
VIAA3P	DANS	NANS	PA	DANS	NANS	CC	PA	DAFS	NAFS
받지 자들은	그	표를	위에	그	이마에	그리고	위에	그	손에

846	2532	2198	2532	936	3326	3588	\5547
αὐτός	καί	ζάω	καί	βασιλεύω	μετά	ὁ	Χριστός
αὐτῶν.	**καὶ**	**ἔζησαν**	**καὶ**	**ἐβασίλευσαν**	**μετὰ**	**τοῦ**	**Χριστοῦ**
NPGM3P	CC	VIAA3P	CC	VIAA3P	PG	DGMS	NGMS
자신들의	그리고	살아있기 때문에	그래서	그들이 다스림을 받았습니다	함께	그	그리스도와

5507	2094
χίλιοι	ἔτος
χίλια	**ἔτη.**
ACANP	NANP
천	년들로

예수님의 증거 때문에 또 하나님의 말씀 때문에 죽임을 당한 자들의 영혼을 그들에게 심판이 받아져 그들의 보좌 위에 앉은 보좌들을 내가 봤으며 그리고 짐승에게 또 짐승의 일을 대행하는 자에게 예배하지 않은 자들과 자신들의 이마 위에 또 손에 표를 받지 않았던 자들은 그들이 생명을 가지고 살았기 때문에 그들이 그리스도의 지체인 천년들로 그리스도와 함께 다스림을 받았습니다

20:5

3588	3062	3588	3498	3756	2198	891	5055	3588	5507
ὁ	λοιποί	ὁ	νεκρός	οὐ	ζάω	ἄχρι	τελέω	ὁ	χίλιοι
οἱ	**λοιποὶ**	**τῶν**	**νεκρῶν**	**οὐκ**	**ἔζησαν**	**ἄχρι**	**τελεσθῇ**	**τὰ**	**χίλια**
DNMP	APNMP	DGMP	APGMP	QN	VIAA3P	CS	VSAP3S	DNNP	ACNNP
그	남아있는자들은	그	죽은자들중에	못	살아나지했으며	까지는	이루어질	그	천

2094	3778	3588	386	3588	4413
ἔτος	οὗτος	ὁ	ἀνάστασις	ὁ	πρῶτος
ἔτη.	**αὕτη**	**ἡ**	**ἀνάστασις**	**ἡ**	**πρώτη.**
NNNP	APDNFS	DNFS	NNFS	DNFS	AONFS
년들이	이것이	그	부활입니다	그	첫째

죽은 자들 중에 그리스도 안에 남아 있는 자들은 그리스도의 지체인 그 천년들이 이루어질 때까지는 살아나지 못했으며 이것이 첫째 부활입니다

20:6

3107	2532	40	3588	2192	3313	1722	3588	386
μακάριος	καί	ἅγιος	ὁ	ἔχω	μέρος	ἐν	ὁ	ἀνάστασις
μακάριος	**καὶ**	**ἅγιος**	**ὁ**	**ἔχων**	**μέρος**	**ἐν**	**τῇ**	**ἀναστάσει**
ANMS	CC	ANMS	DNMS	VPPANMS	NANS	PD	DDFS	NDFS
말씀을가지고있는자와	그리고	거룩한 자는	그	가지고 있는 자와	지체를	안에서	그	부활이신 분

3588	4413	1909	3778	3588	1208	2288	3756	2192
ὁ	πρῶτος	ἐπί	οὗτος	ὁ	δεύτερος	θάνατος	οὐ	ἔχω
τῇ	**πρώτῃ·**	**ἐπὶ**	**τούτων**	**ὁ**	**δεύτερος**	**θάνατος**	**οὐκ**	**ἔχει**
DDFS	AODFS	PG	APDGMP	DNMS	AONMS	NNMS	QN	VIPA3S
그	첫째	다스리는	그들을	그	둘째	사망이	않고	가지고있지

1849	235	1510	2409	3588	2316	2532	3588	5547	2532
ἐξουσία	ἀλλά	εἰμί	ἱερεύς	ὁ	θεός	καί	ὁ	Χριστός	καί
ἐξουσίαν,	**ἀλλ’**	**ἔσονται**	**ἱερεῖς**	**τοῦ**	**θεοῦ**	**καὶ**	**τοῦ**	**Χριστοῦ**	**καὶ**
NAFS	CH	VIFD3P	NNMP	DGMS	NGMS	CC	DGMS	NGMS	CC
권세를	오히려	있게 될 것이며	제사장들로	그	하나님과	그리고	그	그리스도의	그리고

936	3326	846	3588	5507	2094
βασιλεύω	μετά	αὐτός	ὁ	χίλιοι	ἔτος
βασιλεύσουσιν	μετ'	αὐτοῦ	τὰ	χίλια	ἔτη.
VIFA3P	PG	NPGM3S	DANP	ACANP	NANP
그들이 다스리게 될 것입니다	함께	그리스도와	그	천	년들로

첫째 부활이신 분 안에서 그리스도의 지체를 가지고 있는 자와 생명의 말씀을 가지고 있는 자와 거룩한 자는 둘째 사망이 그들을 다스리는 권세를 가지고 있지 않고 오히려 하나님과 그리스도의 제사장들로 있게 될 것이며 그들이 그리스도의 지체인 그 천년들로 그리스도와 함께 나라를 다스리게 될 것입니다

20:7

2532	3752	5055	3588	5507	2094	3089	3588	4567
καί	ὅταν	τελέω	ὁ	χίλιοι	ἔτος	λύω	ὁ	Σατανᾶς
Καὶ	ὅταν	τελεσθῇ	τὰ	χίλια	ἔτη,	λυθήσεται	ὁ	Σατανᾶς
CC	CS	VSAP3S	DNNP	ACNNP	NNNP	VIFP3S	DNMS	NNMS
그리고	때에	이루어지게 되었을	그	천	년들이	풀려나게 될 것입니다	그	사단이

1537	3588	5438	846
ἐκ	ὁ	φυλακή	αὐτός
ἐκ	τῆς	φυλακῆς	αὐτοῦ
PG	DGFS	NGFS	NPGM3S
부터	그	옥에서	자신의

그리스도의 지체인 그 천년들이 이루지게 되었을 때에 사단이 자신의 옥에서부터 잠시 풀려나게 될 것이며

20:8

2532	1831	4105	3588	1484	3588	1722	3588	5064
καί	ἐξέρχομαι	πλανάω	ὁ	ἔθνος	ὁ	ἐν	ὁ	τέσσαρες
καὶ	ἐξελεύσεται	πλανῆσαι	τὰ	ἔθνη	τὰ	ἐν	ταῖς	τέσσαρσιν
CC	VIFD3S	VNAA	DANP	NANP	DANP	PD	DDFP	ACDFP
그리고	그가 나오게 될 것입니다	미혹하기 위해서	그	백성들을	그	있는	그	사

1137	3588	1093	3588	1136	2532	3098	4863	846
γωνία	ὁ	γῆ	ὁ	Γώγ	καί	Μαγώγ	συνάγω	αὐτός
γωνίαις	τῆς	γῆς,	τὸν	Γὼγ	καὶ	Μαγώγ,	συναγαγεῖν	αὐτοὺς
NDFP	DGFS	NGFS	DAMS	NAMS	CC	NAMS	VNAA	NPAM3P
방에	이	땅의	그	곡과	그리고	마곡을	모으기 위해서	그들을

1519	3588	4171	3739	3588	706	846	5613	3588	285	3588
εἰς	ὁ	πόλεμος	ὅς	ὁ	ἀριθμός	αὐτός	ὡς	ὁ	ἄμμος	ὁ
εἰς	τὸν	πόλεμον,	ὧν	ὁ	ἀριθμὸς	αὐτῶν	ὡς	ἡ	ἄμμος	τῆς
PA	DAMS	NAMS	APRGMP	DNMS	NNMS	NPGM3P	CS	DNFS	NNFS	DGFS
위해서	그	싸움을 하기	그들의	그	수가	그들의	같은	그	모래와	그

2281
θάλασσα
θαλάσσης.
NGFS
바다의

그가 땅의 사방에 있는 백성들을 미혹하기 위해서 곡과 마곡 그들을 모아 싸움을 하기 위해서 바다의 모래와 같은 그들의 수가 나오게 될 것입니다

20:9

2532	305	1909	3588	4114	3588	1093	2532	2944	3588
καί	ἀναβαίνω	ἐπί	ὁ	πλάτος	ὁ	γῆ	καί	κυκλόω	ὁ
καὶ	ἀνέβησαν	ἐπὶ	τὸ	πλάτος	τῆς	γῆς	καὶ	ἐκύκλευσαν	τὴν
CC	VIAA3P	PA	DANS	NANS	DGFS	NGFS	CC	VIAA3P	DAFS
그리고	그들이 올라가서	으로	그	넓은 곳	그	땅의	그리고	둘러쌌는데	그

3925	3588	40	2532	3588	4172	3588	25	2532
παρεμβολή	ὁ	ἅγιος	καί	ὁ	πόλις	ὁ	ἀγαπάω	καί
παρεμβολὴν	τῶν	ἁγίων	καὶ	τὴν	πόλιν	τὴν	ἠγαπημένην,	καὶ
NAFS	DGMP	APGMP	CC	DAFS	NAFS	DAFS	VPRPAFS	CC
진영과	그	성도들의	그리고	그	성을	그	하나님의 사랑을 받아진	그러나

2597	4442	1537	3588	3772	2532	2719	846
καταβαίνω	πῦρ	ἐκ	ὁ	οὐρανός	καί	κατεσθίω	αὐτός
κατέβη	πῦρ	ἐκ	τοῦ	οὐρανοῦ	καὶ	κατέφαγεν	αὐτούς.
VIAA3S	NNNS	PG	DGMS	NGMS	CH	VIAA3S	NPAM3P
내려와서	불이	부터	그	하늘에서	그리고	삼켜버렸습니다	그들을

그들이 땅의 넓은 곳으로 올라가서 성도들의 진영과 하나님의 사랑을 받아진 성을 둘러쌌는데 그러나 하늘에서부터 불이 내려와서 그들을 삼켜버렸습니다

20:10

2532	3588	1228	3588	4105	846	906	1519	3588
καί	ὁ	διάβολος	ὁ	πλανάω	αὐτός	βάλλω	εἰς	ὁ
καὶ	ὁ	διάβολος	ὁ	πλανῶν	αὐτοὺς	ἐβλήθη	εἰς	τὴν
CC	DNMS	APNMS	DNMS	VPPANMS	NPAM3P	VIAP3S	PA	DAFS
그리고	그	마귀는	그	미혹을 하고 있는	사람들을	들어가게되었고	으로	그

3040	3588	4442	2532	2303	3699	2532	3588	2342	2532	3588
λιμήν	ὁ	πῦρ	καί	θεῖον	ὅπου	καί	ὁ	θηρίον	καί	ὁ
λίμνην	τοῦ	πυρὸς	καὶ	θείου	ὅπου	καὶ	τὸ	θηρίον	καὶ	ὁ
NAFS	DGNS	NGNS	CC	NGNS	ABR	AB	DNNS	NNNS	CC	DNMS
못	그	불과	그리고	유황	그곳에는	또	그	짐승과	그리고	그

5578	2532	928	2250	2532	3571
ψευδοπροφήτης	καί	βασανίζω	ἡμέρα	καί	νύξ
ψευδοπροφήτης,	καὶ	βασανισθήσονται	ἡμέρας	καὶ	νυκτὸς
NNMS	CH	VIFP3P	NGFS	CC	NGFS
거짓 선지자가	그리고	고통을 받게 될 것입니다	낮과	그리고	밤으로

1519	3588	165	3588	165
εἰς	ὁ	αἰών	ὁ	αἰών
εἰς	τοὺς	αἰῶνας	τῶν	αἰώνων.
PA	DAMP	NAMP	DGMP	NGMP
히	그	영원	히	세세토록

사람들을 미혹하고 있는 마귀는 불과 유황 못으로 들어가게 되었고 그곳에는 대제사장인 짐승과 거짓 선지자가 낮과 밤으로 영원히 세세토록 고통을 받게 될 것입니다

20:11

2532	1492	2362	3173	3022	2532	3588	2521	1909
καί	εἰδῶ	θρόνος	μέγας	λευκός	καί	ὁ	κάθημαι	ἐπί
Καὶ	εἶδον	θρόνον	μέγαν	λευκὸν	καὶ	τὸν	καθήμενον	ἐπ’
CC	VIAA1S	NAMS	AAMS	AAMS	CC	DAMS	VPPNAMS	PA
그리고	내가 보니	보좌를	크고	흰	또	그	앉아 계시는 이를	위에

846	3739	575	3588	4383	5343	3588	1093	2532	3588
αὐτός	ὅς	ἀπό	ὁ	πρόσωπον	φεύγω	ὁ	γῆ	καί	ὁ
αὐτόν,	οὗ	ἀπὸ	τοῦ	προσώπου	ἔφυγεν	ἡ	γῆ	καὶ	ὁ
NPAM3S	APRGMS	PG	DGNS	NGNS	VIAA3S	DNFS	NNFS	CC	DNMS
그 보좌	그분의	부터	그	얼굴로	도망을 갔으며	그	땅과	그리고	그

3772	2532	5117	3756	2147	846
οὐρανός	καί	τόπος	οὐ	εὑρίσκω	αὐτός
οὐρανὸς	καὶ	τόπος	οὐχ	εὑρέθη	αὐτοῖς.
NNMS	CC	NNMS	QN	VIAP3S	NPDN3P
하늘이	그리고	직분이	않았	발견되지 습니다	그들에게는

내가 크고 흰 보좌를 그 보좌 위에 앉아 계시는 이를 보니 땅과 하늘이 그분의 얼굴로부터 도망을 갔으며 그들에게는 직분이 발견되지 않았습니다

20:12

2532	1492	3588	3498	3588	3173	2532	3588	3398
καί	εἰδῶ	ὁ	νεκρός	ὁ	μέγας	καί	ὁ	μικρός
καὶ	εἶδον	τοὺς	νεκρούς,	τοὺς	μεγάλους	καὶ	τοὺς	μικρούς,
CC	VIAA1S	DAMP	APAMP	DAMP	APAMP	CC	DAMP	APAMP
그리고	내가 보니	그	죽은 자들을	그	큰 자들이나	그리고	그	작은 자들을

2476	1799	3588	2362	2532	975	455	2532
ἵστημι	ἐνώπιον	ὁ	θρόνος	καί	βιβλίον	ἀνοίγω	καί
ἑστῶτας	ἐνώπιον	τοῦ	θρόνου.	καὶ	βιβλία	ἠνοίχθησαν,	καὶ
VPRAAMP	PG	DGMS	NGMS	CC	NNNP	VIAP3P	CC
서있는	앞에	그	보좌	그런데	책들이	펼쳐져 있고	또

243	975	455	3739	1510	3588	2222	2532	2919	3588
ἄλλος	βιβλίον	ἀνοίγω	ὅς	εἰμί	ὁ	ζωή	καί	κρίνω	ὁ
ἄλλο	βιβλίον	ἠνοίχθη,	ὅ	ἐστιν	τῆς	ζωῆς,	καὶ	ἐκρίθησαν	οἱ
ANNS	NNNS	VIAP3S	APRNNS	VIPA3S	DGFS	NGFS	CC	VIAP3P	DNMP
다른	책이	펼쳐져 있으며	그 책은	이며	그	생명의 책	그러나	심판 받아졌습니다	그

3498	1537	3588	1125	1722	3588	975	2596	3588
νεκρός	ἐκ	ὁ	γράφω	ἐν	ὁ	βιβλίον	κατά	ὁ
νεκροὶ	ἐκ	τῶν	γεγραμμένων	ἐν	τοῖς	βιβλίοις	κατὰ	τὰ
APNMP	PG	DGNP	VPRPGNP	PD	DDNP	NDNP	PA	DANP
죽은 자들은	부터	그	기록된 것들로	안에	그	책들	따라서	그

2041	846
ἔργον	αὐτός
ἔργα	αὐτῶν.
NANP	NPGM3P
일들을	자신들의

내가 보좌 앞에 서 있는 생명이 없는 죽은 자들과 큰 자들이나 작은 자들을 보니 그런데 책들이 펼쳐져 있고 또 다른 책이 펼쳐져 있는데 그 책은 생명의 책이며 그러나 죽은 자들은 자신들의 하나님의 말씀을 증거 한 그 일을 따라서 그 책들 안에 기록된 것들로부터 심판 받아졌습니다

20:13

2532	1325	3588	2281	3588	3498	3588	1722	846	2532
καί	δίδωμι	ὁ	θάλασσα	ὁ	νεκρός	ὁ	ἐν	αὐτός	καί
καὶ	ἔδωκεν	ἡ	θάλασσα	τοὺς	νεκροὺς	τοὺς	ἐν	αὐτῇ	καὶ
CC	VIAA3S	DNFS	NNFS	DAMP	APAMP	DAMP	PD	NPDF3S	CC
그리고	내어 주었고	그	바다라는 자도	그	죽은 자들을	그	있는	자신의 안에	또

3588	2288	2532	3588	86	1325	3588	3498	3588	1722
ὁ	θάνατος	καί	ὁ	ᾅδης	δίδωμι	ὁ	νεκρός	ὁ	ἐν
ὁ	θάνατος	καὶ	ὁ	ᾅδης	ἔδωκαν	τοὺς	νεκροὺς	τοὺς	ἐν
DNMS	NNMS	CC	DNMS	NNMS	VIAA3P	DAMP	APAMP	DAMP	PD
그	사망과	그리고	그	음부도	내어 주었으며	그	죽은 자들을	그	있는

846	2532	2919	1538	2596	3588	2041	846
αὐτός	καί	κρίνω	ἕκαστος	κατά	ὁ	ἔργον	αὐτός
αὐτοῖς,	καὶ	ἐκρίθησαν	ἕκαστος	κατὰ	τὰ	ἔργα	αὐτῶν.
NPDM3P	CC	VIAP3P	APNMS	PA	DANP	NANP	NPGM3P
그들 안에	그리고	그들이심판받아졌습니다	그들 각자는	따라	그	일을	자신들의 행한

거짓선지자인 바다라는 자도 자신의 안에 있는 죽은 자들을 내어주었고 사망과 음부도 그들 안에 있는 죽은 자들을 내어주었으며 그들 각자는 자신들의 행한 그 일을 따라 심판 받아졌습니다

20:14

2532	3588	2288	2532	3588	86	906	1519	3588	3040	3588
καί	ὁ	θάνατος	καί	ὁ	ᾅδης	βάλλω	εἰς	ὁ	λιμήν	ὁ
καὶ	ὁ	θάνατος	καὶ	ὁ	ᾅδης	ἐβλήθησαν	εἰς	τὴν	λίμνην	τοῦ
CC	DNMS	NNMS	CC	DNMS	NNMS	VIAP3P	PA	DAFS	NAFS	DGNS
그리고	그	사망과	그리고	그	음부도	들어가게 되었고	으로	그	못	그

4442	3778	3588	2288	3588	1208	1510	3588	3040	3588
πῦρ	οὗτος	ὁ	θάνατος	ὁ	δεύτερος	εἰμί	ὁ	λιμήν	ὁ
πυρός.	οὗτος	ὁ	θάνατος	ὁ	δεύτερός	ἐστιν,	ἡ	λίμνη	τοῦ
NGNS	APDNMS	DNMS	NNMS	DNMS	AONMS	VIPA3S	DNFS	NNFS	DGNS
불의	그 자신	그	사망	그	둘째	입니다	그	못이	그

4442
πῦρ
πυρός.
NGNS
불의

사망과 음부도 불 못으로 들어가게 되었고 불 못이 둘째 사망 그자신입니다

20:15

2532	1488	5100	3756	2147	1722	3588	976	3588	2222	1125
καί	εἶ	τὶς	οὐ	εὑρίσκω	ἐν	ὁ	βίβλος	ὁ	ζωή	γράφω
καὶ	εἴ	τις	οὐχ	εὑρέθη	ἐν	τῇ	βίβλῳ	τῆς	ζωῆς	γεγραμμένος,
CC	CS	APINMS	QN	VIAP3S	PD	DDFS	NDFS	DGFS	NGFS	VPRPNMS
그리고	만일	자는	못한	발견되지	안에서	그	책	그	생명	기록이 된

906	1519	3588	3040	3588	4442
βάλλω	εἰς	ὁ	λιμήν	ὁ	πῦρ
ἐβλήθη	εἰς	τὴν	λίμνην	τοῦ	πυρός.
VIAP3S	PA	DAFS	NAFS	DGNS	NGNS
되었습니다	으로	그	들어가게	그	불의

기록이 된 생명책 안에서 이름이 발견되지 못한 자는 불 못 안으로 들어가게 되었습니다

	2532	1492	3772	2537	2532	1093	2537	3588	1063	4413
	καί	εἰδῶ	οὐρανός	καινός	καί	γῆ	καινός	ὁ	γάρ	πρῶτος
21:1	Καὶ	εἶδον	οὐρανὸν	καινὸν	καὶ	γῆν	καινήν.	ὁ	γὰρ	πρῶτος
	CC	VIAA1S	NAMS	AAMS	CC	NAFS	AAFS	DNMS	CS	AONMS
	그리고	내가봤습니다	하늘과	새	그리고	땅을	새	그	그런데	처음

3772	2532	3588	4413	1093	565	2532	3588	2281	3756
οὐρανός	καί	ὁ	πρῶτος	γῆ	ἀπέρχομαι	καί	ὁ	θάλασσα	οὐ
οὐρανὸς	καὶ	ἡ	πρώτη	γῆ	ἀπῆλθαν	καὶ	ἡ	θάλασσα	οὐκ
NNMS	CC	DNFS	AONFS	NNFS	VIAA3P	CC	DNFS	NNFS	QN
하늘과	그리고	그	처음	땅은	지나갔기 때문에	그리고	그	거짓선지자인바다는	않습니다

1510	2089
εἰμί	ἔτι
ἔστιν	ἔτι.
VIPA3S	AB
그직분이있지	다시

내가 새 하늘과 새 땅을 봤습니다 왜냐하면 처음 하늘과 처음 땅은 지나갔기 때문에 거짓 선지자인 바다는 그 직분이 다시는 있지 않습니다

	2532	3588	4172	3588	40	2414	2537	1492
	καί	ὁ	πόλις	ὁ	ἅγιος	Ἱεροσόλυμα	καινός	εἰδῶ
21:2	καὶ	τὴν	πόλιν	τὴν	ἁγίαν	’Ιερουσαλὴμ	καινὴν	εἶδον
	CC	DAFS	NAFS	DAFS	AAFS	NAFS	AAFS	VIAA1S
	그리고	그	성을	그	거룩한	예루살렘	새로운	내가 봤습니다

2597	1537	3588	3772	575	3588	2316	2090
καταβαίνω	ἐκ	ὁ	οὐρανός	ἀπό	ὁ	θεός	ἑτοιμάζω
καταβαίνουσαν	ἐκ	τοῦ	οὐρανοῦ	ἀπὸ	τοῦ	θεοῦ	ἡτοιμασμένην
VPPAAFS	PG	DGMS	NGMS	PG	DGMS	NGMS	VPRPAFS
내려오고 있는	에서	그	하늘	부터	그	하나님으로	준비 된

5613	3565	2885	3588	435	846
ὡς	νύμφη	κοσμέω	ὁ	ἀνήρ	αὐτός
ὡς	νύμφην	κεκοσμημένην	τῷ	ἀνδρὶ	αὐτῆς.
CS	NAFS	VPRPAFS	DDMS	NDMS	NPGF3S
같은	신부와	단장이 되어	그	남편을위하여	자신의

자신의 남편을 위하여 단장이 되어 준비 된 신부와 같은 하나님으로부터 하늘에서 내려오고 있는 새로운 거룩한 예루살렘 성을 내가 봤습니다.

21:3

2532	191	5456	3173	1537	3588	2362	3004	2400
καί	ἀκούω	φωνή	μέγας	ἐκ	ὁ	θρόνος	λέγω	ἰδού
καὶ	ἤκουσα	φωνῆς	μεγάλης	ἐκ	τοῦ	θρόνου	λεγούσης,	Ἰδοὺ
CC	VIAA1S	NGFS	AGFS	PG	DGMS	NGMS	VPPAGFS	QS
그리고	내가 들으니	음성을	큰	부터	그	보좌에서	말씀하고 있는	보라

3588	4633	3588	2316	3326	3588	444	2532	4637	3326
ὁ	σκηνή	ὁ	θεός	μετά	ὁ	ἄνθρωπος	καί	σκηνόω	μετά
ἡ	σκηνὴ	τοῦ	θεοῦ	μετὰ	τῶν	ἀνθρώπων,	καὶ	σκηνώσει	μετ’
DNFS	NNFS	DGMS	NGMS	PG	DGMP	NGMP	CC	VIFA3S	PG
그	장막은	그	하나님의	함께	그	사람들과	그리고	그가 거하실 것이며	함께

846	2532	846	2992	846	1510	2532	846	3588	2316
αὐτός	καί	αὐτός	λαός	αὐτός	εἰμί	καί	αὐτός	ὁ	θεός
αὐτῶν,	καὶ	αὐτοὶ	λαοὶ	αὐτοῦ	ἔσονται,	καὶ	αὐτὸς	ὁ	θεὸς
NPGM3P	CC	NPNM3P	NNMP	NPGM3S	VIFD3P	CC	NPNM3S	DNMS	NNMS
그들과	그리고	그 자신들이	백성들이	하나님의	될 것이며	그리고	자신이	그	하나님

3326	846	1510	846	2316
μετά	αὐτός	εἰμί	αὐτός	θεός
μετ’	αὐτῶν	ἔσται	αὐτῶν	θεός,
PG	NPGM3P	VIFD3S	NPGM3P	NNMS
함께	그들과	될 것이다	그 자신들의	하나님이

내가 보좌에서부터 말씀하고 있는 큰 음성을 들으니 보라 하나님의 장막은 사람들과 함께 하나님이 그들과 함께 장막에 거하실 것이며 그 자신들이 하나님의 백성들이 될 것이며 하나님 자신이 그들과 함께 그 자신들의 하나님이 될 것이다

21:4

2532	1813	3956	1144	1537	3588	3788	846	2532	3588
καί	ἐξαλείφω	πᾶς	δάκρυ	ἐκ	ὁ	ὀφθαλμός	αὐτός	καί	ὁ
καὶ	ἐξαλείψει	πᾶν	δάκρυον	ἐκ	τῶν	ὀφθαλμῶν	αὐτῶν,	καὶ	ὁ
CC	VIFA3S	AANS	NANS	PG	DGMP	NGMP	NPGM3P	CC	DNMS
그리고	없을 것이며	모든	눈물을	부터	그	눈에서	그들의	그리고	그

2288	3756	1510	2089	3777	3997	3777	2906	3777
θάνατος	οὐ	εἰμί	ἔτι	οὔτε	πένθος	οὔτε	κραυγή	οὔτε
θάνατος	οὐκ	ἔσται	ἔτι	οὔτε	πένθος	οὔτε	κραυγὴ	οὔτε
NNMS	QN	VIFD3S	AB	CC	NNNS	CC	NNFS	CC
사망이	없을	것이며	다시는	없고	애통하는 것도	없으며	곡하는 것도	없고

4192	3756	1510	2089	3754	3588	4413	565
πόνος	οὐ	εἰμί	ἔτι	ὅτι	ὁ	πρῶτος	ἀπέρχομαι
πόνος	οὐκ	ἔσται	ἔτι,	ὅτι	τὰ	πρῶτα	ἀπῆλθαν.
NNMS	QN	VIFD3S	AB	CS	DNNP	APONNP	VIAA3P
아픈 것이	없을	것입니다	다시는	때문에	그	으뜸의 일들이	다이루어 지나갔기

으뜸의 일들이 다 이루어 지나갔기 때문에 그들의 눈에서부터 모든 눈물은 없을 것이며 다시는 사망이 없을 것이며 애통하는 것도 없고 곡하는 것도 없으며 다시는 아픈 것이 없을 것입니다

	2532	4483	3588	2521	1909	3588	2362	2400	2537	4160
	καί	ῥέω	ὁ	κάθημαι	ἐπί	ὁ	θρόνος	ἰδού	καινός	ποιέω
21:5	Καὶ	εἶπεν	ὁ	καθήμενος	ἐπὶ	τῷ	θρόνῳ,	’Ιδοὺ	καινὰ	ποιῶ
	CC	VIAA3S	DNMS	VPPNNMS	PD	DDMS	NDMS	QS	AANP	VIPA1S
	그리고	말씀하였으며	그	앉아 계시는 이가	위에	그	보좌	보라	내가 새로운	만들고있다

3956	2532	3004	1125	3754	3778	3588	3056	4103	2532
πᾶς	καί	λέγω	γράφω	ὅτι	οὗτος	ὁ	λόγος	πιστός	καί
πάντα,	καὶ	λέγει,	Γράψον,	ὅτι	οὗτοι	οἱ	λόγοι	πιστοὶ	καὶ
APANP	CC	VIPA3S	VMAA2S	CC	ADNMP	DNMP	NNMP	ANMP	CC
말씀이된자들을	그리고	말씀하시고	너는기록하라 하고	때문에	이사람들이	그	말씀이된자들로	믿음을가지고있는	또

228	1510
ἀληθινός	εἰμί
ἀληθινοί	εἰσιν.
ANMP	VIPA3P
하나님을 알고 있는	있기

보좌위에 앉아 계시는 이가 보라 이 사람들이 하나님을 알고 있는 믿음을 가지고 있는 말씀이 된 자들로 있기 때문에 너는 생명책에 기록하라 하고 말씀하시고 내가 새로운 하나님의 말씀이 된 자들을 만들고 있다 하고 말씀하였으며

	2532	4483	1473	1096	1473	1510	3588	1	2532	3588	5598	3588
	καί	ῥέω	ἐγώ	γίνομαι	ἐγώ	εἰμί	ὁ	α	καί	ὁ	ω	ὁ
21:6	καὶ	εἶπέν	μοι,	Γέγοναν.	ἐγώ	εἰμι	τὸ	῎Αλφα	καὶ	τὸ	῏Ω,	ἡ
	CC	VIAA3S	NPD1S	VIRA3P	NPN1S	VIPA1S	DNNS	NNNS	CC	DNNS	NNNS	DNFS
	또	말씀했습니다	나에게	다 이루었다	내가	이기때문에	그	알파와	또	그	오메가이며	이며

746	2532	3588	5056	1473	3588	1372	1325	1537	3588	4077
ἀρχή	καί	ὁ	τέλος	ἐγώ	ὁ	διψάω	δίδωμι	ἐκ	ὁ	πηγή
ἀρχὴ	καὶ	τὸ	τέλος.	ἐγὼ	τῷ	διψῶντι	δώσω	ἐκ	τῆς	πηγῆς
NNFS	CC	DNNS	NNNS	NPN1S	DDMS	VPPADMS	VIFA1S	PG	DGFS	NGFS
시작이되는	또	이니	마지막이 되는	내가	그	목마른 자에게	내가 줄 것이다	부터	그	샘에서

3588	5204	3588	2222	1432
ὁ	ὕδωρ	ὁ	ζωή	δωρεάν
τοῦ	ὕδατος	τῆς	ζωῆς	δωρεάν.
DGNS	NGNS	DGFS	NGFS	AB
그	물의	그	생명의	선물을

내가 알파와 오메가이며 또 시작이 되는 이와 마지막이 되는 이기 때문에 내가 다 이루었다 목마른 자에게 물의 샘에서부터 생명의 선물을 내가 줄 것이다 하고 나에게 말씀했습니다

	3588	3528	2816	3778	2532	1510	846	2316	2532
	ὁ	νικάω	κληρονομέω	οὗτος	καί	εἰμί	αὐτός	θεός	καί
21:7	ὁ	νικῶν	κληρονομήσει	ταῦτα	καὶ	ἔσομαι	αὐτῷ	θεὸς	καὶ
	DNMS	VPPANMS	VIFA3S	APDANP	CC	VIFD1S	NPDM3S	NNMS	CC
	자는	이기고 있는	상속을 받을 것이다	이것을	그리고	내가 될 것이며	그에게	하나님이	또

846 1510 1473 5207
αὐτός εἰμί ἐγώ υἱός
αὐτὸς ἔσται μοι υἱός.
NPNM3S VIFD3S NPD1S NNMS
그는 될 수 있는 나에게 아들이

하나님의 말씀을 증거하여 이기고 있는 자는 내가 그에게 하나님이 될 것이며 그는 나에게 아들이 될 수 있는 이것을 상속을 받을 것이다

3588 1161 1169 2532 571 2532 948 2532
ὁ δέ δειλός καί ἄπιστος καί βδελύσσω καί
21:8 τοῖς δὲ δειλοῖς καὶ ἀπίστοις καὶ ἐβδελυγμένοις καὶ
DDMP CC APDMP CC APDMP CC VPRNDMP CC
그 그러나 무서워하는자들에게 또 믿지 않는 자들에게 또 싫어하는 일을 하는 자들에게 또

5406 2532 4205 2532 5333 2532 1496 2532
φονεύς καί πόρνος καί φάρμακος καί εἰδωλολάτρης καί
φονεῦσιν καὶ πόρνοις καὶ φαρμάκοις καὶ εἰδωλολάτραις καὶ
NDMP CC NDMP CC NDMP CC NDMP CC
살인하는 자들에게 또 간음하는 자들에게 또 미혹하는 자들에게 또 우상 숭배하는 자들에게 또

3956 3588 5571 3588 3313 846 1722 3588 3040 3588
πᾶς ὁ ψευδής ὁ μέρος αὐτός ἐν ὁ λιμήν ὁ
πᾶσιν τοῖς ψευδέσιν τὸ μέρος αὐτῶν ἐν τῇ λίμνῃ τῇ
ADMP DDMP APDMP DNNS NNNS NPGM3P PD DDFS NDFS DDFS
모든 그 거짓말하는 자들에게 그 지체는 그들의 있는 그 못 안에 그

2545 4442 2532 2303 3739 1510 3588 2288 3588 1208
καίω πῦρ καί θεῖον ὅς εἰμί ὁ θάνατος ὁ δεύτερος
καιομένῃ πυρὶ καὶ θείῳ, ὅ ἐστιν ὁ θάνατος ὁ δεύτερος.
VPPPDFS NDNS CC NDNS APRNNS VIPA3S DNMS NNMS DNMS AONMS
타고 있는 불과 그리고 유황으로 것이 이다 그 사망 그 둘째

그러나 하나님을 무서워하는 자들에게 또 하나님을 믿지 않은 자들에게 또 하나님이 싫어하는 일을 하는 자들에게 또 살인하는 자들에게 또 간음하는 자들에게 또 사람을 미혹하는 자들에게 또 우상 숭배하는 자들에게 또 거짓말하는 모든 자들에게 그들의 지체는 불과 유황으로 타고 있는 못 안에 있는 것이 둘째 사망이다

2532 2064 1520 1537 3588 2033 32 3588 2192 3588
καί ἔρχομαι εἷς ἐκ ὁ ἑπτά ἄγγελος ὁ ἔχω ὁ
21:9 Καὶ ἦλθεν εἷς ἐκ τῶν ἑπτὰ ἀγγέλων τῶν ἐχόντων τὰς
CC VIAA3S APCNMS PG DGMP ACGMP NGMP DGMP VPPAGMP DAFP
그리고 와서 한분이 중에 그 일곱 사자들 그 가지고 있는 그

2033 5357 3588 1073 3588 2033 4127 3588 2078
ἑπτά φιάλη ὁ γέμω ὁ ἑπτά πληγή ὁ ἔσχατος
ἑπτὰ φιάλας τῶν γεμόντων τῶν ἑπτὰ πληγῶν τῶν ἐσχάτων
ACAFP NAFP DGNP VPPAGNP DGFP ACGFP NGFP DGFP AGFP
일곱 대접을 그 가득하게 담은 그 일곱 재앙들을 그 마지막

2532	2980	3326	1473	3004	1204	1166	4771	3588
καί	λαλέω	μετά	ἐγώ	λέγω	δεῦρο	δείκνυω	σύ	ὁ
καὶ	ἐλάλησεν	μετ'	ἐμοῦ	λέγων,	Δεῦρο,	δείξω	σοι	τὴν
CC	VIAA3S	PG	NPG1S	VPPANMS	AB	VIFA1S	NPD2S	DAFS
그리고	말씀하여	에게	나	말씀하고 있습니다	너는여기로오라	보여줄것이다	너에게	내가

3565	3588	1135	3588	721
νύμφη	ὁ	γυνή	ὁ	ἀρνίον
νύμφην	τὴν	γυναῖκα	τοῦ	ἀρνίου.
NAFS	DAFS	NAFS	DGNS	NGNS
신부를	그	아내인	그	어린 양의

마지막 일곱 재앙들을 가득하게 담은 일곱 대접을 가지고 있는 일곱 사자들 중에 한분이 와서 나에게 말씀하여 너는 여기로 오라 어린양의 아내인 신부를 내가 너에게 보여 줄 것이다 하고 말씀하고 있습니다

21:10

2532	667	1473	1722	4151	1909	3735	3173	2532	5308
καί	ἀποφέρω	ἐγώ	ἐν	πνεῦμα	ἐπί	ὄρος	μέγας	καί	ὑψηλός
καὶ	ἀπήνεγκέν	με	ἐν	πνεύματι	ἐπὶ	ὄρος	μέγα	καὶ	ὑψηλόν,
CH	VIAA3S	NPA1S	PD	NDNS	PA	NANS	AANS	CC	AANS
그리고	그가 데리고 가서	나를	있는	성령 안에	위에	산으로	크고	그리고	높은

2532	1166	1473	3588	4172	3588	40	2414
καί	δείκνυω	ἐγώ	ὁ	πόλις	ὁ	ἅγιος	Ἱεροσόλυμα
καὶ	ἔδειξέν	μοι	τὴν	πόλιν	τὴν	ἁγίαν	'Ιερουσαλὴμ
CC	VIAA3S	NPD1S	DAFS	NAFS	DAFS	AAFS	NAFS
그리고	보여주었는데	나에게	그	성을	그	거룩한	예루살렘

2597	1537	3588	3772	575	3588	2316
καταβαίνω	ἐκ	ὁ	οὐρανός	ἀπό	ὁ	θεός
καταβαίνουσαν	ἐκ	τοῦ	οὐρανοῦ	ἀπὸ	τοῦ	θεοῦ
VPPAAFS	PG	DGMS	NGMS	PG	DGMS	NGMS
내려오고 있는	에서	그	하늘	부터	그	하나님으로

그가 성령 안에 있는 나를 크고 높은 산으로 데리고 가서 하나님으로부터 하늘에서 내려오고 있는 거룩한 예루살렘 성을 나에게 보여 주었는데

21:11

2192	3588	1391	3588	2316	3588	5458	846	3664
ἔχω	ὁ	δόξα	ὁ	θεός	ὁ	φωστήρ	αὐτός	ὅμοιος
ἔχουσαν	τὴν	δόξαν	τοῦ	θεοῦ,	ὁ	φωστὴρ	αὐτῆς	ὅμοιος
VPPAAFS	DAFS	NAFS	DGMS	NGMS	DNMS	NNMS	NPGF3S	ANMS
가지고 있는	그	영광을	그	하나님의	그	빛이	그 성의	같으며

3037	5093	5613	3037	2393	2929
λίθος	τίμιος	ὡς	λίθος	ἴασπις	κρυσταλλίζω
λίθῳ	τιμιωτάτῳ	ὡς	λίθῳ	ἰάσπιδι	κρυσταλλίζοντι.
NDMS	ASDMS	CS	NDMS	NDFS	VPPADMS
보석과	지극히 귀한	같고	보석과	벽옥	수정과 같이 맑은

하나님의 영광을 가지고 있는 그 성의 빛이 지극히 귀한 보석과 같으며 수정과 같이 맑은 벽옥 보석과 같고

21:12

2192	5038	3173	2532	5308	2192	4440	1427
ἔχω	τεῖχος	μέγας	καί	ὑψηλός	ἔχω	πυλών	δώδεκα
ἔχουσα	**τεῖχος**	**μέγα**	**καὶ**	**ὑψηλόν,**	**ἔχουσα**	**πυλῶνας**	**δώδεκα**
VPPANFS	NANS	AANS	CC	AANS	VPPANFS	NAMP	ACAMP
가지고 있고	성벽을	크고	그리고	높은	가지고 있고	문을	열두

2532	1909	3588	4440	32	1427	2532	3686
καί	ἐπί	ὁ	πυλών	ἄγγελος	δώδεκα	καί	ὄνομα
καὶ	**ἐπὶ**	**τοῖς**	**πυλῶσιν**	**ἀγγέλους**	**δώδεκα**	**καὶ**	**ὀνόματα**
CC	PD	DDMP	NDMP	NAMP	ACAMP	CC	NANP
그리고	위에	그	문들	사자의	열두	그리고	이름들이

1924	3739	1510	3588	3686	3588	1427
ἐπιγράφω	ὅς	εἰμί	ὁ	ὄνομα	ὁ	δώδεκα
ἐπιγεγραμμένα,	**ἅ**	**ἐστιν**	**τὰ**	**ὀνόματα**	**τῶν**	**δώδεκα**
VPRPANP	APRNNP	VIPA3S	DNNP	NNNP	DGFP	ACGFP
기록한	이름들이	입니다	그	이름들이	그	열두

5443	5207	2474
φυλή	υἱός	Ἰσραήλ
φυλῶν	**υἱῶν**	**Ἰσραήλ·**
NGFP	NGMP	NGMS
지파의	자손들의	이스라엘

크고 높은 성벽을 가지고 있고 문들 위에는 열두 사자의 이름을 기록한 열두 문을 가지고 있고 그 이름들이 이스라엘 열 두 지파 자손들의 이름이며

21:13

575	395	4440	5140	2532	575	1005	4440
ἀπό	ἀνατολή	πυλών	τρεῖς	καί	ἀπό	βορρᾶς	πυλών
ἀπὸ	**ἀνατολῆς**	**πυλῶνες**	**τρεῖς**	**καὶ**	**ἀπὸ**	**βορρᾶ**	**πυλῶνες**
PG	NGFS	NNMP	ACNMP	CC	PG	NGMS	NNMP
부터	동편으로	문들이	세	그리고	부터	북편으로	문들이

5140	2532	575	3558	4440	5140	2532	575	1424
τρεῖς	καί	ἀπό	νότος	πυλών	τρεῖς	καί	ἀπό	δυσμή
τρεῖς	**καὶ**	**ἀπὸ**	**νότου**	**πυλῶνες**	**τρεῖς**	**καὶ**	**ἀπὸ**	**δυσμῶν**
ACNMP	CC	PG	NGMS	NNMP	ACNMP	CC	PG	NGFP
세	그리고	부터	남편으로	문들이	세	그리고	부터	서편으로

4440	5140
πυλών	τρεῖς
πυλῶνες	**τρεῖς.**
NNMP	ACNMP
문들이 있고	세

동편으로부터 세문이 북편으로부터 세문이 남편으로부터 세문이 서편으로부터 세문이 있고

21:14

2532	3588	5038	3588	4172	2192	2310	1427	2532
καί	ὁ	τεῖχος	ὁ	πόλις	ἔχω	θεμέλιος	δώδεκα	καί
καὶ	**τὸ**	**τεῖχος**	**τῆς**	**πόλεως**	**ἔχων**	**θεμελίους**	**δώδεκα**	**καὶ**
CC	DNNS	NNNS	DGFS	NGFS	VPPANMS	NAMP	ACAMP	CC
그리고	그	성벽은	그	성의	가지고있으며	기초석을	열두	그리고

1909	846	1427	3686	3588	1427	652	3588
ἐπί	αὐτός	δώδεκα	ὄνομα	ὁ	δώδεκα	ἀπόστολος	ὁ
ἐπ’	αὐτῶν	δώδεκα	ὀνόματα	τῶν	δώδεκα	ἀποστόλων	τοῦ
PG	NPGM3P	ACANP	NANP	DGMP	ACGMP	NGMP	DGNS
위에는	기초석	열두	이름을	그	열두	사도들의	그

721
ἀρνίον
ἀρνίου.
NGNS
어린양의

성의 성벽은 열 두 기초석 있고 그리고 열두 기초석 위에는 어린양의 열 두 사도의 이름을 가지고 있으며

21:15

2532	3588	2980	3326	1473	2192	3358	2563	5552
καί	ὁ	λαλέω	μετά	ἐγώ	ἔχω	μέτρον	κάλαμος	χρύσεος
Καὶ	ὁ	λαλῶν	μετ’	ἐμοῦ	εἶχεν	μέτρον	κάλαμον	χρυσοῦν,
CC	DNMS	VPPANMS	PG	NPG1S	VIIA3S	NANS	NAMS	AANS
그리고	이가	말하고 있는	함께	나와	가지고있습니다	측량하는	갈대를	금

2443	3354	3588	4172	2532	3588	4440	846	2532	3588
ἵνα	μετρέω	ὁ	πόλις	καί	ὁ	πυλών	αὐτός	καί	ὁ
ἵνα	μετρήσῃ	τὴν	πόλιν	καὶ	τοὺς	πυλῶνας	αὐτῆς	καὶ	τὸ
CS	VSAA3S	DAFS	NAFS	CC	DAMP	NAMP	NPGF3S	CC	DANS
위하여	측량하기	그	성과	그리고	그	문들을	성의	그리고	그

5038	846
τεῖχος	αὐτός
τεῖχος	αὐτῆς.
NANS	NPGF3S
성벽을	성의

나와 함께 말씀하고 있는 이가 성과 성의 문들을 그리고 성의 성벽을 측량하기 위하여 측량하는 금 갈대 가지고 있습니다

21:16

2532	3588	4172	5068	2749	2532	3588	3372	846
καί	ὁ	πόλις	τετράγωνος	κεῖμαι	καί	ὁ	μῆκος	αὐτός
καὶ	ἡ	πόλις	τετράγωνος	κεῖται	καὶ	τὸ	μῆκος	αὐτῆς
CC	DNFS	NNFS	ANFS	VIPN3S	CC	DNNS	NNNS	NPGF3S
그리고	그	성은	네모가 반듯하게	세워있으며	그리고	그	길이와	그 성의

3745	2532	3588	4114	2532	3354	3588	4172	3588	2563
ὅσος	καί	ὁ	πλάτος	καί	μετρέω	ὁ	πόλις	ὁ	κάλαμος
ὅσον	καὶ	τὸ	πλάτος.	καὶ	ἐμέτρησεν	τὴν	πόλιν	τῷ	καλάμῳ
APRNNS	CC	DNNS	NNNS	CC	VIAA3S	DAFS	NAFS	DDMS	NDMS
같은	또	그	넓이가	그리고	측량을 하였더니	그	성을	그	갈대로

1909	4712	1427	5505	3588	3372	2532	3588	4114
ἐπί	στάδιον	δώδεκα	χιλιάς	ὁ	μῆκος	καί	ὁ	πλάτος
ἐπὶ	σταδίων	δώδεκα	χιλιάδων,	τὸ	μῆκος	καὶ	τὸ	πλάτος
PG	NGMP	ACGNP	NGFP	DNNS	NNNS	CC	DNNS	NNNS
이며	스타디온	일만 이	천	그	길이와	또	그	넓이와

2532	3588	5311	846	2470	1510
καί	ὁ	ὕψος	αὐτός	ἴσος	εἰμί
καὶ	**τὸ**	**ὕψος**	**αὐτῆς**	**ἴσα**	**ἐστίν.**
CC	DNNS	NNNS	NPGF3S	ANNP	VIPA3S
그리고	그	높이가	그 성의	같습	니다

그 성은 성의 길이와 넓이가 똑같이 네모가 반듯하여 세워 있으며 그 성을 갈대로 측량을 하였더니 일만 이천 스타디온이며 그 성의 길이와 넓이와 높이가 같습니다

21:17

2532	3354	3588	5038	846	1540	5062
καί	μετρέω	ὁ	τεῖχος	αὐτός	ἑκατόν	τεσσαράκοντα
καὶ	**ἐμέτρησεν**	**τὸ**	**τεῖχος**	**αὐτῆς**	**ἑκατὸν**	**τεσσεράκοντα**
CC	VIAA3S	DANS	NANS	NPGF3S	ACGMP	ACGMP
그리고	측량을 했더니	그	성벽을	그 성의	일백	사십

5064	4083	3358	444	3739	1510	32
τέσσαρες	πῆχυς	μέτρον	ἄνθρωπος	ὅς	εἰμί	ἄγγελος
τεσσάρων	**πηχῶν**	**μέτρον**	**ἀνθρώπου,**	**ὅ**	**ἐστιν**	**ἀγγέλου.**
ACGMP	NGMP	NANS	NGMS	APRNNS	VIPA3S	NGMS
사	규빗인데	측량한 것이	사람의	것이	입니다	사자가 한

그 성의 성벽을 측량했더니 일백 사십 사 규빗인데 사람의 측량한 것이 사자가 한 것입니다

21:18

2532	3588	1739	3588	5038	846	2393	2532	3588
καί	ὁ	ἐνδόμησις	ὁ	τεῖχος	αὐτός	ἴασπις	καί	ὁ
καὶ	**ἡ**	**ἐνδώμησις**	**τοῦ**	**τείχους**	**αὐτῆς**	**ἴασπις**	**καὶ**	**ἡ**
CC	DNFS	NNFS	DGNS	NGNS	NPGF3S	NNFS	CC	DNFS
그리고	그	쌓여진 것은	그	성벽에	그 성의	벽옥이며	그리고	그

4172	5553	2513	3664	5194	2513
πόλις	χρυσίον	καθαρός	ὅμοιος	ὕαλος	καθαρός
πόλις	**χρυσίον**	**καθαρὸν**	**ὅμοιον**	**ὑάλῳ**	**καθαρῷ.**
NNFS	NNNS	ANNS	ANNS	NDFS	ADMS
성은	정금이며	깨끗한	같은	유리와	깨끗한

그 성의 성벽에 쌓여진 것은 벽옥이며 성은 깨끗한 유리와 같은 깨끗한 정금이며

21:19

3588	2310	3588	5038	3588	4172	3956	3037	5093
ὁ	θεμέλιος	ὁ	τεῖχος	ὁ	πόλις	πᾶς	λίθος	τίμιος
οἱ	**θεμέλιοι**	**τοῦ**	**τείχους**	**τῆς**	**πόλεως**	**παντὶ**	**λίθῳ**	**τιμίῳ**
DNMP	NNMP	DGNS	NGNS	DGFS	NGFS	ADMS	NDMS	ADMS
그	기초석들은	그	성벽의	그	그 성의	모든	석으로	보

2885	3588	2310	3588	4413	2393	3588
κοσμέω	ὁ	θεμέλιος	ὁ	πρῶτος	ἴασπις	ὁ
κεκοσμημένοι·	**ὁ**	**θεμέλιος**	**ὁ**	**πρῶτος**	**ἴασπις,**	**ὁ**
VPRPNMP	DNMS	NNMS	DNMS	AONMS	NNFS	DNMS
단장이 되어 있고	그	기초석은	그	첫째가	벽옥이고	그

1208	4552	3588	5154	5472	3588	5067
δεύτερος	σάπφιρος	ὁ	τρίτος	χαλκηδών	ὁ	τέταρτος
δεύτερος	**σάπφιρος,**	**ὁ**	**τρίτος**	**χαλκηδών,**	**ὁ**	**τέταρτος**
APONMS	NNFS	DNMS	APONMS	NNMS	DNMS	APONMS
둘째는	청보석이며	그	셋째가	옥수이고	그	넷째는

4665
σμάραγδος
σμάραγδος,
NNMS
녹 보석이며

그 성의 성벽의 기초석들은 모든 보석으로 단장이 되어 있고 기초석은 첫째가 벽옥이고 둘째는 청보석이며 셋째가 옥수이고 넷째는 녹 보석이며

21:20

3588	3991	4557	3588	1623	4555	3588	1442
ὁ	πέμπτος	σαρδόνυξ	ὁ	ἕκτος	σάρδινος	ὁ	ἕβδομος
ὁ	**πέμπτος**	**σαρδόνυξ,**	**ὁ**	**ἕκτος**	**σάρδιον,**	**ὁ**	**ἕβδομος**
DNMS	APONMS	NNMS	DNMS	APONMS	NNNS	DNMS	APONMS
그	다섯째가	홍마노이고	그	여섯째는	홍보석이며	그	일곱째가

5555	3588	3590	969	3588	1766	5116	3588
χρυσόλιθος	ὁ	ὄγδοος	βήρυλλος	ὁ	ἔννατος	τοπάζιον	ὁ
χρυσόλιθος,	**ὁ**	**ὄγδοος**	**βήρυλλος,**	**ὁ**	**ἔνατος**	**τοπάζιον,**	**ὁ**
NNMS	DNMS	APONMS	NNMS	DNMS	APONMS	NNNS	DNMS
황옥이고	그	여덟 번째는	녹옥이며	그	아홉째가	담황옥이고	그

1182	5556	3588	1734	5192	3588
δέκατος	χρυσόπρασος	ὁ	ἑνδέκατος	ὑάκινθος	ὁ
δέκατος	**χρυσόπρασος,**	**ὁ**	**ἑνδέκατος**	**ὑάκινθος,**	**ὁ**
APONMS	NNMS	DNMS	APONMS	NNMS	DNMS
열 번째는	비취옥이며	그	열한 번째는	청옥이고	그

1428	271
δωδέκατος	ἀμέθυστος
δωδέκατος	**ἀμέθυστος,**
APONMS	NNFS
열두 번째가	자수정 입니다

다섯째가 홍마노이고 여섯째는 홍보석이며 일곱째가 황옥이고 여덟 번째는 녹옥이며 아홉째가 담황옥이고 열 번째는 비취옥이며 열한 번째가 청옥이고 열두 번째는 자수정입니다

21:21

2532	3588	1427	4440	1427	3135	303	1520
καί	ὁ	δώδεκα	πυλών	δώδεκα	μαργαρίτης	ἀνά	εἷς
καὶ	**οἱ**	**δώδεκα**	**πυλῶνες**	**δώδεκα**	**μαργαρῖται,**	**ἀνὰ**	**εἷς**
CC	DNMP	ACNMP	NNMP	ACNMP	NNMP	AB	APCNMS
그리고	그	열두	문들은	열두	진주들이며	따로	하나씩의

1538	3588	4440	1510	1537	1520	3135	2532	3588
ἕκαστος	ὁ	πυλών	εἰμί	ἐκ	εἷς	μαργαρίτης	καί	ὁ
ἕκαστος	**τῶν**	**πυλώνων**	**ἦν**	**ἐξ**	**ἑνὸς**	**μαργαρίτου.**	**καὶ**	**ἡ**
ANMS	DGMP	NGMP	VIIA3S	PG	ACGMS	NGMS	CC	DNFS
각각	그	문들마다	있으며	로	하나의	진주로 되어	그리고	그

4116	3588	4172	5553	2513	5613	5194	1307
πλατύς	ὁ	πόλις	χρυσίον	καθαρός	ὡς	ὕαλος	διαφανής
πλατεῖα	**τῆς**	**πόλεως**	**χρυσίον**	**καθαρὸν**	**ὡς**	**ὕαλος**	**διαυγής.**
APNFS	DGFS	NGFS	NNNS	ANNS	CS	NNFS	ANMS
거리의 길은	그	성의	정금입니다	깨끗한	같은	유리	맑은

열두 문은 열두 진주이며 각각 하나의 문들마다 따로 하나의 진주로 되어있으면 성의 거리의 길은 맑은 유리 같은 깨끗한 정금입니다

21:22

2532	3485	3756	1492	1722	846	3588	1063	2962	3588	2316	3588
καί	ναός	οὐ	εἴδω	ἐν	αὐτός	ὁ	γάρ	κύριος	ὁ	θεός	ὁ
Καὶ	**ναὸν**	**οὐκ**	**εἶδον**	**ἐν**	**αὐτῇ,**	**ὁ**	**γὰρ**	**κύριος**	**ὁ**	**θεὸς**	**ὁ**
CC	NAMS	QN	VIAA1S	PD	NPDF3S	DNMS	CS	NNMS	DNMS	NNMS	DNMS
그리고	성전을	못	내가보지했는데	있는	성안에	그	왜냐하면	주	그	하나님과	그

3841	3485	846	1510	2532	3588	721
παντοκράτωρ	ναός	αὐτός	εἰμί	καί	ὁ	ἀρνίον
παντοκράτωρ	**ναὸς**	**αὐτῆς**	**ἐστιν**	**καὶ**	**τὸ**	**ἀρνίον.**
NNMS	NNMS	NPGF3S	VIPA3S	CC	DNNS	NNNS
전능하신	성전이기	그 성의	때문입니다	또	그	어린양이

내가 성안에 있는 성전을 보지 못 했는데 왜냐하면 전능하신 주 하나님과 어린 양이 그 성의 성전이기 때문입니다

21:23

2532	3588	4172	3756	5532	2192	3588	2246	3761	3588
καί	ὁ	πόλις	οὐ	χρεία	ἔχω	ὁ	ἥλιος	οὐδέ	ὁ
καὶ	**ἡ**	**πόλις**	**οὐ**	**χρείαν**	**ἔχει**	**τοῦ**	**ἡλίου**	**οὐδὲ**	**τῆς**
CC	DNFS	NNFS	QN	NAFS	VIPA3S	DGMS	NGMS	CC	DGFS
그리고	그	성은	없습니다	필요가	가지고있을	그	해와	또	그

4582	2443	5316	846	3588	1063	1391	3588	2316
σελήνη	ἵνα	φαίνω	αὐτός	ὁ	γάρ	δόξα	ὁ	θεός
σελήνης	**ἵνα**	**φαίνωσιν**	**αὐτῇ,**	**ἡ**	**γὰρ**	**δόξα**	**τοῦ**	**θεοῦ**
NGFS	CS	VSPA3P	NPDF3S	DNFS	CS	NNFS	DGMS	NGMS
달을	위하여	빛을 비취기	그 성에	그	왜냐하면	영광이	그	하나님의

5461	846	2532	3588	3088	846	3588	721
φωτίζω	αὐτός	καί	ὁ	λύχνος	αὐτός	ὁ	ἀρνίον
ἐφώτισεν	**αὐτήν,**	**καὶ**	**ὁ**	**λύχνος**	**αὐτῆς**	**τὸ**	**ἀρνίον.**
VIAA3S	NPAF3S	CC	DNMS	NNMS	NPGF3S	DNNS	NNNS
비치고	성을	그리고	그	등불이기때문이다	그 성의	그	어린양이

성에 빛을 비취기 위하여 그 성은 해와 달을 가지고 있을 필요가 없습니다 왜냐하면 하나님의 영광이 성을 비치고 또 어린 양이 그 성의 등불이기 때문입니다

	2532	4043	3588	1484	1223	3588	5457	846	2532
	καί	περιπατέω	ὁ	ἔθνος	διά	ὁ	φῶς	αὐτός	καί
21:24	καὶ	περιπατήσουσιν	τὰ	ἔθνη	διὰ	τοῦ	φωτὸς	αὐτῆς,	καὶ
	CC	VIFA3P	DNNP	NNNP	PG	DGNS	NGNS	NPGF3S	CC
	그리고	걸어 다니게 될 것이며	그	백성들이	안에서	그	빛	성의	그리고

3588	935	3588	1093	5342	3588	1391	846	1519	846
ὁ	βασιλεύς	ὁ	γῆ	φέρω	ὁ	δόξα	αὐτός	εἰς	αὐτός
οἱ	βασιλεῖς	τῆς	γῆς	φέρουσιν	τὴν	δόξαν	αὐτῶν	εἰς	αὐτήν,
DNMP	NNMP	DGFS	NGFS	VIPA3P	DAFS	NAFS	NPGM3P	PA	NPAF3S
그	왕들이	그	땅의	들어가고 있으며	그	영광을 가지고	자신들의	으로	성

하나님의 백성들이 그 성의 빛 안에서 걸어 다니게 될 것이며 땅의 왕들이 자신들의 영광을 가지고 성으로 들어가고 있습니다

	2532	3588	4440	846	3756	3361	2808	2250	3571
	καί	ὁ	πυλών	αὐτός	οὐ	μή	κλείω	ἡμέρα	νύξ
21:25	καὶ	οἱ	πυλῶνες	αὐτῆς	οὐ	μὴ	κλεισθῶσιν	ἡμέρας,	νὺξ
	CC	DNMP	NNMP	NPGF3S	QN	QN	VSAP3P	NGFS	NNFS
	그리고	그	문들은	성의	결코	않	닫아지지 습니다	낮에도	밤이

1063	3756	1510	1563
γάρ	οὐ	εἰμί	ἐκεῖ
γὰρ	οὐκ	ἔσται	ἐκεῖ,
CS	QN	VIFD3S	AB
왜냐하면	없기	때문입니다	거기는

성의 문들은 낮에도 결코 닫아 지지 않습니다 왜냐하면 거기는 밤이 없기 때문입니다

	2532	5342	3588	1391	2532	3588	5092	3588	1484	1519
	καί	φέρω	ὁ	δόξα	καί	ὁ	τιμή	ὁ	ἔθνος	εἰς
21:26	καὶ	οἴσουσιν	τὴν	δόξαν	καὶ	τὴν	τιμὴν	τῶν	ἐθνῶν	εἰς
	CC	VIFA3P	DAFS	NAFS	CC	DAFS	NAFS	DGNP	NGNP	PA
	그리고	가지고 들어갈 것이며	그	영광과	그리고	그	존귀를	그	백성들이	으로

846
αὐτός
αὐτήν.
NPAF3S
성으로

하나님의 백성들이 영광과 존귀를 가지고 성으로 들어갈 것이며

	2532	3756	3361	1525	1519	846	3956	2839	2532	3588	4160
	καί	οὐ	μή	εἰσέρχομαι	εἰς	αὐτός	πᾶς	κοινός	καί	ὁ	ποιέω
21:27	καὶ	οὐ	μὴ	εἰσέλθῃ	εἰς	αὐτὴν	πᾶν	κοινὸν	καὶ	ὁ	ποιῶν
	CC	QN	QN	VSAA3S	PA	NPAF3S	ANNS	APNNS	CC	DNMS	VPPANMS
	그러나	결코	못	들어가지 합니다	으로	그 성으로	모든	부정한 자와	그리고	자와	하고 있는

946	2532	5579	1488	3361	3588	1125	1722	3588	975
βδέλυγμα	καί	ψεῦδος	εἰ	μή	ὁ	γράφω	ἐν	ὁ	βιβλίον
βδέλυγμα	**καὶ**	**ψεῦδος**	**εἰ**	**μὴ**	**οἱ**	**γεγραμμένοι**	**ἐν**	**τῷ**	**βιβλίῳ**
NANS	CC	NANS	CS	QN	DNMP	VPRPNMP	PD	DDNS	NDNS
가증한 일을	또	거짓말하는자와	하면	않는	그	이름이 기록되어 있지 자들은	안에	그	책

3588	2222	3588	721
ὁ	ζωή	ὁ	ἀρνίον
τῆς	**ζωῆς**	**τοῦ**	**ἀρνίου.**
DGFS	NGFS	DGNS	NGNS
그	생명의	그	어린양

그러나 모든 부정한 자와 가증한 일을 하고 있는 자와 거짓말 하는 자와 어린양의 생명책 안에 자신의 이름이 기록이 되어 있지 않는 자들은 결코 그 성으로 들어가지 못합니다.

22:1

2532	1166	1473	4215	5204	2222	2986	5613
καί	δείκνυω	ἐγώ	ποταμός	ὕδωρ	ζωή	λαμπρός	ὡς
Καὶ	**ἔδειξέν**	**μοι**	**ποταμὸν**	**ὕδατος**	**ζωῆς**	**λαμπρὸν**	**ὡς**
CC	VIAA3S	NPD1S	NAMS	NGNS	NGFS	AAMS	CS
그리고	그가 보여주었는데	나에게	강을	물의	생명의	맑은	같은

2930	1607	1537	3588	2362	3588	2316	2532	3588
κρύσταλλος	ἐκπορεύομαι	ἐκ	ὁ	θρόνος	ὁ	θεός	καί	ὁ
κρύσταλλον,	**ἐκπορευόμενον**	**ἐκ**	**τοῦ**	**θρόνου**	**τοῦ**	**θεοῦ**	**καὶ**	**τοῦ**
NAMS	VPPNAMS	PG	DGMS	NGMS	DGMS	NGMS	CC	DGNS
수정	흐르고 있는	부터	그	보좌로	그	하나님과	그리고	그

721	1722	3319	3588	4113	846
ἀρνίον	ἐν	μέσος	ὁ	πλατεῖα	αὐτός
ἀρνίου.	**ἐν**	**μέσῳ**	**τῆς**	**πλατείας**	**αὐτῆς**
NGNS	PD	APDNS	DGFS	APGFS	NPGF3S
어린양의	으로	가운데로	그	길의	성의

하나님과 어린 양의 보좌로부터 성의 길 가운데로 흐르고 있는 수정과 같은 맑은 생명수의 강을 나에게 보여 주었는데

22:2

2532	3588	4215	1782	2532	1564	3586	2222	4160
καί	ὁ	ποταμός	ἐντεῦθεν	καί	ἐκεῖθεν	ξύλον	ζωή	ποιέω
καὶ	**τοῦ**	**ποταμοῦ**	**ἐντεῦθεν**	**καὶ**	**ἐκεῖθεν**	**ξύλον**	**ζωῆς**	**ποιοῦν**
CC	DGMS	NGMS	AB	CC	AB	NNNS	NGFS	VPPANNS
그리고	그	강가의	좌우 양편	그리고	거기에서	나무가	생명	맺고 있는

2590	1427	2596	3376	1538	591	3588
καρπός	δώδεκα	κατά	μήν	ἕκαστος	ἀποδίδωμι	ὁ
καρποὺς	**δώδεκα,**	**κατὰ**	**μῆνα**	**ἕκαστον**	**ἀποδιδοῦν**	**τὸν**
NAMP	ACAMP	PA	NAMS	AAMS	VPPANNS	DAMS
열매들을	열두	마다	달	각자가	내고 있습니다	그

2590	846	2532	3588	5444	3588	3586	1519	2322
καρπός	αὐτός	καί	ὁ	φύλλον	ὁ	ξύλον	εἰς	θεραπεία
καρπὸν	αὐτοῦ,	καὶ	τὰ	φύλλα	τοῦ	ξύλου	εἰς	θεραπείαν
NAMS	NPGN3S	CC	DNNP	NNNP	DGNS	NGNS	PA	NAFS
열매를	자신의	그리고	그	잎사귀들이	그	나무의	위하여	열매를 맺는 것을

3588	1484
ὁ	ἔθνος
τῶν	ἐθνῶν.
DGNP	NGNP
그	백성들이

열두 열매들을 맺고 있는 생명나무가 강가의 좌우 양편 거기에서 나무의 잎사귀들이 백성들의 열매를 맺는 것을 위하여 각자가 달마다 자신의 열매를 내고 있습니다

22:3

2532	3956	2652	3756	1510	2089	2532	3588	2362	3588	2316
καί	πᾶς	κατανάθεμα	οὐ	εἰμί	ἔτι	καί	ὁ	θρόνος	ὁ	θεός
καὶ	πᾶν	κατάθεμα	οὐκ	ἔσται	ἔτι.	καὶ	ὁ	θρόνος	τοῦ	θεοῦ
CC	ANNS	NNNS	QN	VIFD3S	AB	CC	DNMS	NNMS	DGMS	NGMS
그리고	모든	저주가	없을	것이며	다시는	그리고	그	보좌가	그	하나님과

2532	3588	721	1722	846	1510	2532	3588	1401	846
καί	ὁ	ἀρνίον	ἐν	αὐτός	εἰμί	καί	ὁ	δοῦλος	αὐτός
καὶ	τοῦ	ἀρνίου	ἐν	αὐτῇ	ἔσται,	καὶ	οἱ	δοῦλοι	αὐτοῦ
CC	DGNS	NGNS	PD	NPDF3S	VIFD3S	CC	DNMP	NNMP	NPGM3S
그리고	그	어린양의	안에	그 성	있을 것이며	그리고	그	종들이	하나님의

3000	846
λατρεύω	αὐτός
λατρεύσουσιν	αὐτῷ
VIFA3P	NPDM3S
섬기게 될 것입니다	하나님을

모든 저주가 다시는 없을 것이며 하나님과 어린 양의 보좌가 성안에 있을 것이며 하나님의 종들이 하나님을 섬기게 될 것입니다

22:4

2532	3708	3588	4383	846	2532	3588	3686	846
καί	ὁράω	ὁ	πρόσωπον	αὐτός	καί	ὁ	ὄνομα	αὐτός
καὶ	ὄψονται	τὸ	πρόσωπον	αὐτοῦ,	καὶ	τὸ	ὄνομα	αὐτοῦ
CC	VIFD3P	DANS	NANS	NPGM3S	CC	DNNS	NNNS	NPGM3S
그리고	그들이보게될것이며	그	얼굴을	자신의	그리고	그	이름이	자신의

1909	3588	3359	846
ἐπί	ὁ	μέτωπον	αὐτός
ἐπὶ	τῶν	μετώπων	αὐτῶν.
PG	DGNP	NGNP	NPGM3P
위에	그	이마 있는	그 자신들의

자신의 이름이 자신들의 이마위에 있는 자신의 얼굴을 그들이 보게 될 것이며

22:5

2532	3571	3756	1510	2089	2532	3756	2192	5532	5457
καί	νύξ	οὐ	εἰμί	ἔτι	καί	οὐ	ἔχω	χρεία	φῶς
καὶ	**νὺξ**	**οὐκ**	**ἔσται**	**ἔτι**	**καὶ**	**οὐκ**	**ἔχουσιν**	**χρείαν**	**φωτὸς**
CC	NNFS	QN	VIFD3S	AB	CC	QN	VIPA3P	NAFS	NGNS
그리고	밤이	없을	것이며	다시는	그리고	없으며	가지고 있을	필요가	빛과

3088	2532	5457	2246	3754	2962	3588	2316	5461	1909
λύχνος	καί	φῶς	ἥλιος	ὅτι	κύριος	ὁ	θεός	φωτίζω	ἐπί
λύχνου	**καὶ**	**φωτὸς**	**ἡλίου,**	**ὅτι**	**κύριος**	**ὁ**	**θεὸς**	**φωτίσει**	**ἐπ’**
NGMS	CC	NGNS	NGMS	CS	NNMS	DNMS	NNMS	VIFA3S	PA
등불의	그리고	빛을	해의	때문에	주	그	하나님이	빛을 비칠 것이니	위에

846	2532	936	1519	3588	165	3588	165
αὐτός	καί	βασιλεύω	εἰς	ὁ	αἰών	ὁ	αἰών
αὐτούς,	**καὶ**	**βασιλεύσουσιν**	**εἰς**	**τοὺς**	**αἰῶνας**	**τῶν**	**αἰώνων.**
NPAM3P	CC	VIFA3P	PA	DAMP	NAMP	DGMP	NGMP
그들	그리고	그들이 통치하고 다스릴 것이다	히	그	영원히	히	세세토록

다시는 밤이 없을 것이며 주 하나님이 그들 위에 빛을 비칠 것이니 등불의 빛과 해의 빛을 가지고 있을 필요가 없으며 그들이 영원히 세세토록 백성을 통치하고 다스릴 것입니다

22:6

2532	4483	1473	3778	3588	3056	4103	2532	228	2532
καί	ῥέω	ἐγώ	οὗτος	ὁ	λόγος	πιστός	καί	ἀληθινός	καί
Καὶ	**εἶπέν**	**μοι,**	**Οὗτοι**	**οἱ**	**λόγοι**	**πιστοὶ**	**καὶ**	**ἀληθινοί,**	**καὶ**
CC	VIAA3S	NPD1S	ADNMP	DNMP	NNMP	ANMP	CC	ANMP	CC
그 사자가	말씀했습니다	나에게	그 자신들이	자들이니	말씀들이 된	믿음을가지고있는	그리고	하나님을 알고 있는	그래서

3588	2962	3588	2316	3588	4151	3588	4396
ὁ	κύριος	ὁ	θεός	ὁ	πνεῦμα	ὁ	προφήτης
ὁ	**κύριος**	**ὁ**	**θεὸς**	**τῶν**	**πνευμάτων**	**τῶν**	**προφητῶν**
DNMS	NNMS	DNMS	NNMS	DGNP	NGNP	DGMP	NGMP
그	주	그	하나님이	그	영들과	그	선지자들의

649	3588	32	846	1166	3588	1401
ἀποστέλλω	ὁ	ἄγγελος	αὐτός	δείκνυω	ὁ	δοῦλος
ἀπέστειλεν	**τὸν**	**ἄγγελον**	**αὐτοῦ**	**δεῖξαι**	**τοῖς**	**δούλοις**
VIAA3S	DAMS	NAMS	NPGM3S	VNAA	DDMP	NDMP
보냈다	그	사자를	자신의	보여주기 위하여	그	종들에게

846	3739	1163	1096	1722	5034
αὐτός	ὅς	δεῖ	γίνομαι	ἐν	τάχος
αὐτοῦ	**ἅ**	**δεῖ**	**γενέσθαι**	**ἐν**	**τάχει.**
NPGM3S	APRANP	VIPA3S	VNAD	PD	NDNS
자신의	일들을	있어야 할	되어 지고	안에	반드시

그 사자가 나에게 그 자신들이 하나님을 알고 있는 믿음을 가지고 있는 하나님의 말씀들이 된 자들이니 영들과 선지자들의 주 하나님이 반드시 되어 지고 있어야 할 일들을 자신의 종들에게 보여 주기 위하여 자신의 사자를 보냈다 하고 말씀했습니다

22:7

2532	2400	2064	5036	3107	3588	5083	3588	3056
καί	ἰδού	ἔρχομαι	ταχύς	μακάριος	ὁ	τηρέω	ὁ	λόγος
καὶ	**ἰδοὺ**	**ἔρχομαι**	**ταχύ.**	**μακάριος**	**ὁ**	**τηρῶν**	**τοὺς**	**λόγους**
CC	QS	VIPN1S	AB	ANMS	DNMS	VPPANMS	DAMP	NAMP
그리고	보라	내가 가고 있다	반드시	생명을가지고있는자다	그	지키고있는자는	그	말씀들을

3588 4394 3588 975 3778
ὁ προφητεία ὁ βιβλίον οὗτος
τῆς προφητείας τοῦ βιβλίου τούτου.
DGFS NGFS DGNS NGNS ADGNS
그 예언의 그 책의 이

보라 내가 반드시 너희에게 가고 있다 이 책의 예언의 말씀들을 지키고 있는 자는 그리스도의 생명을 가지고 있는 자이다

2504 2491 3588 191 2532 991 3778 2532 \3753
κἀγώ ’Ιωάννης ὁ ἀκούω καί βλέπω οὗτος καί ὅτε
22:8 Κἀγὼ ’Ιωάννης ὁ ἀκούων καὶ βλέπων ταῦτα. καὶ ὅτε
CC NNMS DNMS VPPANM1S CC VPPANM1S APDANP CC CS
나 요한은 그 내가 듣고 있고 그리고 내가 보고 있으니 이 말씀을 그래서 때문에

191 2532 991 4098 4352 1715 3588
ἀκούω καί βλέπω πίπτω προσκυνέω ἔμπροσθεν ὁ
ἤκουσα καὶ ἔβλεψα, ἔπεσα προσκυνῆσαι ἔμπροσθεν τῶν
VIAA1S CC VIAA1S VIAA1S VNAA PG DGMP
내가 들었고 그리고 내가 보았기 내가엎드렸더니 예배를 하기 위하여 앞에 그

4228 3588 32 3588 1166 1473 3778
πούς ὁ ἄγγελος ὁ δείκνυω ἐγώ οὗτος
ποδῶν τοῦ ἀγγέλου τοῦ δεικνύοντός μοι ταῦτα.
NGMP DGMS NGMS DGMS VPPAGMS NPD1S APDANP
발 그 사자의 그 보여주고 있는 나에게 이일들을

나 요한은 이 말씀을 내가 듣고 있고 또 내가 보고 있으니 내가 들었고 또 내가 보았기 때문에 이 일들을 나에게 보여주고 있는 그 사자의 발 앞에 내가 예배를 하기 위하여 엎드렸더니

2532 3004 1473 3708 3361 4889 4771 1510 2532 3588
καί λέγω ἐγώ ὁράω μή σύνδουλος σύ εἰμί καί ὁ
22:9 καὶ λέγει μοι, Ὅρα μή· σύνδουλός σού εἰμι καὶ τῶν
CH VIPA3S NPD1S VMPA2S QN NNMS NPG2S VIPA1S CC DGMP
그러자 그가말씀합니다 나에게 너는 하지 말라 같은 종 너와 나도이다 그리고 그

80 4771 3588 4396 2532 3588 5083 3588
ἀδελφός σύ ὁ προφήτης καί ὁ τηρέω ὁ
ἀδελφῶν σου τῶν προφητῶν καὶ τῶν τηρούντων τοὺς
NGMP NPG2S DGMP NGMP CC DGMP VPPAGMP DAMP
형제들과 너의 그 선지자들과 그리고 그 증거하여 지키고 있는 그

3056 3588 975 3778 3588 2316 4352
λόγος ὁ βιβλίον οὗτος ὁ θεός προσκυνέω
λόγους τοῦ βιβλίου τούτου· τῷ θεῷ προσκύνησον.
NAMP DGNS NGNS ADGNS DDMS NDMS VMAA2S
말씀들을 그 책의 이 에게만 하나님 너는 예배를 하라

그 사자가 너는 나에게 하지 말라 나도 이 책의 말씀들을 증거 하여 지키고 있는 너의 형제들과 선지자들과 너와 같은 종이다 너는 하나님에게만 예배하라 하고 말씀합니다

	2532	3004	1473	3361	4972	3588	3056	3588
	καί	λέγω	ἐγώ	μή	σφραγίζω	ὁ	λόγος	ὁ
22:10	καὶ	λέγει	μοι,	Μὴ	σφραγίσῃς	τοὺς	λόγους	τῆς
	CC	VIPA3S	NPD1S	QN	VSAA2S	DAMP	NAMP	DGFS
	또	말씀합니다	나에게	말라	너는 인봉하지	그	말씀들을	그

4394	3588	975	3778	3588	2540	1063	1451	1510
προφητεία	ὁ	βιβλίον	οὗτος	ὁ	καιρός	γάρ	ἐγγύς	εἰμί
προφητείας	τοῦ	βιβλίου	τούτου,	ὁ	καιρὸς	γὰρ	ἐγγύς	ἐστιν.
NGFS	DGNS	NGNS	ADGNS	DNMS	NNMS	CS	AB	VIPA3S
예언의	그	책의	이	그	주께서	왜냐하면	가까이	계시기때문이다

또 나에게 이 책의 예언의 말씀들을 너는 인봉하지 말라 왜냐하면 주께서 가까이 있기 때문이다 하고 말씀합니다.

	3588	91	91	2089	2532	3588	4508	4510	2089
	ὁ	ἀδικέω	ἀδικέω	ἔτι	καί	ὁ	ῥυπαρός	ῥυπόω	ἔτι
22:11	ὁ	ἀδικῶν	ἀδικησάτω	ἔτι	καὶ	ὁ	ῥυπαρὸς	ῥυπανθήτω	ἔτι,
	DNMS	VPPANMS	VMAA3S	AB	CC	DNMS	APNMS	VMAP3S	AB
	자는	불의한일하고있는	불의한일을하도록하게하라	그대로	그리고	그	더러운 자는	더러운자가되도록하게하라	그대로

2532	3588	1342	1343	4160	2089	2532	3588	40
καί	ὁ	δίκαιος	δικαιοσύνη	ποιέω	ἔτι	καί	ὁ	ἅγιος
καὶ	ὁ	δίκαιος	δικαιοσύνην	ποιησάτω	ἔτι	καὶ	ὁ	ἅγιος
CC	DNMS	APNMS	NAFS	VMAA3S	AB	CC	DNMS	APNMS
그러나	그	의로운 자는	의를	행도록 하게하라	그대로	또한	그	거룩한 자는

37	2089
ἁγιάζω	ἔτι
ἁγιασθήτω	ἔτι.
VMAP3S	AB
거룩한자가되도록하게하라	그대로

불의한 일을 하고 있는 자는 그대로 불의한 일을 하도록 하게하라 그리고 더러운 자는 그대로 더러운 자가 되도록 하게하라 그러나 의로운 자는 그대로 의를 행하도록 하게하라 또한 거룩한 자는 그대로 거룩한 자가 되도록 하게하라

	2400	2064	5036	2532	3588	3408	1473	3326	1473
	ἰδού	ἔρχομαι	ταχύς	καί	ὁ	μισθός	ἐγώ	μετά	ἐγώ
22:12	’Ιδοὺ	ἔρχομαι	ταχύ,	καὶ	ὁ	μισθός	μου	μετ’	ἐμοῦ
	QS	VIPN1S	AB	CC	DNMS	NNMS	NPG1S	PG	NPG1S
	보라	내가 가고 있다	반드시	그리고	그	상을	나의	함께	나와

591	1538	5613	3588	2041	1510	846
ἀποδίδωμι	ἕκαστος	ὡς	ὁ	ἔργον	εἰμί	αὐτός
ἀποδοῦναι	ἑκάστῳ	ὡς	τὸ	ἔργον	ἐστὶν	αὐτοῦ.
VNAA	APDMS	CS	DNNS	NNNS	VIPA3S	NPGM3S
주기 위하여	각자에게	같이	그	일이	있는 것과	자신의

보라 자신의 하나님의 말씀을 증거한 그 일이 있는 것과 같이 나의 상이 나와 함께 각자에게 주기 위하여 내가 반드시 가고 있다

	1473	3588	1	2532	3588	5598	3588	4413	2532	3588	2078
	ἐγώ	ὁ	α	καί	ὁ	ω	ὁ	πρῶτος	καί	ὁ	ἔσχατος
22:13	ἐγὼ	τὸ	῎Αλφα	καὶ	τὸ	῏Ω,	ὁ	πρῶτος	καὶ	ὁ	ἔσχατος,
	NPN1S	DNNS	NNNS	CC	DNNS	NNNS	DNMS	APONMS	CC	DNMS	APNMS
	내가	그	알파요	그리고	그	오메가다	그	처음이 되는 이고	그리고	그	마지막이 되는 이다

3588	\746	2532	3588	5056
ὁ	ἀρχή	καί	ὁ	τέλος
ἡ	ἀρχὴ	καὶ	τὸ	τέλος.
DNFS	NNFS	CC	DNNS	NNNS
이고	시작이 되는	그리고	그	끝이되는이다

내가 알파요 오메가이다 그리고 처음이 되는 이고 또 마지막이 되는 이다 그리고 시작이 되는 이고 또 끝이 되는 이다

	3107	3588	4150	3588	4749	846	2443	1510
	μακάριος	ὁ	πλύνω	ὁ	στολή	αὐτός	ἵνα	εἰμί
22:14	Μακάριοι	οἱ	πλύνοντες	τὰς	στολὰς	αὐτῶν,	ἵνα	ἔσται
	ANMP	DNMP	VPPANMP	DAFP	NAFP	NPGM3P	CS	VIFD3S
	말씀을 가지고 있는	자들이다	씻고 있는 자들은	그	옷을	자신들의	위하여	있게 하기

3588	1849	846	1909	3588	3586	3588	2222	2532	3588
ὁ	ἐξουσία	αὐτός	ἐπί	ὁ	ξύλον	ὁ	ζωή	καί	ὁ
ἡ	ἐξουσία	αὐτῶν	ἐπὶ	τὸ	ξύλον	τῆς	ζωῆς	καὶ	τοῖς
DNFS	NNFS	NPGM3P	PA	DANS	NANS	DGFS	NGFS	CC	DDMP
그	권세를	자신들의	에	그	나무	그	생명의	그리고	그

4440	1525	1519	3588	4172
πυλών	εἰσέρχομαι	εἰς	ὁ	πόλις
πυλῶσιν	εἰσέλθωσιν	εἰς	τὴν	πόλιν.
NDMP	VSAA3P	PA	DAFS	NAFS
문들을 통하여	들어가기	향하여	그	성으로

생명의 나무위에 자신들의 권세가 있게 하기 위하여 문들을 통하여 성으로 들어가기 위하여 자신들의 옷을 씻고 있는 자들은 생명의 말씀을 가지고 있는 자들이다

	1854	3588	2965	2532	3588	5333	2532	3588	4205	2532	3588
	ἔξω	ὁ	κύων	καί	ὁ	φάρμακος	καί	ὁ	πόρνος	καί	ὁ
22:15	ἔξω	οἱ	κύνες	καὶ	οἱ	φάρμακοι	καὶ	οἱ	πόρνοι	καὶ	οἱ
	AB	DNMP	NNMP	CC	DNMP	NNMP	CC	DNMP	NNMP	CC	DNMP
	밖에있다	그	개들과	또	그	속이는 자들과	또	그	간음하는자들과	또	그

5406	2532	3588	1496	2532	3956	5368	2532	4160
φονεύς	καί	ὁ	εἰδωλολάτρης	καί	πᾶς	φιλέω	καί	ποιέω
φονεῖς	καὶ	οἱ	εἰδωλολάτραι	καὶ	πᾶς	φιλῶν	καὶ	ποιῶν
NNMP	CC	DNMP	NNMP	CC	APNMS	VPPANMS	CC	VPPANMS
살인하는 자들과	또	그	우상 숭배하는 자들과	또	모든자는	좋아하여	또	만들고 있는

5579
ψεῦδος
ψεῦδος.
NANS
거짓말을

개들과 또 속이는 자들과 간음하는 자들과 살인하는 자들과 또 우상 숭배하는 자들과 거짓말을 좋아하여 만들고 있는 모든 자는 성 밖에 있다

	1473	2424	3992	3588	32	1473	3140	4771
	ἐγώ	Ἰησοῦς	πέμπω	ὁ	ἄγγελος	ἐγώ	μαρτυρέω	σύ
22:16	Ἐγὼ	Ἰησοῦς	ἔπεμψα	τὸν	ἄγγελόν	μου	μαρτυρῆσαι	ὑμῖν
	NPN1S	NNMS	VIAA1S	DAMS	NAMS	NPG1S	VNAA	NPD2P
	나	예수는	내가 보냈으며	그	사자를	나의	증거하기 위하여	너희에게

3778	1909	3588	1577	1473	1510	3588	4491	2532	3588
οὗτος	ἐπί	ὁ	ἐκκλησία	ἐγώ	εἰμί	ὁ	ῥίζα	καί	ὁ
ταῦτα	ἐπὶ	ταῖς	ἐκκλησίαις.	ἐγώ	εἰμι	ἡ	ῥίζα	καὶ	τὸ
APDANP	PD	DDFP	NDFP	NPN1S	VIPA1S	DNFS	NNFS	CC	DNNS
이 말씀들을	있는	그	교회들에	내가	이며	그	뿌리가되는	또	이며

1085	1138	3588	792	3588	2986	3588	4407
γένος	Δαβίδ	ὁ	ἀστήρ	ὁ	λαμπρός	ὁ	πρωϊνός
γένος	Δαυίδ,	ὁ	ἀστὴρ	ὁ	λαμπρὸς	ὁ	πρωϊνός.
NNNS	NGMS	DNMS	NNMS	DNMS	ANMS	DNMS	ANMS
태워나게한	다윗의	그	별이다	그	광명한	그	새벽 이다

나 예수는 교회들에 있는 너희에게 이 말씀들을 증거 하기 위하여 나의 사자를 내가 보냈으며 내가 다윗의 뿌리가 되는 이며 또 다윗을 태워나게 한 이며 광명한 새벽 별이다

	2532	3588	4151	2532	3588	3565	3004	2064	2532	3588
	καί	ὁ	πνεῦμα	καί	ὁ	νύμφη	λέγω	ἔρχομαι	καί	ὁ
22:17	Καὶ	τὸ	πνεῦμα	καὶ	ἡ	νύμφη	λέγουσιν,	Ἔρχου.	καὶ	ὁ
	CC	DNNS	NNNS	CC	DNFS	NNFS	VIPA3P	VMPN2S	CC	DNMS
	그리고	그	성령과	그리고	그	신부가	말씀하신다	너도오라고하여	그리고	그

191	4483	2064	2532	3588	1372	2064	3588	2309
ἀκούω	ῥέω	ἔρχομαι	καί	ὁ	διψάω	ἔρχομαι	ὁ	θέλω
ἀκούων	εἰπάτω,	Ἔρχου.	καὶ	ὁ	διψῶν	ἐρχέσθω,	ὁ	θέλων
VPPANMS	VMAA3S	VMPN2S	CC	DNMS	VPPANMS	VMPN3S	DNMS	VPPANMS
듣고 있는 자는	말을 하여	너도오라고하라	그리고	그	목이 마른 자도	오도록하라	자도	원하고 있는

2983	5204	2222	1432
λαμβάνω	ὕδωρ	ζωή	δωρεάν
λαβέτω	ὕδωρ	ζωῆς	δωρεάν.
VMAA3S	NANS	NGFS	AB
받도록 하게하라	물을	생명의	값없이

성령과 신부가 성령의 음성을 듣고 있는 자는 너도 오라고 하여 말하게 하라 목이 마른 자도 너도 오라고 하여 오도록 하라 생명의 물을 값없이 원하는 자는 마시도록 하라 하고 말씀하신다.

22:18

3140	1473	3956	3588	191	3588	3056	3588
μαρτυρέω	ἐγώ	πᾶς	ὁ	ἀκούω	ὁ	λόγος	ὁ
Μαρτυρῶ	ἐγὼ	παντὶ	τῷ	ἀκούοντι	τοὺς	λόγους	τῆς
VIPA1S	NPN1S	ADMS	DDMS	VPPADMS	DAMP	NAMP	DGFS
내가 증거한다	내가	모든 사람에게	그	듣고 있는	그	말씀들을	그

4394	3588	975	3778	1437	5100	2007	1909
προφητεία	ὁ	βιβλίον	οὗτος	ἐάν	τὶς	ἐπιτίθημι	ἐπί
προφητείας	τοῦ	βιβλίου	τούτου·	ἐάν	τις	ἐπιθῇ	ἐπ’
NGFS	DGNS	NGNS	ADGNS	CS	APINMS	VSAA3S	PA
예언의	그	책에	이	만일	자는	더하는	위에

846	2007	3588	2316	1909	846	3588	4127	3588
αὐτός	ἐπιτίθημι	ὁ	θεός	ἐπί	αὐτός	ὁ	πληγή	ὁ
αὐτά,	ἐπιθήσει	ὁ	θεὸς	ἐπ’	αὐτὸν	τὰς	πληγὰς	τὰς
NPAN3P	VIFA3S	DNMS	NNMS	PA	NPAM3S	DAFP	NAFP	DAFP
자신의 것들을	더하게 될 것이며	그	하나님이	에게	그 사람에게	그	재앙들을	그

1125	1722	3588	975	3778
γράφω	ἐν	ὁ	βιβλίον	οὗτος
γεγραμμένας	ἐν	τῷ	βιβλίῳ	τούτῳ,
VPRPAFP	PD	DDNS	NDNS	ADDNS
기록이 된	안에	그	책	이

이 책에 예언의 말씀들을 듣고 있는 모든 사람들에게 내가 증거한다 만일 이 책에 자신의 것들을 더하는 자는 하나님이 이 책안에 기록이 된 재앙들을 그 사람에게 더할 것이며

22:19

2532	1437	5100	851	575	3588	3056	3588	975	3588
καί	ἐάν	τὶς	ἀφαιρέω	ἀπό	ὁ	λόγος	ὁ	βιβλίον	ὁ
καὶ	ἐάν	τις	ἀφέλῃ	ἀπὸ	τῶν	λόγων	τοῦ	βιβλίου	τῆς
CC	CS	APINMS	VSAA3S	PG	DGMP	NGMP	DGNS	NGNS	DGFS
그리고	만일	자는	제하여 버린	부터	그	말씀들로	그	책의	그

4394	3778	851	3588	2316	3588	3313	846
προφητεία	οὗτος	ἀφαιρέω	ὁ	θεός	ὁ	μέρος	αὐτός
προφητείας	ταύτης,	ἀφελεῖ	ὁ	θεὸς	τὸ	μέρος	αὐτοῦ
NGFS	ADGFS	VIFA3S	DNMS	NNMS	DANS	NANS	NPGM3S
예언의	이	제하여 버릴 것이다	그	하나님이	그	지체	자신의

575	3588	3586	3588	2222	2532	1537	3588	4172	3588	40
ἀπό	ὁ	ξύλον	ὁ	ζωή	καί	ἐκ	ὁ	πόλις	ὁ	ἅγιος
ἀπὸ	τοῦ	ξύλου	τῆς	ζωῆς	καὶ	ἐκ	τῆς	πόλεως	τῆς	ἁγίας
PG	DGNS	NGNS	DGFS	NGFS	CC	PG	DGFS	NGFS	DGFS	AGFS
부터	그	나무로	그	생명의	그리고	부터	그	성에서	그	거룩한

3588	2222	2532	1537	3588	4172	3588	40	3588	1125
ὁ	ζωή	καί	ἐκ	ὁ	πόλις	ὁ	ἅγιος	ὁ	γράφω
τῶν	ζωῆς	καὶ	ἐκ	τῆς	πόλεως	τῆς	ἁγίας	τῶν	γεγραμμένων
DGNP	NGFS	CC	PG	DGFS	NGFS	DGFS	AGFS	DGNP	VPRPGNP
그	생명의	그리고	부터	그	성에서	그	거룩한	그	기록이 된

1722	3588	975	3778
ἐν	ὁ	βιβλίον	οὗτος
ἐν	τῷ	βιβλίῳ	τούτῳ.
PD	DDNS	NDNS	ADDNS
안에	그	책	이

만일 이 책의 예언의 말씀들로부터 제하여 버린 자는 이 책안에 기록이 된 생명나무로부터 또 거룩한 성에서부터 하나님이 자신의 그 지체를 제하여 버릴 것이다

	3004	3588	3140	3778	3483	2064	5036	281
	λέγω	ὁ	μαρτυρέω	οὗτος	ναί	ἔρχομαι	ταχύς	ἀμήν
22:20	Λέγει	ὁ	μαρτυρῶν	ταῦτα,	Ναί,	ἔρχομαι	ταχύ.	'Αμήν,
	VIPA3S	DNMS	VPPANMS	APDANP	QS	VIPN1S	AB	QS
	말씀 하신다	그	증거하고 계신이가	이것들을	예	내가 가고 있다	반드시	아멘

2064	2962	2424
ἔρχομαι	κύριος	'Ιησοῦς
ἔρχου	κύριε	'Ιησοῦ.
VMPN2S	NVMS	NVMS
당신께서오시옵소서	주	예수여

이것들을 증거하고 계신 이가 내가 반드시 가고 있다 하고 말씀하신다. 예 주 예수여 당신께서 우리에게 어서 오시옵소서 아멘

	3588	5485	3588	2962	2424	3326	3956
	ὁ	χάρις	ὁ	κύριος	'Ιησοῦς	μετά	πᾶς
22:21	Ἡ	χάρις	τοῦ	κυρίου	'Ιησοῦ	μετὰ	πάντων.
	DNFS	NNFS	DGMS	NGMS	NGMS	PG	APGMP
	그	은혜가	그	주	예수님의	함께	모든 사람들과

주 예수님의 은혜가 모든 사람들과 함께 있기를

예수 그리스도의 계시록

초판 인쇄 2023년 3월 15일
초판 발행 2023년 3월 15일
지은이 조 건 정
펴낸이 박 성 희
펴낸 곳 로고스 성경 출판사
주 소 서울시 금천구 독산3동 1137
E-메일 agafetoi@hanmail.net

정 가 25,000 원
ISBN 979-11-971941-3-9